JERRY B. JENKINS

Aunque nadie vaya conmigo

DEDICADOS A LA EXCELENCIA

La misión de *EDITORIAL VIDA* es proporcionar los recursos necesarios a fin de alcanzar a las personas para Jesucristo y ayudarlas a crecer en su fe.

Aunque nadie vaya conmigo

Miami, Florida

Publicado en inglés bajo el título:
Though None Go with Me
por The Zondervan Corporation

Traducción y Edición: *Gisela Sawin*
Diseño de cubierta: *Grupo Nivel Uno Inc.*
Diseño interior: *Grupo Nivel Uno Inc.*

ISBN: 0-8297-3609-3

Categoría: Ficción / General

Impreso en Estados Unidos de América
Printed in the United States of America

03 04 05 06 07 08 ❖ 06 05 04 03 02 01

Prólogo

El llamado que hizo estremecer a Elisabeth más que cualquier otro, se produjo justo antes del comienzo de la medianoche en el invierno de sus cuarenta y cinco años de edad.

En el año 1945, sólo los ricos tenían extensión telefónica en Three Rivers, Michigan, y Elisabeth Grace LeRoy Bishop no se había encontrado entre ellos durante décadas. Sin saber cuánto tiempo habría estado sonando el teléfono, ignoró sus pantuflas y se colocó su bata, mientras corría por las escaleras con las piernas acalambradas. La madera crujía, mientras los pies se le entumecían en el piso helado. Unas pocas horas antes, el termómetro que está fuera de la ventana de la cocina había marcado nueve grados bajo cero.

No había nadie más a quien despertar en la casona de la calle Kelsey.

«Teléfono, sigue sonando», susurró, «a menos que traigas malas noticias».

Al final de las escaleras, Elisabeth exhaló una oración y levantó el tubo.

— Mamá Bishop, habla Joyce. Tuvimos un accidente.

Elisabeth apretaba fuerte su bata a la altura de su garganta. Su nuera aparentaba estar lo suficientemente calmada, pero...

—Dime que no perdiste al bebé.

—Estoy bien, deduzco que el bebé también lo está.

Elisabeth, apenas se atrevió a preguntar:

— ¿Y Bruce?

Escuchó el latido de su propio corazón al notar la duda de Joyce.

—Bruce parece estar bien, pero está atrapado en el automóvil.

—¡Oh, no! ¿Llamaste...?

—La policía está en camino.

—Gracias a Dios. ¿Dónde estás?

—No estamos lejos. En la M—60. Estábamos regresando de visitar a...

—¿A esta hora? ¡Joyce! ¿Qué obligación tenías? Estás por tener familia en un mes...

—El camino parecía estar despejado, pero en la gran curva sobre...

—Sé dónde queda.

—Había hielo. Nos deslizamos en la zanja. Bruce maniobró para que lográramos escapar del agua. Él, de alguna manera logró girar hacia el camino, pero nos volcamos.

—¡Oh, Joyce!

—Él parece estar bien, pero la llanta y el tablero de instrumentos tienen apretado su cuerpo.

—Voy para allá.

—No, por favor. La llamaré apenas lleguemos a casa. Él ni siquiera quería que usted se enterase.

—Típico de él. ¿Cómo saliste?

—Salí gateando por la ventana. No estábamos lejos de una granja. La gente es tan buena. Lamenté tener que despertarlos.

—Llama apenas sepas algo. Y hazte ver por alguien, querida.

Elisabeth se paró en la oscuridad de la sala, mirando la luz de la calle en la esquina. Qué maravilla, emite diez veces más que la luz de gas. Cuando ella era pequeña, las lámparas se encendían a mano, una a una, durante el crepúsculo. En esa época, podía transcurrir un año antes de que viera más de tres automóviles. Ahora, todos tenían uno. A veces, dos.

¡Imagínate! Un caballo descarriado no podría haber atrapado a Bruce.

El peso de una vida de lucha venció a Elisabeth, y ella se arrojó al piso, su rostro en sus palmas, sus manos apoyadas en la alfombra dura. «Oh, Dios», comenzó, «has protegido a Bruce de tantas cosas. Debes tener grandes propósitos en mente para él. Él es completamente tuyo. Permite que los policías sean tus representantes, y puedan rescatar allí a alguien que quiere servirte por sobre todas las cosas».

Elisabeth no podía dormir. Alternativamente caminaba y se sentaba en el sofá, en silencio.

Desde la niñez, la oración había sido para Elisabeth tan natural como respirar. Y durante ese tiempo, Dios había requerido mucho de ella, permitiéndole que fuera probada hasta llegar a descansar únicamente en él. Las muletas en las que podría llegar a apoyarse le fueron quitadas con tanta regularidad, que a menudo había sido tentada a entrar en una forma de vida que no ofreciera desafíos al enemigo.

Elisabeth no deseaba cambiar su pasado. Pero mientras tiritaba en las horas de espera de una mañana amarga, luchó con Dios una vez más por la vida de su hijo, como lo había hecho tantas veces. Había aceptado tanto, había sufrido tanto, había dado tanto, que seguramente Dios la recompensaría con el deseo más profundo de su corazón. ¿No haría él eso? ¿No había tanto en su vida como en la de Bruce, un propósito de que fuera un sacrificio *vivo*?

Muchas veces se había preguntado si había algún beneficio, de este lado del cielo, por una vida de compromiso a la obediencia. Ahora, luego de años de servicio, de innumerables horas frente a la Palabra y la oración, Elisabeth se halló una vez más frente a una encrucijada. Pensaba que comprendía la gracia, se había dicho a sí misma que entendía la soberanía. Pero a menos que Dios preservara a su hijo, aparentemente ileso pero atrapado en un automóvil retorcido en la M—60 en medio de una noche de invierno, temía que hubiera algo acerca de Dios que ella todavía no había llegado a comprender, y no le gustaba.

Parte Uno

Capítulo Uno

«Además de un nacimiento saludable», había dicho el papá de Elisabeth, «no viene ninguna buena noticia después de la oscuridad». Él tendría que haberlo sabido. Alto y corpulento, el doctor James LeRoy era el médico clínico más popular de Three Rivers. El nacimiento de su propia hija, el primer día del nuevo siglo, había llegado luego de la oscuridad. Su padre le había contado la historia tantas veces que era como si ella misma recordaba haber estado allí. «Tu madre entró en trabajo de parto tan rápidamente que tuve que recibirte yo mismo. No era mi plan hacerlo. No podía confiar en que mis instintos estuvieran por encima de mis emociones. Tu madre era...»

—¡Vera! —Elisabeth exclamó.

—Sí. Era joven y frágil; trabajó mucho para dar a luz a una niña sana. Pero sus signos vitales...

—Estaba enferma.

—Sí.

—¿Y qué hiciste, papá?

—Eh... no estoy seguro de recordarlo.

—¡Sí que lo recuerdas! La parte del envoltorio.

—Ah, sí. Te envolví en una manta y permití que ejercitaran tus pulmones en la sala, mientras trataba de salvar a tu madre.

—Tu esposa.

Él asintió.

—Le rogué que no me dejara, que no nos abandonara. Todo lo que quería ella era hablar sobre tu segundo nombre y su propio epitafio. Le rogué que ahorrara sus fuerzas.

—¿Y cómo me quería llamar, papi?

—Habíamos convenido en Elisabeth, igual que su mamá —dijo—. Parecía demasiado pronto como para preocuparnos por el segundo nombre.

—Pero ella pensó en uno.

—Sí, cariño. «Llámala Elisabeth Grace ("Gracia". Nota de tr.)», —dijo—, «por la gracia que es más grande que todos nuestros pecados». Y sobre su tumba...

—Lo sé, papi. Dice: «Mi esperanza está en la cruz».

—Si escucho esa historia una vez más, voy a vomitar —siseó la compañera de primer grado, Frances Crawford, mientras sacudía sus bucles—. De lo único que hablas es de tu madre muerta.

Suspiró Elisabeth, y sus ojos destellaban.

—Las niñas pequeñas no deberían decir «vomitar» —se arregló para decir.

—Papá dice que la palabra apropiada es «regurgitar», o por lo menos, «lanzar».

—Papi dice «regurgitarte» —se burló Frances.

—Regurgitar —corrigió Elisabeth, pero Frances se escapó. Elisabeth la persiguió.

—Tú eres afortunada por tener una madre.

Frances se detuvo para enfrentarla.

—Basta de ufanarte acerca de tu papá, y deja de ser tan, tan... ¡devota!

Esta vez cuando Frances corrió, Elisabeth la dejó ir. ¿Devota? ¡Estaban en la misma clase de la escuela dominical! ¿Pero *Elisabeth* era devota? A tres cuadras de la mansión del doctor LeRoy, en la calle Hoffman, no lejos del Castillo Bonnie, se elevaba por encima del primer barrio el esbelto campanario de la Iglesia de Cristo, de Three Rivers. Ese monolito prístino, antiguo como la iglesia misma, llegó ser un recordatorio de la presencia de Dios en la vida de Elisabeth.

A menudo su padre le había vuelto a contar cómo ella hablaba cada día de ir a la Iglesia de Cristo. Dudaba si ir a jugar a la guardería cuando él concurría a las reuniones de oración los miércoles por la noche, la Escuela dominical y los servicios de la mañana y la noche. «Brincabas camino a la iglesia, y me empujabas para apurarme», decía su padre. «Y una vez allí, tus ojos brillaban ante el pequeño santuario, las pinturas en la pared, y cada escondrijo y hendidura que asemejaba ofrecer algo de Dios.»

Su padre y la hermana mayor viuda Ágatha Erastus, criaron a Elisabeth. Tía Ágatha no compartía su amor por la iglesia. «No puedo adorar a un dios que se llevó a mi hermana en un parto y a mi esposo en la flor de la vida», le decía con frecuencia a su hermano a oídos de Elisabeth.

—Te estás privando a ti misma de Dios —decía el doctor LeRoy.

—Hacer las tareas de la casa, la comida, y cuidar a tu pequeña, es más que un arreglo comercialmente justo para obtener alimento y techo —decía ella—, que me amonesten, no es parte del trato.

—Me preocupo por ti, Ágatha —dijo él—. Eso es todo.

—Preocúpate por ti y por tu hija sin madre.

—Agradezco a Dios que estuviste aquí para ayudar, pero no le llenes la cabeza de Elisabeth con...

—Harías bien en no asociar a Dios con mi venida aquí, y cuando empieces a preocuparte en cuanto a quién le está llenando la cabeza a tu hija, comienza con el hombre que está delante de tu espejo. Vi la respuesta de los últimos misioneros que ella trató de sermonear. Elisabeth vio palidecer a su padre.

—Te agradeceré que no toques más mi correo —dijo él—. Ahora me gustaría estar un poco solo.

—¿De qué está hablando ella, papi? —preguntó Elisabeth—. ¿Tuvimos respuesta de los misioneros? Su padre dudó.

—¡Muéstraselo! —Ághata se jactó—. Siempre le estás diciendo que la honestidad es la mejor política. Muéstrale el efecto que ella tuvo sobre los misioneros.

El doctor LeRoy le hizo señas a su hermana para que se

fuera, pero Elisabeth siguió a su padre al estudio e insistió en ver la carta. Él suspiró y se la extendió a ella, quien no podía leer la letra cursiva. Su padre se la leyó.

«Querido doctor LeRoy, la carta de agradecimiento de mi esposo precede a esta, de manera que confío en que usted sabe que estamos agradecidos por cada bondad suya y de la iglesia. Sin embargo, me siento obligada a ejercer Mateo 18 e informarle sobre la carta de su hija que por más bien intencionada que haya sido, fue ofensiva. Para una nena de seis años, tomarse la atribución de aconsejarnos que permanezcamos firmes y fieles en nuestra fe, evidencia ingenuidad y atrevimiento del más alto grado...»

Su padre tuvo que explicarle el significado de estas palabras. «Pero yo sólo estaba intentando alentarlos», dijo mientras le caían las lágrimas.

«Lo sé», dijo el doctor LeRoy, rodeándola con sus brazos. «Las personas no lo esperan de alguien tan joven como tú.»

Elisabeth estaría eternamente agradecida por la tutela de su padre —oración al despertar, oración antes de cada comida, oración al ir a dormir, memorización de versículos (treinta antes de sus cinco años), el recitado de los libros de la Biblia. Su tía Ághata, dura y agria, fue su primer blanco de evangelismo. Oraba en voz alta a la hora de la comida por el alma de la tía Ágatha, cantaba para ella, inclusive predicaba para ella, previo armado de un pequeño santuario con sillas, utilizando una gran caja como púlpito.

Menos de un centenar de personas concurrían a la Iglesia de Cristo en esos días. Elisabeth los conocía bien a todos, sabía quién pertenecía a quién y qué pensaban ellos sobre su necesidad de una madre. Muchos consideraban poco sano que una «tía pagana» la estuviera criando, mientras otros sabían que era la persona adecuada para su padre. Pero nadie, decía el doctor LeRoy, podría reemplazar a Vera, y Elisabeth le creía con todo el corazón. Aunque ella quería una madre tanto como ninguna otra cosa, nadie podría igualar la imagen de esa madre que jamás había conocido.

Si Frances Crawford estaba harta del recitado de la historia del nacimiento de Elisabeth, se enfermaba doblemente cuando ella comenzaba a recitar cada historia bíblica de memoria. Elisabeth se identificaba con los niños. Moisés cuando era bebé, el joven David, Samuel. El niño que le dio su almuerzo a Jesús. Los niños que Jesús llamaba hacia él. ¡Cómo deseaba ser protegida de todo daño, oculta en los juncos, ser valiente, ser llamada por Dios, darle algo a Jesús, sentarse en su falda! Cuando le pedía a su padre que le contara historias de niñas, él le recordaba el relato de la hija de Jairo, a quién Jesús resucitó de entre los muertos.

—Quiero resucitar de entre los muertos —decía—. Pero tendré que morir primero, ¿no?

Su papá le sonreía con tristeza.

—Y yo no podría soportar otra pérdida.

—Pero Jesús me devolvería a ti. Él podría devolverte a mamá.

Esto ponía triste a su papá.

Elisabeth amaba todo lo que tuviera que ver con la iglesia, lo cual la hacía sentir frustrada acerca de sus propios pecados. Luego de escuchar las historias y lecciones de la escuela dominical, ella se esforzaba en ser perfecta.

«El mío es mejor que el tuyo», alardeó Frances una mañana, con el dibujo de la escuela dominical en la mano. Elisabeth se halló a sí misma tan enojada, que no podía hablar.

«*Te odio*», pensó. «*Eres una estúpida y estás equivocada.*» Lo peor era que Frances *no* estaba equivocada, y Elisabeth sentía el aguijón profundo de los celos. Ignoró a Frances el resto de la mañana.

De vuelta a casa, se sintió melancólica. No podía imaginar que alguna vez le volviera a gustar estar con Frances.

—Papi —dijo ella—, Frances no vive en un barrio importante, ¿no es cierto?. El corazón de Elisabeth zozobró ante la mirada furtiva de su padre.

—¿Qué tiene que ver eso?

—Nosotros somos más ricos, eso es todo —dijo ella—. ¿No es cierto? La gente rica vive aquí y la gente pobre vive en los otros barrios.

Su padre dejó de lado su libro.

—Ven aquí —le dijo dándole la bienvenida a su falda. Elisabeth aún se sentía culpable de estar allí sentada. —Nosotros somos muy afortunados de vivir en un hogar lindo, en un vecindario lindo, —dijo él—. Pero dónde alguien viva y lo que eso representa sobre su medio de vida, no tiene lugar entre amigos. El lugar donde vivimos no dice nada sobre nuestro corazón o nuestro carácter, ¿no es así?

Elisabeth avergonzada, sacudió su cabeza. Se sentía horrible.

—Three Rivers estaba dividido en cuatro barrios desde hacía años, de tal manera que había un departamento de bomberos por cada barrio —explicó su padre—. De esa forma, ellos no tenían que preocuparse por cruzar ríos o la vía del tren. Esto de que los barrios estuvieran caracterizados por el nivel de ingresos de sus residentes, no fue nunca la intención de los fundadores de la ciudad.

Elisabeth tenía poca idea de lo que hablaba su papá, y parecía que él quería decir algo más. Cuando ella miró para otro lado, él la dejó moverse con libertad.

Se sintió mal durante algunas horas. Para Elisabeth, aun aquellas cosas meramente egoístas o destructivas, eran incorrectas. Pero, ¿odiar a su amiga, sentir celos de ella? A Elisabeth le preocupaba que Dios dejara de amarla, que la quitara de su presencia y que la mandara al infierno.

Esa noche, cuando su padre la arropó, su remordimiento la hizo romper en lágrimas. «¡Quiero ser perfecta! ¿Cómo lograrlo?»

Ella no entendía cuando su papá le explicaba que Jesús había sido perfecto para que de esa manera no fuera necesaria la perfección en ella. Pero la niña creía que Dios la perdonaría y no podía esperar para pedirle perdón a Frances.

—Que lo lamentas, *¿por qué?* —le dijo su amiga al día siguiente.

—Por tener celos y malos pensamientos sobre tu persona.

—Ni siquiera lo sabía.

—Pero yo sí sabía, y Dios lo sabía.

—Está bien.

—Eh... Frances, ¿no te sentiste mal por decir que tu dibujo era mejor que el mío?

Frances hizo un gesto, se encogió de hombros y dijo:

—En verdad *lo era*.

Para Elisabeth la escuela era casi tan emocionante como la iglesia. Amaba la lectura y el aprendizaje, y se sentía atraída hacia sus maestros. Ella ansiaba la atención y aprobación de ellos. Ninguna nota que no fuera perfecta la satisfacía. Frances no era tan buena lectora, y no parecía ser tan lista. Sin embargo, de alguna manera llegó a niveles más altos. Pronto, Elisabeth se esforzó más por competir que por simplemente aprender.

Su vida se convirtió en algo frustrante. Ya no era que no tenía mamá; se había acostumbrado a eso. Tenía un padre maravilloso, y ella deseaba crecer para ser una mujer de Dios. Pero no lo lograba. ¿Por qué era tan difícil? ¿Por qué no podía vivir sólo para Dios y no para ella? ¿Por qué ella no podía ser lo que sabía que Dios quería que fuera?

—Papi —dijo Elisabeth de diez años y cubierta de lágrimas—. No creo que sea cristiana.

Todavía con su traje de tres piezas, como de costumbre, su padre se apoyó con toda su humanidad en el borde de la cama de la niña.

—Tú eres la mejor cristiana que conozco.

—Entonces no me conoces.

—¿Has hecho algo vil, Elisabeth?

—No sé lo que significa «vil», pero peco todo el tiempo.

Su padre dudó.

—Yo también —dijo finalmente.

—¿Tú pecas?

Él asintió.

—A veces hago mis tareas buscando el aplauso de los hombres.

—¿El aplauso de los hombres?

—Lo hago para ganar atención, ser admirado y respetado.

—¿Qué hay de malo en ello?

—Debería estar haciéndolo como para el Señor. La Biblia

dice que nos humillemos ante su vista, y que *él* nos elevará...

—Pero tú no eres egoísta, ¿no, papá?

—Generalmente lo oculto, pero a menudo me siento frustrado cuando los pacientes vienen a mí con dolencias al final del día, y hacen que llegue tarde a verte.

—Eso no suena pecaminoso —replicó ella.

—Dime qué *tú* consideras pecado —dijo él.

—Puedo llegar a ser alguien horrible —respondió Elisabeth—. Pierdo el control, hablo mal de la gente, me salgo con la mía. Tengo celos si alguien es mejor que yo en la escuela. Algunas veces, odio realmente a la tía Ágatha. ¿Por qué sigo haciéndolo?

Él cambió su posición y crujió la cama.

—Seguimos pecando porque somos pecadores, querida.

—Pero Jesús murió por mis pecados. ¿Por qué sigo siendo una pecadora?

Su padre acarició suavemente su pelo.

—Me haces recordar tanto a tu madre —dijo—. Tenía el pelo claro y la piel tan frágil como la porcelana.

—¿No está nuestra vajilla hecha de porcelana?

Él asintió.

—Imagina el rostro de tu madre tan delicado y hermoso como la taza de té que usa tu tía.

Elisabeth suspiró.

—Quiero ser una cristiana como mamá.

Su padre la abrazó. Su mejilla descansaba en la lana del chaleco de su papá, y la cadena de su reloj le cosquilleaba en el cuello.

—Tal cual como tú, tu madre se preocupaba y se preocupaba sobre su fe, hasta que todo se resolvió en ella una noche en nuestra pequeña iglesia.

—¿Qué sucedió con ella?

—Oyó la verdad, eso es todo —dijo su padre—. La había oído durante toda su vida, pero no la había captado hasta ese momento.

—Quiero oír la verdad —dijo Elisabeth.

—Tal sabiduría viene de una pequeñita —dijo, moviéndola hacia atrás para mirarla—. Dime qué significa ser cristiano.

—Creer en Jesús —dijo ella—. Y vivir para él, —añadió rápidamente.

—¿Es eso? —respondió él—. La Biblia dice que somos conocidos por nuestros frutos. Tú tratas de vivir para Jesús, Elisabeth. Sé que lo haces.

Elisabeth frunció el entrecejo.

—¿No me quiere Dios?

—Seguro, pero, ¿por qué?

—Papi, te estoy preguntando a *ti*.

El doctor LeRoy se paró y se estiró, y Elisabeth hizo lo mismo. Su bostezo también era contagioso, pero ella luchaba contra el sueño. Si su madre había tenido el mismo problema que ella, y *ella* había hallado la respuesta. Elisabeth no descansaría hasta hallarla también.

Su padre se sentó nuevamente.

—Escucha cuidadosamente, Elisabeth. Tu madre finalmente descubrió que todo tenía que ver con la gracia. Esto significa que no tenemos que agradar a Dios, porque no podemos. Elisabeth estaba confusa.

—¿Quieres decir que no deberíamos intentarlo?

Él tomó su cara entre las manos.

—Tratamos de vivir una vida piadosa en agradecimiento a él por su gracia. Nada de lo que podamos hacer por nuestra cuenta puede agradar a Dios. Tú conoces los versículos. «Porque por gracia sois salvos por medio de la fe» —dijo ella—. «Y esto no de vosotros; pues es don de Dios: no por obras, para que nadie se gloríe.»

—Nosotros somos salvos por la gracia de Dios, Elisabeth. La vida religiosa es noble. Pero no lo hacemos por ninguna otra razón que no sea para agradecer a Dios por el don de la gracia. De otra manera, estarías tratando de ganar su favor.

—¿Qué, en pocas [illegible] —dijo ella—. ¿Vienes para acá? —[illegible] [illegible].

—Te creo —respondió—. La Biblia dice que se os conocerá por nuestros frutos. Tú puedes orar para Jesús, Elisabeth, ¿[illegible] que lo hagas?

Elisabeth titubeó al contestar.

—No me quiere Dios.

—¿Quién te dijo eso? [illegible]

—Papi, te estoy preguntando a ti.

El doctor Lekey se [illegible] callado, y Elisabeth hizo lo mismo. Su bostezo también era contagioso pero ella lo trataba de controlar. [illegible] su madre había tenido el mismo problema que ella, y que había [illegible] los esposos. La [illegible] hasta que ella también.

Su padre se sentó nuevamente.

—Escúchame [illegible] Elisabeth. Tu madre [illegible] todo lo que [illegible] que ver con la [illegible]. Estamos [illegible] que no tenemos que ayudar a Dios, porque no podemos, Elisabeth, [illegible] nada.

—¿Quieres decir que no deberíamos intentarlo?

El tomó su cara entre las manos.

—[illegible] de [illegible] vida preciosa [illegible] por su gracia. Nada de lo que podamos hacer por nuestra cuenta [illegible] ayudar a Dios. [illegible] los [illegible] salvos por medio de la fe —dijo él—. [illegible] de nosotros, pues es don de Dios, [illegible], para que nadie se gloríe.

—Nosotros somos salvos por la [illegible] de Dios, Elisabeth. La vida [illegible] es don de [illegible] por ningún [illegible] que [illegible] para [illegible] a Dios [illegible] tratando de ganar su favor.

Capítulo Dos

Haber perdido a su mamá en el nacimiento había sido un golpe duro, pero Elisabeth carecía de pocas cosas. A pesar del consejo de su padre, aun desde niña Elisabeth aprendió que el primer barrio era el mejor lugar para vivir. «La gentuza de los otros barrios chismosea de los primeros barrios», decía su tía. «Pero tú sabes cómo desean mudarse para aquí.»

Elisabeth se sintió inestimable cuando al final del día, el semblante de su padre resplandeció al verla. «Informe de las tareas de la escuela», él anunciaba. Y ella lo ponía al día. «Humm, humm», repetía él al observar la tarea.

—¿Estás cansado, papi? Estás respirando fuerte.

Él inhaló profundamente.

—Asegúrate de hacer más ejercicio que el que yo hago —dijo él—. Y sé cuidadosa con la dieta. —Él palmeó su vientre amplio—. Esta es una dificultad autoinflingida, pero tales cosas también son genéticas. Tendrás que ser cuidadosa.

La altura de su padre camuflaba su verdadero peso, el cual Elisabeth sospechaba como un total de cerca de ciento cincuenta kilogramos. Su padre cambió de tema.

—¿No es el aprendizaje una aventura? —dijo con una sonrisa que brillaba en su cara trasnochada.

—¡La educación nos da pasión por la vida!

Ella asintió consciente de la mirada fija del padre. Normalmente se detenía en la tarea, asegurándose haber comprendido el material, pero ahora él sólo la miraba.

—Cada día te pareces más a tu madre.

—Esas damas olorosas de la iglesia pretenden *ser ellas* mi madre —dijo temblando ante sus abrazos asfixiantes.

—Son afectivas.

Elisabeth se encogió de hombros, no permitiendo que al cerrar sus ojos empezara a imaginar a su madre. Ni siquiera le había contado a Frances sobre esto.

Su tía Ágatha no la abrazaba, y Elisabeth estaba agradecida. Había escuchado a su tía llorar en su cama, protestando contra Dios por haberse llevado a sus seres amados. Esto hacía llorar también a Elisabeth, y a veces ella se encolerizaba contra la injusticia, por ejemplo, de que Frances pudiera disfrutar al mismo tiempo un padre *y* una madre.

Pero Elisabeth no se quejaba. Recordaba lo que su padre le había dicho:

—Siempre mira el lado brillante: la mitad de la gente que yo trato podría haber sido ayudada simplemente con una perspectiva positiva.

—Lo sé —dijo—. ¿Ves?

Se precipitó hacia la parte de atrás del pizarrón que usaba para escribir para la escuela, donde había anotado: «Mis bendiciones: Dios, Cristo, Espíritu Santo. Iglesia. Padre. Casa. Calidez. Cerebro. Curiosidad. Libros. Luz. Alimento. Ropa. Camas. Hora de capacitación. Amigos. Tía Ágatha (a veces).» Cuando el cuerpo de Elisabeth comenzó a cambiar, su padre pareció cambiar también. Se volvió más circunspecto, más cuidadoso en torno a ella.

—¿Quién me va a hablar sobre las cosas de la vida?

Él miró hacia otro lado.

—¿Tales cómo...?

—Tú sabes, hombres, mujeres, cosas de esposos y esposas.

—Hay tiempo para eso —dijo, ocupándose en uno de sus libros. Elisabeth se preguntaba si este era un tema inadecuado para tratar.

Un día su padre la envío a una enfermera amiga para un examen físico, en un hospital. Elisabeth se puso colorada cuando la enfermera, con sencillez, le explicó quietamente: «Tu padre me pidió que te explique qué deberías esperar de tu ciclo mensual». La enfermera también le entregó un folleto sobre sexualidad.

Elisabeth estaba tan avergonzada que no pudo mirar a su padre ni hablarle durante días. Y esto parecía que estaba bien para él.

Una vez más, ellos volvieron a la cordialidad y pronto retornaron a una rutina amistosa. Él debía estar tan consciente como ella de que había un tema que ni debía de tratarse. Elisabeth quería preguntarle si era habitual que una madre discutiera ciertos temas, pero ella no se atrevía ni siquiera a introducir esas cuestiones. Le dijo a Frances: «Cuando tenga mis hijos, por lo menos mis hijas, hablaré francamente de estos temas». Junto con el conocimiento progresivo de los misterios de la vida, maduraron también su visión de Dios y su fe.

—Finalmente entendí el nacimiento virginal —susurró a Frances—. No te rías, pero siempre había pensado que una virgen era simplemente una jovencita.

Frances dio vuelta la cabeza.

—María evitó que Jesús naciera con la simiente de Adán. Finalmente comprendí cómo Jesús pudo constituirse en el cordero sin mancha del Antiguo Testamento —dijo Elisabeth.

Descubrió en cada detalle lo impresionante y dramático en el milagro de la Resurrección, de pronto, el cuadro de la salvación y redención comenzó a cristalizarse. Cuán a menudo ella había oído decir al pastor Hill que una sola muerte podía limpiar los pecados de todos, «por causa de que el cordero que fue muerto, era el Dios infinito del Universo».

Esta verdad impactó a Elisabeth una noche de domingo, cuando el pastor predicó el tema de la cruz. Pidió a la congregación que «cierren los ojos e imaginen a Jesús colgado sólo por ustedes». Elisabeth temblaba en el silencio oscuro, con la convicción de que si ella hubiera sido la única persona en el mundo, Jesús hubiera muerto sólo por ella. Cuando el pastor Hill susurro: «Él nos amó a cada uno, como si fuéramos los únicos seres para ser amados», ella estalló en sollozos.

Apenas con trece años de edad, en Elisabeth creció el hambre por comprender cada cosa de Dios. Hizo una cita con el pastor Hill y quedó perpleja al descubrirlo casi avergonzado, de estar hablando con ella sobre las cosas profundas de Dios, tanto como lo había estado su padre cuando habían hablado sobre los secretos de la vida. Jack Hill había sido pastor de la Iglesia de Cristo mucho tiempo antes de que naciera Elisabeth. Fue él quien había dado vida a la doctrina de la gracia, dando tal paz al corazón de la madre de Elisabeth.

El pastor Hill era alto y huesudo, un empleado de ferretería, de lunes a sabado en la mañana. Su oficina, tal como era, ocupaba una pequeña alcoba al lado del comedor, en una modesta casa del barrio tercero, donde él y su esposa habían criado seis niños. Elisabeth y el pastor se sentaron con la mesa de pino entre ellos. Él vestía su traje de domingo, con cuello rígido oprimiendo la nuez de Adán. Ella se preguntaba si él pasaba sus tardes vestido así, estudiando y preparando sus sermones. Estaría impresionada si hubiera sabido que él se había vestido así para la entrevista, pero no se animaba a preguntar.

—Quiero saber si lo tengo todo —exclamó Elisabeth, mientras aceptaba el ofrecimiento de una silla, abanicándose mientras hablaba—. Siempre amé la fe, pero pensaba que mucho de ella era un misterio, como la Trinidad.

El pastor Hill miró la pared tras ella.

—Gran parte de la fe aún es un misterio, —dijo él—. La salvación en sí es un misterio, como Pablo mismo escribió.

—Pero ahora es menos misteriosa, pastor. Usted hace todo tan claro.

El pastor se acomodó en la silla, notoriamente avergonzado.

—Bien, Elisabeth, has tenido un entrenamiento maravilloso en casa, y sé de tus maestros y por mi propia observación, que tú conoces tu Biblia.

—Sólo creí que la conocía. ¡Hay tanto allí! Yo, eh, me pregunto, si hay allí más misterios o secretos escondidos.

El pastor Hill la estudió. Se precipitó hacia la cocina. «Margaret, ¿quieres venir con nosotros?» Su esposa tenía la cara roja, era fornida, con sus dedos huesudos, el pelo recogido arriba de la cabeza. La transpiración se le notaba en la blusa, mientras se secaba las manos.

—Margaret —dijo con su voz grave—. Tú conoces a Elisabeth, por supuesto.

—La he conocido de toda la vida, Jack —dijo ella, sonriendo—. Es el espíritu y la imagen de su hermosa madre.

—Pero, ¿sabías tú que ella es una respuesta a la oración? ¿No he estado orando durante años por una persona joven enamorada de Jesús?

Margaret asintió.

—Lo has hecho.

Elisabeth todavía no había expresado su inquietud. Finalmente, se animó:

—¿Hay más de Dios?

La señora Hill sonrió, pero parecía estar al borde de las lagrimas.

—Hay todo lo de Dios que tú desees —dijo.

—La Trinidad y la Salvación —dijo, asintiendo.

—La primera la aceptaré por fe, pero la otra esta mucho más clara ahora.

El pastor parecía estar entretenido.

—He estudiado las Escrituras desde la escuela dominical, y hallo a la salvación como el misterio más grande de Dios. Estoy agradecido que Pablo escribe que nosotros «podremos saber».

Descanso en eso.

Elisabeth dijo inmediatamente:

—Primera de Juan 5:13: «Estas cosas les he escrito a vosotros que creéis en el Hijo de Dios, para que sepáis que tenéis vida eterna; y esta vida está en su Hijo».

El pastor Hill asintió, la transpiración que brotaba de su frente se le acumulaba en las comisuras cerca de la boca.

—El amor insondable y la gracia están más allá de mí y más que nada, de las jovencitas.

Elisabeth frunció el entrecejo, preguntándose si él no estaba criticando su ingenuidad.

La sonrisa triste de él era como la de su esposa. Era como si pudiera leerle la mente.

—Voy a orar para que siempre permanezcas cerca de Cristo, no importa el costo. La devoción verdadera requiere sacrificio.

—Hasta aquí no lo ha sido —dijo ella, y esto lo hizo sonreír otra vez.

Él la miraba, y esto la hizo preguntarse si se había terminado el encuentro. Ahora tenía más preguntas que al comenzar la conversación. El pastor buscó su Biblia:

—Necesito decirte —dijo—, cuando te sientas atraída a estar más cerca de Dios, debes permanecer cerca de su llamado. La inquietud dentro de tu espíritu puede ser la evidencia de que Dios desea más de ti. Y Jesús dijo que a quien mucho le es dado...

—Mucho se le demandará —dijo Elisabeth—. ... Y al que mucho se le ha confiado, más se le pedirá (Lucas 12:48).

—Eres notable —dijo el pastor, mientras hojeaba su Biblia—. Elisabeth, Pablo cuenta todas las cosas como pérdidas, comparada con conocer a Cristo y el poder de su resurrección. El poder que resucitó a Cristo de los muertos puede obrar en nuestra vida. ¡Piensa en ello! Pero mira qué es lo que sigue. Como diría Shakespeare, «aquí está la clave». Lee: «... Y el compañerismo en sus sufrimientos».

Parecía que el pastor la miraba con lástima.

—¿Qué significa? —dijo ella.

—Cuanto más quieras de Dios, más de Cristo obtendrás. Muchos se conforman con estar fuera de las aguas profundas.

—No puedo saber si me está advirtiendo o me está dando ánimo.

—Ambas cosas, Elisabeth. Dios no nos llama a caminar cerca de él para que la vida nos sea más fácil. Ora por tu deseo de andar cada vez más cerca —dijo—. Si eres llamada, debes ir adelante. Pero las recompensas son pocas.

Parecía que él se había despertado de un ensueño y le sonrió.

—Hubo costos —dijo él—, pero no tengo rencor. Elisabeth quería preguntarle cuánto le había costado su andar con Dios, pero no se atrevió.

—Le he tomado demasiado su tiempo —dijo ella.

—No, de ninguna manera —contestó—. Permíteme orar por ti antes que te vayas.

Margaret, si fueras tan amable...

La señora Hill apoyó su mano gentilmente en el hombro de Elisabeth, mientras el pastor se arrodillaba. Un nudo creció en la garganta de Elisabeth.

—Justo Señor Jesús —comenzó él—. Tú que prometiste ser tanto padre como madre para los huérfanos, te ruego por un toque en la vida de Elisabeth. Ella anhela un andar más cercano contigo. Quizá ella lo desee, a pesar del costo que tú no le vas a revelar por adelantado, a causa de que podemos desmayar por el peso. Que ella logre seguir completamente a aquél en quien no hay cambio ni sombra de alejamiento.

El pastor siguió de rodillas, como si le costara mucho levantarse. Las mejillas de la señora Hill brillaban con lágrimas, y Elisabeth apenas podía expresar su agradecimiento.

Capítulo Tres

Elisabeth caminó a casa al atardecer. Estaba por cruzar la calle, del otro lado de West Michigan, cuando vio a Bill Bishop en su bicicleta, con el encendedor de lámparas de gas sostenido en alto. Vestido con pantalones especiales y un gorro, fingió no verla, como de costumbre. Se conocían de toda la vida. Uno de sus primeros recuerdos era de cuando jugaban a la lucha, en la guardería de la iglesia.

Elisabeth pensó en evitarlo por su bien, no por el de ella. El pobre Bill era dolorosamente tímido. Ella no podía decidir qué sería lo mejor, si dejar pasar el hecho de reconocerlo o educarlo en las conductas sociales. Decidió la segunda opción.

—Buenas noches, Bill —dijo ella, deteniéndolo mientras él se aprestaba a encender una luz.

—Ah —dijo él como sorprendido. Dejó una mano en el manubrio de la bicicleta, y tocó su gorro con la otra, aparentando olvidar que sostenía el palo largo.

—Hola, Elisabeth.

—Cuidado con eso —dijo ella—, no te quemes.

—No, señora —dijo él.

—Te permitiré que acortes mi nombre —dijo ella—. Pero no debes llamarme señora hasta que yo sea mayor.

—Lo lamento —él miró para otro lado con aires de desgracia.

—Estoy bromeando, Bill. Llámame como desees, mientras me trates como amiga.

—Muy bien, eso está mejor.

—Fue lindo verte, Bill —dijo ella.

—Está bien, señ... digo, amiga.

Elisabeth hubiera deseado contarle acerca de su visita al pastor, pero los muchachos nunca piensan en esas cosas. Apenas lograba que él la mirara, mucho menos conversar. Una vez ella había cometido el error de preguntarle por su padre, frecuentemente el motivo de oración no confesado. Pero Bill apenas había sacudió su cabeza.

Una noche en el grupo de jóvenes, una chica sugirió que una de las actividades debería incluir una salida para visitar al señor Bishop en el Hospital del Estado en Kalamazoo. El grupo de jóvenes quedó en silencio cuando Frances Crawford (quien se había ganado el sobrenombre de «Boca grande»), dijo:

—¿No es allí donde mandan a los locos?

El doctor LeRoy le aseguró a Elisabeth que el señor Bishop no era loco, término que nadie debería utilizar para una enfermedad mental, de ninguna manera.

—Tiene una enfermedad sin diagnóstico en la memoria, y más les serviría a ti y a tus amigos que oren por él en lugar de insultarlo.

—¿Podríamos visitarlo?

—Temo que no nos reconocería.

Las amigas de Elisabeth decían que Bill era buen mozo, pero considerando que esto no pareciera una frivolidad. Frances la acusaba de ser demasiado seria, y con modales demasiado espirituales. «¡Ningún muchacho se interesará en ti!»

Elisabeth estaba impresionada de que Bill estuviera dispuesto a trabajar. Él tenía un mapa de ruta, el cual desplegaba después de medianoche mientras apagaba las lámparas de gas que había encendido apenas bajaba el sol. Tenía su pequeña compañía propia, que vendía vagones llenos de desperdicios para el basurero. Y voluntariamente cargaba bolsas de comestibles, nunca poniendo precios pero sí aceptando propinas. Elisabeth se preguntaba si él le diría dos palabras seguidas a sus clientes. Mientras se encaminaba hacia su casa, giró su cabeza para mirar a Bill.

Todavía llena de emoción por su visita a la casa del pastor, Elisabeth se desilusionó al no hallar a su padre en casa. Estaban solamente ella y la tía Ágatha. Esta melancólica mujer encontró un blanco para su humor.

—¿Dónde has estado, jovencita? Tu cena está congelada.

—No quise preocuparte.

—¿Por ti? ¿Es una broma? ¿Sabía tu padre que se te haría tarde?

—No pensé que se me haría esta hora.

—Bien, ¿dónde estuviste?

—Mi padre sabe donde estuve. ¿Es necesario que tengas que saberlo tú?

—Me hubieran dado latigazos si le hubiera hablado a una persona mayor con tu insolencia. Merezco una respuesta porque soy una de tus tutoras.

—Estuve en la casa del pastor Hill —dijo Elisabeth, arrojándose en un sofá.

—Me encantaría contarte. Él cree que es posible para un cristiano ser llamado a...

—¡No necesito cada detalle! —dijo tía Ágatha—. Tu plato está en el horno, y no necesito compañía, ya comí.

—Me las voy a arreglar —dijo Elisabeth.

—Y no creas que no le voy a contar a tu padre a qué hora apareciste. Los faroles de la calle ya están encendidos, ¡como si fuera poco!

Elisabeth no podía negar que su tía sabía cocinar, por cierto sentía placer al decirlo. La anciana claramente no sabía cómo tomar un cumplido, pero de hecho le gustaban.

—Delicioso como siempre, tía Ágatha —dijo Elisabeth desde la cocina.

—Hubiera sabido más rico estando fresco.

—¡Por eso me apena tanto haber llegado tarde!

—Que te sirva de lección...

—¿Dónde está papi?

—Ya eres lo bastante grande como para dejar de llamarlo «Papi». Suenas como un bebé.

—Es una expresión cariñosa —dijo Elisabeth—. Como cuando te llamo «Tiíta».

—Puedes abandonar esa expresión también —dijo Ágatha—. El doctor «Papi» está en el hospital en Schoolcraft, lo que no es una sorpresa. Dijo que no lo esperaras despierta.

—¿Qué está haciendo allí? ¿Tiene algún paciente?

—¡Yo no manejo su agenda, Elisabeth! ¡No es extraño que un médico esté en un hospital!

Más tarde, Elisabeth seguía preguntándose acerca de su padre mientras leía la Biblia. A pesar de haberla estudiado durante años como una tarea diaria, continuaba sintiendo pasión por ella como si fuera la primera vez. Se vistió para dormir y comenzó a leer y a orar.

Había avanzado mucho en unas pocas horas, desde creer que tenía descifrada la vida cristiana a considerar con temor algún llamado divino. Pero, ¿para hacer qué?

Con razón sus amigas la criticaban por actuar como si fuera más grande. Ella *se sentía* más grande. Elisabeth recordó tiernamente cuando Frances y sus otras amigas también se interesaban en las historias de la Biblia y memorizaban versículos, los «picnics» de la escuela dominical, las reuniones de oración, el campamento, incluso las reuniones extensas.

—¡Reuniones extensas! —repitió la tía Ágatha en la cena cuando oyó la frase muchas veces en ese verano.

—Te juro James que suena como una reunión de una sociedad odontológica.

Su hermano rió.

—Ágatha —dijo—, esa sería una reunión «extraída». «Extensa» significa simplemente que duran hasta que el disertante invitado atraiga a una buena cantidad de personas y Dios parezca estar obrando...

—¡Sé lo que significa, James! Fui criada en el mismo hogar que tú.

—Ojalá hubieras venido —dijo, llenándose de nuevo el plato—. El disertante de este año conoció al señor Moody en persona.

—No me digas —respondió—. Haz que vaya Dwight Moody allí y entonces *iré* contigo.

—Moody está muerto desde el año 1899.

—¡Como si no lo supiera! Levanta su cadáver corpulento de la tumba, y yo estaré en primera fila.

El doctor LeRoy la miró.

—Eso es irrespetuoso de tu parte.

—¿*De mi parte*? —dijo la tía Ágatha—. ¿Qué significa eso?

—¿Quién habla mal de los muertos, y por sobre todo del mayor evangelista de la historia?

—¿Estás poniendo a Moody por delante del apóstol Pablo? —dijo ella, ignorando su comida.

—¿Cómo puedes saber tanto de la Biblia y dar tu espalda a Dios?

—Ya hemos hablado esto —dijo ella—. Bien sabes que yo no le di mi espalda a Dios. Él me la dio a mí.

—Yo estoy por hacer lo mismo —dijo el doctor LeRoy.

—¡Él te hizo a ti lo que me hizo a mí! —gritó—. ¿Cómo puedes perdonarlo por quitarte a Vera? ¡Apenas era una niña!

—El Señor da y...

Ella golpeó la mesa con el tenedor.

—¡Deja de caer en frases trilladas! Que tengas buena suerte si permites que Dios destroce tu vida y regrese para obtener más. Cuando se llevó a Kathleen y a mi Godfrey, tomó todo lo que quería obtener.

—Ojalá eso fuera cierto.

—Ustedes dos tengan sus reuniones extensas y déjenme en paz.

—¿Sabes qué voy a hacer allí, tía Ágatha? —dijo Elisabeth radiante.

—Además de cocinarte bajo el sol de agosto, ¿qué harás?

—Oraré por ti.

—¡Para fastidiarme!

—No, porque me importas, eso es todo.

—Eso es todo, eso es todo. Tienes la misma expresión vacía de tu padre, y harías muy bien en borrarla de tu vocabulario.

—Estás cambiando el tema —dijo Elisabeth—. Eso es todo.

Incluso su padre debió reírse, pero terminó pidiendo disculpas a su hermana.

—Nunca te daré las espaldas, Ágatha —dijo él—. Te amo cuando eres irascible.

—Eso te iguala a Dios.

El doctor LeRoy sacudió su cabeza.

—Nunca nadie te amará como él.

—Tiene una extraña manera de demostrarlo.

—Sus caminos no son los nuestros. Dios obra en maneras misteriosas...

—Juro —mientras se paraba para limpiar la mesa—, que ustedes tienen una perogrullada para cada ocasión.

El estandarte colgado entre dos árboles en el patio de la Iglesia de Cristo, anunciaba las extensas reuniones anuales de agosto de 1913. Los folletos y el periódico revelaban que faltaba poco para las reuniones del orador itinerante doctor Kendall Hasper. Él era conocido por enseñar en el Colegio Moody de

Chicago, en la famosa Escuela Ravensway de Gran Bretaña, y por sus reuniones con misioneros en cada continente habitado.

El *Three Rivers Tribune* describió su personalidad. Su contacto con tierras extrañas atraería grandes multitudes, decía el periódico, pero «el viajero del mundo trae también un mensaje de avivamiento y esperanza que debería animar a la comunidad entera».

Elisabeth siempre esperaba las reuniones especiales. Se levantaba una carpa, pero sólo se usaba cuando llovía. Había un «picnic» que precedía cada reunión, la cual empezaba con el sol todavía cálido y alto, y terminaba bajo el cielo oscuro. Rara vez el atardecer traía fresco en agosto.

Con el paso de los años, Elisabeth había permanecido fascinada por los evangelistas estruendosos, y trataba de mantenerse atenta mientras los ejecutivos misioneros contaban historias ocurridas en el campo misionero. Ella disfrutaba de los predicadores con sagacidad, mientras no se pavoneasen. Había heredado esa aversión de su padre que dijo: «El primer rasgo de un hombre de Dios debería ser la humildad».

Los amigos de Elisabeth nunca antes se habían quejado por tener que vestir su ropa del culto del domingo, también para las reuniones especiales. Ahora que ellos ya eran hombres y mujeres jóvenes, la ropa era todo un tema de conversación, especialmente con sus amigas... Ellas vestían lo que les decía, pero se quejaban, especialmente Frances.

La tradición permitía que las personas de la edad de Elisabeth pudieran sentarse uno al lado del otro por primera vez, en lugar de con sus padres, con tal que se comportaran bien. Elisabeth no estaba segura de querer sentarse con Frances y los demás amigos. Ellos estaban tramando pasarse notas. Ella no quería sentirse una maestra de escuela, como ellos la habían rotulado. Pero Elisabeth se sentía desilusionada al pensar que la iglesia significaba algo diferente para sus amigos que para ella.

A pesar de esto, ella se sintió extrañamente entusiasmada cuando, unos minutos antes de la reunión, se acercaron tímidamente Frances y Lucy, una niña más joven.

—¿Puede Elisabeth sentarse con nosotros, doctor LeRoy? —preguntó Frances en su tono más dulce.

—Está todo bien conmigo, señoritas. La elección es de ella.

Elisabeth recogió la Biblia y su cuaderno de notas, y siguió a las chicas. La enterneció sentirse querida. Sabía que era diferente, que su vanidosa madurez le había quitado muchos amigos. Elisabeth no trataba de actuar como alguien superior. Era seria, eso era todo.

Los jóvenes conocían a los cascarrabias dentro de la congregación, aquellos que consideraban que ser cristiano era alguien en desgracia. Su padre que amaba la diversión, había liberado a Elisabeth de ese concepto. Ella temía convertirse en alguien que apuntaba el dedo contra otro que se divertía.

Tan pronto como se ubicó cerca de Frances, Art Childs, uno de los chicos mayores, advirtió el cuaderno de notas de Elisabeth.

—¡Papel! —susurró, sonriendo con sorna mientras hurgaba en su bolsillo un montón de lápices gastados. Elisabeth apretó sus labios y movió su cabeza mientras abrazaba el cuaderno de notas contra su pecho.

—¡Oh, perdóneme, señorita pastora! —dijo Art.

Elisabeth dio un vistazo a la fila, y aun las chicas la estaban ridiculizando. En la otra punta Bill Bishop estaba sentado atento a todo el detalle. Se le veía sombrío, mirando fijamente a Elisabeth como si comprendiera, con la inmensa Biblia de su padre en el regazo.

El piano había sido movido hacia la plataforma dentro de la iglesia, de manera que la maestra de piano de Elisabeth, la señora Stonerock, podía tocar con una clara visión desde la ventana al líder de canto que estaba afuera. Ellos nunca se arriesgaban a exponer el piano al clima.

Con los primeros acordes musicales, una multitud que duplicaba la asistencia de los domingos miraba con expectativa a la plataforma. Luego de una breve bienvenida del pastor Hill y el canto congregacional, presentó la cantante invitada. Una mujer de nariz larga, llegada de una iglesia de White Pigeon, sostenía su partitura con las dos manos. Su pecho en alto que producía una soprano contralto que no requería amplificador.

Mortificada, Elisabeth no podía mantener un rostro serio. Sabía que debería admirar la disposición de esta mujer por servir a Dios, pero todo se venía a pique con ese creciente vibrato. Los amigos de Elisabeth se cubrieron la cara y se pusieron de todos los colores.

La risa le hacía cosquillas en la garganta, y Elisabeth oró para no humillar a su padre, que estaba del otro lado del pasillo. Él levantó una ceja cuando la cantante modulaba, esbozando una sonrisa. Elisabeth se contenía de lanzar una carcajada cuando su padre se dio vuelta y le guiñó el ojo, entonces perdió el control. Apretando los dientes dejó pasar la corriente de aire que no tenía por dónde escapar sino a través de la nariz. Con su cuaderno de notas y su Biblia contra el pecho, oyó su propio ruido cuando lo hicieron todos los demás, y todo lo que pudo hacer fue dejar caer sus cosas, colocar el rostro entre las manos y simular que lloraba. Lo que hizo que sus amigos se rieran todavía más.

La señorita Soprano estaba tan cautivada que sus ojos estaban cerrados y su rostro beatamente apuntaba al cielo. Los jóvenes volvieron a su compostura cuando terminó el solo, y Elisabeth se entretuvo ayudando a Frances y a Lucy a levantar sus cosas. Temía un regaño de su padre, pero él frunció los labios e hizo la mímica de un delicado aplauso que le hizo enterrar el rostro nuevamente.

Finalmente, por misericordia, llegó el momento del invitado de honor. Elisabeth estaba atormentada por risas que amenazaban exponerla cada vez que su mente volaba hacia la solista. Esperaba con todas sus fuerzas que el doctor Hasper pudiera cautivarla de alguna forma.

Bajo y con gafas, no era lo que ella esperaba. Hablaba en forma directa y lo halló un hombre elocuente, como lo indicaba su experiencia. No era un improvisado. Dinámico y magnético, habló con una urgencia y una autoridad que toda la atracción hacia él la desviaba a su mensaje. Brincaba y predicaba con una Biblia gastada por el uso.

Luego de sus frases introductorias leyó del Antiguo Testamento. «Escuchen esta proclamación de Josué 24» dijo: "Pero si a ustedes les parece mal servir al Señor, elijan ustedes mismos a quiénes van a servir... Por mi parte, mi familia y yo serviremos al Señor".»

Hasper hizo una pausa y miró rostro por rostro. Cuando sus ojos se encontraron con los de Elisabeth, ella retuvo el aliento. «Amados», exclamó, «estamos en la segunda década del último milenio. El gran mandamiento de Cristo que caracterizó la época de Moody al celebrar campañas evangelizadoras en esta tierra y en Gran Bretaña, no pereció cuando el doctor Moody murió. Dondequiera que vaya me encuentro con cristianos que tienen un pie en el reino y otro en el mundo. ¿Dónde están los Josué que elegirán servir al Señor Dios sin vergüenza y que tendrán la valentía de decirlo?»

Elisabeth sintió el calor de su sermón mientras Hasper transpiraba a través de la chaqueta de su traje. Presentó ejemplos de hombres y mujeres que habían tomado sus decisiones, algunos para vivir por Cristo, otros no. «Como Dios le dijo a la iglesia de Laodicea: "Por tanto, como no eres ni frío ni caliente, sino tibio, estoy por vomitarte de mi boca... Yo reprendo y disciplino a todos los que amo. Por lo tanto, sé fervoroso y arrepiéntete".»

«Yo los desafío a que tomen alguna decisión. ¿Qué pasará con el reino si no continuamos valientemente llevando la antorcha? Mi temor es por aquellos que dicen que creen y conocen la verdad, y sin embargo viven lo más cerca del mundo que pueden. ¿Están adentro o afuera, reclutados o ausentes, en fuego por Dios o apenas tibios?»

Hasper siguió levantando levemente el tono de voz pero permitiendo que se oyera cada sílaba. Elisabeth todavía no había tomado ninguna nota, pero no olvidaría nada. «Comprométanse esta noche», dijo, y Elisabeth sintió un cosquilleo en la espalda. Ya había comprometido su corazón. Estaba preparada para comprometer su vida. ¿Alguien tomaría en serio a una jovencita que asumiera tal compromiso? Elisabeth creía con todo su ser que Dios conocía su corazón y la tomaría en serio.

Kendall Hasper dio un paso fuera del atril. «Hombre, mujer, niño, niña», dijo, «¿se acuerdan del pronunciamiento de Henry Varley a D.L. Moody? "El mundo todavía tiene que ver lo que Dios puede hacer a través de un hombre totalmente consagrado a él."» Por primera vez, Hasper levantó el tono de su voz, y sus palabras llegaron con el resonante timbre de la convicción.

«Incluso más profundo que el desafío de Varley fue la respuesta de Moody. "¡Por la gracia de Dios, yo seré ese hombre!" ¡Él tomó el desafío! ¡Las ondas de su salto hacia el océano de Dios corren y fluyen alrededor del mundo hasta estos días!»

«¿Se pondrán de pie para Cristo por la gracia de Dios, incluso si tienen que hacerlo solos? ¿Pueden decir con el autor del himno: "He decidido seguir a Cristo"? ¿Aunque nadie vaya conmigo, aun así yo iré? ¿Puede decir como Josué "Por mi parte, mi familia y yo serviremos al Señor"?»

Elisabeth tembló. Su corazón y su alma gritaban «sí», y eso

era todo lo que sus labios podían repetir. Ella quería saltar, gritar y correr por el pasillo. Cuando Hasper concluyó dijo: «Harían del resto de su vida una prueba de obediencia?», ella se puso de pie. Fue como si Dios mismo le hubiera hablado.

Él la quería. Y ella anhelaba el camino más profundo, el plano más elevado. Ella iría a cualquier lado, haría cualquier cosa. Elisabeth quería ponerse de pie por Cristo, seguir a Jesús, servir al Señor, y por sobre todo, quería hacer de su vida una prueba de obediencia.

Corrió por el pasillo antes de que Hasper extendiera la invitación. Cayó postrada, llorando, abriéndole su corazón a Dios. No le importaba lo que otros pudieran pensar, decir o hacer. Ella obedecería a Dios en toda situación por el resto de su vida. Oraría para conocer su voluntad, y la seguiría, sin importar nada.

Con el rostro sobre el césped, Elisabeth estaba vagamente consciente de que otros se habían unido a ella, que Hasper todavía estaba hablando, que el piano estaba tocando y que la gente cantaba. Sentía la presencia de Dios, y sólo eso.

Una mujer se arrodilló y la abrazó. Pero desde arriba el doctor Hasper dijo: «Permítanme hablar con esa joven».

Hasper la ayudó a sentarse en una silla plegadiza y trajo otra para él. Le preguntó su nombre y su historia espiritual.

—Podría decir que Dios estuvo tratando contigo antes de que corrieras por el pasillo —dijo—. Sé que aquellos que no pueden esperar una invitación al altar han hecho compromisos de por vida.

—Quiero que mi vida sea una prueba de obediencia —dijo ella.

—Alabado sea el Señor —exclamó el doctor Hasper—. Necesitarás su poder en cada paso que des. No has elegido el sendero de la menor resistencia, pero si puedes ser disuadida por esto, no hubieras venido aquí adelante.

El doctor Hasper oró por ella concluyendo: «Si Elisabeth nunca es conocida fuera de este pequeño lugar, oro porque ustedes obren en ella y a través de ella para sacudir el mundo en su nombre y traerle gloria a ustedes».

Hasper se puso de pie y le dio la mano: «Dios vaya contigo».

Ella no podía hablar. Miraba detrás de él, donde Bill Bishop acababa de orar con un anciano. Bill sonrió y se alejó a grandes pasos con lo que Elisabeth le pareció una inmensa alegría.

Capítulo Cuatro

Elisabeth sentía una calidez en todo su cuerpo mientras caminaba silenciosamente con su padre a casa. El cielo parecía renegrido, la luna una tajada, aun el termómetro en el porche de atrás leía 27 grados. Elisabeth estaba tan plena, se sentía tan limpia y renovada, tan llena de vigor y resuelta, que quería decírselo a todo el mundo... comenzando por su padre, e inclusive, a la tía Ágatha. Pero su tía ya estaba roncando, y su padre parecía distraído.

Se sentaron en los escalones frontales, y bebieron agua helada con trocitos de hielo.

—Hoy hiciste algunos tratos con Dios —dijo él—. Eso es bueno; esas son las decisiones y compromisos que yo no puedo hacer por ti, pero significa mucho para mí que puedas hacerlos. Elisabeth presionó el vidrio contra su mejilla, y miró, una y otra vez a su padre. Él parecía de alguna manera triste, a pesar de lo que estaba diciendo.

—¿Estás bien, papá?

—Él se encogió de hombros.

—Un poco cansado.

—Estás trabajando mucho. Pero, ¿puedes estar feliz para mí esta noche?

Él puso su brazo alrededor de sus hombros, algo que no había hecho por mucho tiempo.

—Lo estoy —dijo él—. Te dije que lo estaba. Por lo menos es lo que quise expresar.

Elisabeth estaba preocupada. Ella quería hablar acerca de la reunión y de su decisión, pero el ánimo de su padre la derribó. Recostarse sobre esa mole cálida y grande, la hizo sentir segura y amada, como cuando era una niña.

—Ah, te voy a extrañar —dijo él.

Ella dio vuelta la cabeza y se tiró hacia atrás de tal forma que podía mirarlo a la cara de pleno. Él evitó sus ojos.

—¿A dónde voy a ir? —preguntó riéndose—. ¿Piensas que firmé para el trabajo misionero esta noche?

Él sacudió la cabeza.

—No siempre vamos a estar juntos, eso es todo. Y ya te extraño...

Elisabeth sintió que él estaba dando vueltas.

—Todavía faltan cinco años para la universidad —dijo ella.

—Lo sé. Sólo detesto pensar en nuestra separación. Pero tenemos que ser realistas, algún día estarás tan ansiosa por marcharte de mí como lo estuve yo para escaparme de mis padres.

—Nunca —dijo ella mientras se apartaba de su abrazo y miraba el cielo—. Pero si me convierto en una chiquitina me vas a quitar de encima, prohibiéndome estar en tu reino.

Ella sintió su apretón.

—Ya no eres una chiquilina. Estoy tratando de hablarte en serio.

—Te estoy escuchando —dijo ella—, realmente ¿quieres hablar dentro de cinco años?

Él se encogió de hombros y permaneció en silencio. Finalmente, dijo:

—Ya soy un cuarentón y lamento no haber tenido el mejor cuidado de mí mismo.

—Has estado demasiado ocupado cuidando de los demás.

—Estuve utilizando esa excusa para mí mismo, pero ahora no tengo opciones.

—¿Opciones acerca de qué?

—De cuidarme de mí mismo.

A pesar del aire quieto, un escalofrío la hizo estremecer.

—¿Qué estás diciendo?

—Esas noches extra en el hospital no fueron para trabajar —dijo él.

Ella se apartó con violencia y apoyó su vaso. Los fragmentos de hielo se habían derretido.

—No hagas que te pregunte —dijo ella sintiéndose vieja de golpe.

—Estuve sometido a exámenes.

Elisabeth no pudo hablar. Su emoción espiritual había desaparecido en una ola de náuseas.

—¿Pruebas? —logró expresar con voz débil. Es como si ella hubiera estado observando y escuchando, más que involucrándose realmente en esa conversación.

—Cáncer —dijo el padre, la palabra seca, colgando en el aire húmedo.

Ella contuvo el aliento y lo miró fijamente, como si deseara que él dijera algo más. Él la miró una y otra vez, y luego apartó su vista de ella.

—¿Qué? ¿Qué vamos a hacer con eso? Hay personas que sobreviven, ¿no es así?

—Algunas veces.

—Entonces tú sobrevivirás... lo lograremos... haremos todo lo que se tenga que hacer...

—Esperé demasiado tiempo, querida —y trató de abrazarla otra vez. Elisabeth se puso tiesa.

—¿Qué significa eso? —dijo ella.

—No te alejes ahora de mí —dijo él, tratando de acercarla—. Has escuchado que un doctor que se trata a sí mismo, tiene a un tonto como paciente. Para cuando supe que necesitaba consultar a alguien, mi enfermedad estaba avanzada.

Elisabeth se tambaleaba.

—Seguro, tienes tiempo.

—Mi doctor me da alrededor de 18 meses.

—¡Papi!

—Tú eres fuerte, Elisabeth. Dios estará contigo.

La condensación de su vaso había desaparecido en las virutas de madera del porche. Se sentía como si ella también estuviera sentada en el charco de sus propias emociones. Con la cabeza suspendida...

—¿Tu doctor podría estar equivocado?

Su padre sacudió la cabeza.

—He visto los resultados de la prueba. Sin un milagro, algún avance inesperado de la ciencia...

—Eso es por lo que voy a orar.

No va a ser fácil para ninguno de los dos —dijo él—. Pero me consuela saber que vas a estar bien... Gracias a Dios, mis asuntos están en orden.

—No me interesa nada de eso —dijo ella. Escondió su cara en el pecho de él y lloró—. Acabo de prometerle a Dios que convertiría el resto de mi vida en una prueba de obediencia. Mira lo que me pasó.

—Seguramente no esperabas que viviera para siempre.

Ella sabía que él no quería que sonara tan displicente.

—En un año y medio tendré sólo quince años...

Él asintió.

—Quiero ver a tu madre, y anhelo ver a Jesús, pero de verdad preferiría quedarme contigo por ahora.

Una fuente espiritual había caído sobre Elisabeth una hora atrás. Ahora había surgido un vacío que la carcomía en el fondo de su estómago. Ellos se sentaron en silencio durante varios minutos hasta que, sin una palabra, se levantaron al unísono para entrar.

La decisión espiritual de Elisabeth había sido real, y producía en ella un hambre y sed por Dios y por su Palabra que no había experimentado antes. Su pastor y el evangelista le habían advertido no esperar emociones espirituales, pero sí que esperara una oposición del maligno. Mientras que ella sentía un profundo gozo por haber tomado la decisión correcta, su corazonada creció más cuando su padre se iba deteriorando.

Primero perdió peso. Durante un lapso de alrededor de un mes, parecía más saludable, con definición en sus rasgos, su gran contextura evidenciando una musculatura declinante, donde antes había musculatura fuerte.

Pero él siguió cada vez más cansado y débil; su rostro empalideció. En la primavera de 1914, estaba confinado en su casa y había dejado de ver pacientes. Elisabeth corría a casa después de la escuela todos los días para cuidarlo y para reemplazar a su tía Ágatha, quien utilizaba la situación para encender su cháchara contra Dios.

—Tu padre no era simplemente un creyente —le dijo a Elisabeth—. Él también era un devoto. Mira adónde llegó. No te preocupes. Espero que él provea para mí, y tú puedes descansar segura, que yo proveeré para ti.

Hacia fines de 1914, el doctor LeRoy tuvo que ser hospitalizado. La iglesia había orado, visitado, ayudado, y ahora, meramente, parecía que esperaban las tristes nuevas. Ellos de todas maneras estaban atentos, Elisabeth lo sabía, pero la novedad había perdido fuerza. Sentía que ella sola lo estaba viendo morir.

En una especie de locura, la tía Ágatha comenzó a redecorar la casa. Al principio no era nada importante, pero finalmente resultó claro que ella lentamente estaba guardando las pertenencias de su hermano. Sus zapatos y prendas estaban puestos en cajas y guardados en el sótano húmedo. Su dormitorio se había arreglado como habitación de huéspedes, y para Elisabeth parecía que Ágatha estaba planeando mudarse apenas falleciera su hermano.

Una noche después de Navidad, Elisabeth caminó con dificultad por la oscuridad desde el hospital. Se deslizó dentro del porche trasero, se quitó las botas, y caminó dentro de la cocina cálida sin hacer ruido. Luego de haber visitado a su padre y saber que su tiempo era breve, no estaba con ánimo de hablar. Ágatha sí lo estaba.

—No he visto el testamento de tu padre, recuerda —dijo su tía—. Pero no estás en edad, y hasta que lo estés, yo supervisaré que nadie más administre sus posesiones. Sin tener en cuenta cómo él me compense por estos años de servicio, no intento aprovecharme de nada.

Elisabeth había confiado siempre en su compromiso con Cristo en los grandes temas de la vida, entregando a Dios sus miedos y su enojo acerca de su padre. Finalmente, ella había estado trabajando en infundir el mismo proceso de pensamiento para cada encuentro. Claramente ella no estaba para ser mala. Pero cuando la tía Ágatha mencionó que ella «compraría esta casa de la herencia de tu padre», Elisabeth no tuvo tiempo ni para orar ni reflexionar. Enrojeció su cara, y supo que se veía atacada.

—Lo siento —dijo ella—, pero no escuché que mi padre estuviera vendiendo la casa.

—Dije que la compraría de la herencia —dijo tía Ágatha—. Claro, eh, en su debido tiempo, por supuesto.

—¿No será que papi murió luego de que lo vi hace unos minutos, y tú te olvidaste de avisarme?.

—Perdóname por ser presuntuosa, Elisabeth —dijo Ágatha—. Sólo quiero planificar para más adelante.

—Qué conveniente que haya algo para planificar.

—Eso es lo que pensé.

Elisabeth apenas estaba con ánimo festivo en la víspera de Año Nuevo. Ella sabía que el año 1915 le traería la muerte de su padre, y todo lo que ella quería para su cumpleaños al día siguiente, era pasar tiempo con él. Estaba sorprendida de ver en el escritorio a la misma enfermera con quien había compartido los hechos de la vida desde hacía dos años atrás. La mujer rápidamente guardó el material con el que estaba trabajando, y siguió a Elisabeth hacia la habitación de su padre.

—Su hija está aquí —dijo, aunque antes Elisabeth no había sido anunciada.

—Su padre abrió un ojo.

—Y usted pudo...

—Sí, doctor —dijo la enfermera, y Elisabeth casi lloró ante el tono de ella. Su padre estaba en su lecho de muerte. Sin embargo, su enfermera todavía lo trataba con deferencia.

—Papi —dijo Elisabeth aceptando su frágil mano.

—Tu regalo estará aquí en un minuto.

—Tú eres mi regalo de cumpleaños.

—No, no lo soy —dijo—. Sólo te quito el tiempo.

—No digas eso.

—Sin embargo, ¿creerías que yo mismo salí y lo compré anoche?

—Seguro, y descarto que tuviste una cita también.

Él forzó una sonrisa y se durmió brevemente. Cuando abrió sus ojos, dijo:

—Soñé que veía a tu madre nuevamente.

Elisabeth se había resignado al hecho de que esto era lo mejor. Ella no quería que él sufriera más. Miró por detrás a la enfermera, quien le entregó una bolsa de papel. Dentro había un paquete envuelto, atado con una cinta.

—Abre primero la tarjeta —dijo él.

Elisabeth ya estaba llorando. La tarjeta había sido escrita a mano, ella deducía que por la enfermera, pero dictada por su padre.

> *«Elisabeth, tú eres el gozo de mi vida. Que vivas una vida madura, hasta edad avanzada, y que puedas ser avisada cuando llegue tu tiempo. Tu madre y yo te estaremos esperando en el portal este de la ciudad que fue edificada cuadrangularmente. Te amo, Papá.*
>
> *Isaías 25: 8—9».*

Elisabeth le dio una ojeada al pasaje en la Biblia de su papá. «Devorará a la muerte para siempre; el Señor omnipotente enjugará las lágrimas de todo rostro, y quitará de toda la tierra el oprobio de su pueblo. El Señor mismo lo ha dicho. En aquél día se dirá: "Sí, éste es nuestro Dios, en él confiamos y nos salvó. ¡Este es el Señor, en él hemos confiados; Regocijémonos, y ¡alegrémonos en su salvación!"»

En el paquete Elisabeth encontró un simple diario en blanco, con cubiertas de cartón.

—Registra tu viaje —dijo él—. Alguna vez alguien puede hallarlo alentador.

—¿Qué quieres para tu cumpleaños, papi? —dijo ella.

—Quiero despertarme en el cielo.

Ella había dejado de decirle que no hablara de lo inevitable.

—Te voy a extrañar —pudo decirle.

Diez días más tarde ella llegó a casa de la escuela cuando su tía estaba dejando la casa, precipitándose contra un viento helado.

—Él se ha ido —dijo ella—. En el hospital nos necesitan.

Elisabeth se paró temblando en la nieve mientras la tía seguía de largo. Ágatha se detuvo y parecía impaciente. Elisabeth había pensado que estaba preparada para este día, aun el dolor cavó un vacío en ella que nunca sería llenado.

—Lamento tu pérdida, tía Ágatha —dijo ella quietamente.

Ágatha Erastus miró de soslayo e inclinó su cabeza.

—Sí —dijo ella—. Gracias. Lo mismo para ti.

En el hospital, la enfermera amiga del papá, con los ojos enrojecidos, le extendió a Elisabeth una tarjeta con el nombre y dirección de un abogado en la parte de adelante, y una nota garabateada detrás en lápiz que decía: «Por favor, entregar a Elisabeth cuando sea el momento apropiado».

Mientras la tía Ágatha firmaba papeles, Elisabeth se sentó sola con sus recuerdos. El pastor Hill pronto se unió a ella. Simplemente se sentó y lloró con ella. La suya fue la respuesta más emocionante de los cientos que asistieron al funeral. El otro que no sabía qué decir era Bill Bishop, cuyo propio padre estaba cerca de la muerte.

Dos semanas más tarde, Elisabeth llegó a casa desde la escuela, encontrando a su tía Ágatha agitada en la sala, acompañada por un hombre bien vestido en sus cuarenta años tardíos.

—No quiere hablar conmigo, Elisabeth —dijo Ágatha—. Sólo quiere hablar contigo.

Marlin Beck, Esq., cuya tarjeta le había sido dada a Elisabeth en el hospital, se levantó brevemente para saludarla.

—He sido designado ejecutor de los bienes de su padre —dijo, volviendo a sentarse—. Muy consternarte para su tía, me temo.

—Y veremos qué dice mi abogado sobre eso —chilló Ághata.

—Él va a encontrar los documentos en orden, señora —dijo Beck.

—Mi hermano no estaba en condiciones de formular un testamento. No pude lograr de él tanto como para que vea.

—Perdón, señora Erastus, no era necesario. Él había preparado su testamento cuando su enfermedad era muy temprana y estaba con la mente clara. Sería poco sabia si usted lo litigara.

—¿Ahora usted también es mi abogado?

—Le pido perdón. Pero usted debería desear escuchar el testamento antes de decidir un litigio.

Elisabeth la miró.

—¿Tienes tú un abogado, tía Ágatha?

La mujer anciana se dio vuelta.

—Fácilmente puedo contratar uno.

—¿Tú disputarías contra el testamento de tu propio hermano?

—¡Si es necesario!

—Yo te permitiría tener todo antes que pelear contigo por un cordón de zapato —dijo Elisabeth, desesperada por no elevar el tono de su voz.

—Señorita LeRoy —dijo el señor Beck—, les animo a que no hablen bajo las emociones. Su padre previó eventualidades como ésta, poniendo sus asuntos en orden. Pienso que cada persona involucrada debería desear acceder a sus deseos. Los cuales, como se han expresado en este testamento, son que sus posesiones enteras queden bajo tutela a favor de Elisabeth, y que ella reciba total acceso a ellas a la edad de dieciocho años. En el lapso previo, a su hermana se le permite quedarse en la casa a cambio de la tutoría. La propiedad no será vendida antes que Elisabeth no tenga la edad, y su disposición será solamente a su discreción.

El señor Beck leyó:

—Esta es mi expectativa y esperanza, que mi hija, Elisabeth Grace LeRoy, tratará a mi hermana, Ágatha LeRoy Erastus, con la caridad cristiana que ella merece por el resto de su vida natural.

—¿Cómo interpreta eso, señor Beck? —preguntó Ágatha con tono autoritario.

Él trató de disimular una sonrisa.

—¿Cuánta caridad cristiana se merece usted?

—Eso no es divertido.

—El doctor LeRoy hablaba poco, señora Erastus. Creo que él deseaba que Elisabeth la provea razonablemente en gratitud por sus años de servicio.

Ágatha apretó sus labios y movió su cabeza.

—Vine aquí hace algunos años en medio de mi propio dolor, y tuve que recordar cada día la preciosa beba que perdí. No se me pagó ni una décima por criar virtualmente esta chiquilla ingrata.

—¿Ingrata? —dijo Elisabeth—. Si algo he dicho o hecho que te ha hecho pensar que yo o mi padre éramos in...

La tía Ágatha la hizo callar con la mano.

—Yo debería de tener el derecho de comprar esta casa —dijo ella.

Horrorizada por la profundidad de la displicencia de su tía, Elisabeth estalló:

—¡Bien!

—Perdóneme, señorita LeRoy —dijo el señor Beck—. Legalmente la casa no es suya hasta que usted tenga la edad correspondiente. Entretanto, está bajo mi responsabilidad, y estoy encargado de retener la casa para usted.

—La venderé apenas pueda hacerlo —dijo Elisabeth a su tía, resuelta a mantener la paz.

—Al valor justo del mercado, por supuesto —dijo el señor Beck.

—A cualquier precio que tía Ágatha considere justo —dijo Elisabeth.

—Ay, Dios —dijo el señor Beck, recogiendo sus papeles—. Le ruego que cuidadosamente...

—Ambas lo hemos escuchado en el tono adecuado y claramente, señor Beck —dijo Ágatha.

—Sí, pero...

—Mi sobrina honrará su palabra. Ella siempre lo hace.

El señor Beck movió su cabeza y tomó aliento para hablar, pero la señora Erastus lo interrumpió.

—A menos que usted tenga otros asuntos relacionados específicamente con el testamento o su responsabilidad, como usted lo dice, le agradeceré que deje mi casa.

—Si fuera su casa ya —dijo el señor Beck, levantándose—. Prefiero irme.

Pero le prometo que pelearé por los deseos de mi cliente, y usted puede...

—Adiós, señor Beck —dijo Ágatha.

Elisabeth creyó que Dios haría que ella honrara a su tía, aunque no mereciera respeto. Ser cordial con ella, y menos que nada amarla, era una tarea que Ágatha hacía más difícil. Elisabeth sentía compasión por los jóvenes que crecían frustrados en su casa, y no podían esperar a irse de allí.

Ágatha le recordaba a Elisabeth casi diariamente su promesa de vender la casa.

—Con el valor justo del mercado —decía Elisabeth.

—Esas fueron las palabras del abogado, no las tuyas —dijo Ágatha—. Tú dijiste a cualquier precio que yo considerara justo.

Sin estar segura de lo que iba a hacer respecto de su tonta promesa, Elisabeth se halló a sí misma más consciente que nunca de cada detalle del único hogar que ella había conocido. Ella conocía cada rechinar de la escalera, cada depresión del piso. Ella amaba el barniz altamente brillante en la gran baranda, sentía el empapelado relleno del salón de recepción y de la habitación de delante. Si aun Elisabeth tenía que sacrificar este lugar por una promesa hecha en un momento de enojo, ella memorizaría cada detalle de la casa. Pero mientras ella lentamente caminaba de cuarto a cuarto, pasando su dedo sobre cada superficie, desde los ladrillos de alrededor de la chimenea hasta las paredes de yeso de la cocina y el azulejo de los baños, Elisabeth sentía la amargura de la mirada de tía Ágatha.

A Elisabeth le pareció un alivio pensar que pronto llegaría el verano para tener actividades de entrenamiento en la iglesia. Bill Bishop se sentaba cerca de ella, pero apenas le decía dos palabras. Ella pasaba la mayor parte de su tiempo desviando la atención de Art Childs, quien parecía siempre querer sentarse con ella, caminar con ella y hablar con ella.

—¿Podemos caminar esta noche entre los troncos, después de la reunión? —le sugirió un día.

—No, Art, gracias. ¿Está bien?

Temía haberlo humillado. Él miró al piso y se ocupó de la suela de su zapato, quitando la suciedad.

—En realidad, no está bien, pero entendí el mensaje.

—No hay ningún mensaje, Art —sintiéndose horrible mientras él forzaba una sonrisa, luego se volvió hacia ella—. Es que, yo...

—Está bien, Elisabeth —dijo él—. Sé que puedes hacerlo mejor.

—No es así de ninguna manera —ella lo llamó para que volviera, pero él no se dio vuelta.

Elisabeth tenía que admitir que allí había un joven con el que no le hubiera importado pasear. Cinco años mayor, era un joven que había llegado a una pequeña universidad bíblica en Grand Rapids. Lo habían invitado para cantar y hablar cada noche por una semana, y sus ojos negros y su cabello claro la cautivaron casi tanto como a él su devoción por Dios. ¡Qué extraño ver una persona tan valiente y denodada en su fe!

Pero Benjamin Pillips parecía no tener ojos para nadie, ni siquiera para sus compañeras que vinieron a ayudarlo. Más de una fantaseaba con él, pero ni siquiera las chicas de la edad de Elisabeth pudieron detectar favoritismo. Art Childs trató de convertirlo en el mejor en el campo de juego de béisbol en vano, y Frances Crawford dijo que estaba convencida de que él tenía sus ojos puestos en ella. Elisabeth tenía claro que sus afectos estaban puestos en las cosas de arriba.

—Yo les garantizo que me escribirá —dijo Frances más de una vez—. Yo tendré que escribirle primero, pero observen, tengo su dirección.

Después se supo que ella había copiado la dirección de un panfleto de la escuela dominical. Ella le escribió dos veces antes de recibir una respuesta cordial.

—Él es vanidoso, después de todo —le dijo a Elisabeth.

—¿Por qué dices eso? Déjame ver la carta.

Frances se la extendió con una mirada de conocedora. Ben había escrito: «Perdóname que no recuerde tu rostro, Francine. Conozco tantos jóvenes en la iglesia. Concuerdo en que fue un tiempo refrescante en el Señor, y agradezco por tus amables comentarios acerca de lo que hago en el programa. Lo mejor de Dios para ti. Afectuosamente en Cristo, Benjamin P.»

—No suena a vanidoso en absoluto —dijo Elisabeth—. Él parece perfectamente maravilloso.

—¡Él ni siquiera me recordaba!

—¿Tendría que hacerlo, Frances?

—Nos estrechamos las manos después del servicio de la noche, y yo le dije que tal vez iría a su universidad.

—Estoy sorprendida de que no se haya declarado.

—Eso no es gracioso, Elisabeth. Él tendría que recordar mi nombre. Le dije mi nombre.

—Todas lo hicimos.

Capítulo Cinco

El dolor de la pérdida de su padre nunca estuvo lejos de Elisabeth. Ella se ocupó del trabajo de la iglesia, tocando el piano, cantando en el coro, enseñando en la clase de la escuela dominical... un año a las niñas, otro año a los niños. Se unió a la sociedad de jóvenes misioneros y le tocó el turno de escribir a los misioneros, aunque terminó siendo la única persona joven que perseveró hasta el fin en la tarea.

Su pena prolongada la acercó más a Dios. Sus amigos sentían compasión por ella, pero ni siquiera Frances sabía qué decir. Elisabeth trataba de ser cordial y apreciaba cualquier intento de consolarla, pero principalmente hallaba solaz en la oración.

Pocos querían escuchar eso, ella advirtió. El pastor Hill explicaba que «orar sin cesar» es algo posible de lograr. Él decía que la expresión de Pablo, significaba «mantener la línea abierta todo el tiempo. Pero nuestra conexión con Dios no es una línea de una sola vía. La oración corporativa es una cosa, pero orar sin cesar significa mantener nuestra línea privada abierta a Dios cada momento en que estamos despiertos. Tenerlo siempre presente en nuestra mente. Saber que él está contigo, observando, escuchando, dispuesto para aconsejar en los lugares secretos del corazón.»

Aquellos lugares secretos donde Elisabeth se sentía tan necesitada, tan frágil. Ella le dijo a Frances un día: «A veces me siento lejos de Dios sin razón». La cara de Frances mostraba compasión, como si hubiera escuchado a Elisabeth, pero no decía nada. «¿Qué te sucede a ti, Fran?», la apremió Elisabeth.

Frances se encogió de hombros. «Nosotros estamos lejos de Dios, ¿no es así?», dijo. «Me refiero a que algún día estaremos con él en el cielo, pero falta tiempo para eso. No creo que Dios quiera que estemos dando vueltas con la cabeza por las nubes todo el tiempo.»

Elisabeth quedó pasmada de que Frances parecía estar conforme de dejar a Dios, en esencia, fuera de su vida, aparte de los domingos y miércoles en la noche. Elisabeth encontró consuelo en los Salmos y en otros versículos, pero igual se sentía sola.

La tía Ágatha insistía en hacerla salir más, en mezclarse con la gente, en comenzar a poner los ojos en un compañero de vida. Esto último sorprendía a Elisabeth, y ella era incapaz de esconder su reacción.

—Bueno, te agradezco.

—¿Qué? —dijo su tía—. ¿Tú supones que creo que eres muy joven? Cuanto antes estés casada, será cuanto antes estés encaminada.

Elisabeth luchó para mantenerse alejada de una reacción de enojo, aunque esas palabras la herían profundamente. ¿Cómo se había permitido a sí misma llegar hasta allí? Apenas le interesaba encontrar a alguien con quien compartir su vida. En verdad, temía convertirse en una ermitaña por esa falta de interés.

—¿Por qué no te comunicas con el abogado Beck y le dices que haga un retiro de tu depósito e instalas un teléfono en esta casa?

Elisabeth movió su cabeza —demasiado extravagante—, dijo:

—La farmacia Snyder tiene un teléfono por si tenemos una emergencia, y no hemos tenido ninguna desde que papá murió.

Alejándose más y más de sus amigos en la iglesia y en la escuela, Elisabeth esperaba el campamento bíblico cada verano, a sesenta kilómetros al norte.

Algo acerca del lugar, la atmósfera y la gente de su edad de otras iglesias, la fortalecía, la sacaba de su encierro.

Desde el momento en que la caravana de la Iglesia de Cristo tomaba el camino largo, polvoriento y sin pavimento que conducía al campamento, Elisabeth se sentía rejuvenecer. Hacía fila cantando en una sala con paneles de madera añeja para inscribirse. Luego caminaba sola hacia los terrenos para ubicar su cabaña, su litera y encontrarse con su consejero. Saludaba brevemente a sus amigos de veranos anteriores, y se quedaba sola tanto tiempo como podía, sumergiendo sus sentidos en la atmósfera solitaria.

El suelo arenoso cerca del lago, los golpes de decenas de puertas metálicas desde el salón hasta la casa de reuniones, el sonido del viento en los árboles... todos estos recuerdos le permitían dejar su dolor en Three Rivers. La molestia opresiva de la tía Ágatha también quedaba allí. Sus amigos también se podían haber quedado atrás, porque ella no solía perder demasiado tiempo con ellos durante la semana de campamento. La antena espiritual de Elisabeth se sintonizaba con otros que se consagraban a Dios como ella. En las primeras conversaciones con nuevos conocidos se descubría la historia. ¿Hablaban de ropa y del sexo opuesto, o hablaban de Jesús? Algunos ostentaban superioridad espiritual, que no iba de acuerdo con su concepto de devoción. Pero muchos eran humildes, serios en cuanto a su fe, jóvenes extraños y maravillosos que anhelaban orar y hablar de Dios. Con estos nuevos amigos, ella se quedaría sin permiso hasta tarde, no por travesura, sino para conversar realmente acerca del mensaje que ellos habían escuchado. Elisabeth sentía como si hubiera contemplado una vislumbre del cielo. Eran estudiantes serios, que intercalaban opiniones mayormente con extraños. Sin embargo, no temían hablar de su lealtad a Cristo.

Ella no podía negar que la mayor atracción de ese verano era el renombrado Ben Phillips. Elisabeth disfrutaba al escucharlo predicar y cantar, pero ella estaba especialmente impresionada que un estudiante universitario fuera tan abierto respecto de su fe.

Cada año menos jóvenes de su iglesia iban al campamento, pero uno que no faltaba nunca era Bill Bishop. Su padre había muerto en la primavera de 1916, aparentemente sin dejar herencia. Elisabeth se maravillaba que Bill se diera maña para obtener una semana de sus varios trabajos para asistir al campamento. Él ocupaba sus tardes de la semana trabajando en mantenimiento, lo cual debe haber sido —Elisabeth deducía—, para poder pagar el costo del campamento. Él era el único acampante de su iglesia que se unía a Ben Phillips y a los otros, en aquello que ellos llamaban «orar y compartir», tarde, cada noche. Pobre Bill, siempre parecía exhausto y no decía ni una palabra. Cuando ellos oraban, era pasado por alto porque se quedaba dormido o simplemente permanecía en silencio.

Una noche Bill llegó tarde y alguien preguntó por él. «Es de mi iglesia», dijo Elisabeth y rápidamente contó la historia de su padre y la laboriosidad de Bill.

—¿Nunca dice nada? —preguntó alguien.

Elisabeth sonrió.

—Es muy tímido.

Ben Phillips, quien no sólo era el único huésped estudiante universitario, disertante y músico, sino que también ayudaba a supervisar el campamento, habló.

—No puedo lograr que él pronuncie más de una palabra o dos. Pero la otra noche, cuando nos disculpábamos a nosotros mismos porque somos «ah, tan espirituales», que no nos podemos divertir como cualquiera... ¿recuerdan?

Varios asintieron con la cabeza.

—Y en lugar de ir directo a nuestras habitaciones privadas, jugamos a «capturar la bandera». ¿Notaron que Bill no jugó? Él se fue derecho a su habitación. Me imagino que estaba cansado de trabajar toda la tarde.

—Me temo que pensó que estábamos siendo poco espirituales —dijo alguien.

—Esto es lo que pasó —dijo Ben—. Salí de mi equipo y caminé en círculo alrededor de la fila oeste de las habitaciones, luego noté una luz en una de las ventanas. Como me paré en puntas de pie, vi a Bill de rodillas al lado de su cama. Se había quedado dormido.

Ben hizo una pausa y movió su cabeza.

—Les digo algo: cómo me gustaría, por lo menos una vez, quedarme dormido orando.

Elisabeth estaba orgullosa de Bill, contenta de conocerlo, feliz de llamarlo amigo, aunque a menudo pasaban meses sin siquiera hablarse.

Ella amaba esas charlas tarde por la noche. Además de temas espirituales, examinaban temas del día. Una noche tarde del verano de 1917, algo así como una docena de acampantes que pensaban igual, se sentaron al lado de la chimenea en el salón de compañerismo para discutir sobre la guerra en Europa.

—¿Cuánto falta para que nos afecte a nosotros? —dijo una chica.

Elisabeth había leído en el diario que el presidente Wilson había establecido una política neutral hacia lo que se había conocido como «La Gran Guerra». Wilson dijo que los estadounidenses deberían ser «imparciales tanto en pensamiento como en acción», pero eso estaba convirtiéndose en algo cada vez más difícil. En 1915, el bloqueo británico a Alemania y los ataques de venganza de Alemania habían costado algunas vidas de civiles estadounidenses.

—Pienso que la mayoría de los estadounidenses está del lado de los Aliados —dijo Elisabeth.

—En realidad, ¿cuánto tiempo más Estados Unidos puede permanecer neutral?

El Congreso había aprobado una resolución de guerra contra Alemania, pero el presidente Wilson, cuyo lema de reelección era «Él nos mantuvo fuera de la guerra», no permitía a Estados Unidos unirse en forma oficial a los Aliados. Inclusive unos pocos meses atrás, en mayo de 1917, se había iniciado un ensayo militar.

—Todo lo que podemos hacer es orar —dijo una chica.

Varios asintieron, pero Ben levantó la mano.

—A riesgo de sonar abiertamente dramático —dijo—, alguno de nosotros quizás seamos llamados a algo más que eso. El general Pershing quiere un millón de hombres en Europa por esta época el próximo año. Justo me gradúo y quiero ir a un seminario. Pero si soy reclutado...

—Seguramente no van a tomar un seminarista —dijo alguien.

—Bien podrías ser un capellán.

—O podrías...

—¡Casarte! —dijo alguien—. No reclutan hombres con familia.

Ben sonrió.

—No es probable. De todas maneras, esa sería una muy mala razón para casarse.

Era cerca de medianoche cuando la reunión se terminó. Cuando el grupo se dispersó, Elisabeth batallaba contra sus emociones. Ella quería hablar con Ben, permitirle saber que ella pensaría en él, y que estaría orando por él. Pero ella no quería tomar la delantera. Ella estaba tan intrigada con Ben como cualquiera. Inclusive Frances Crawford, quien por ahora ya había pasado por una serie de romances de verano. Pero la preocupación de Elisabeth por él no llevaba otro motivo ulterior. Ella estaba en la puerta de salida sólo con Ben detrás, cuando dudó. Ben se había dado vuelta, aparentemente para apagar la luz, y se topó con ella.

—¡Ah! —dijo él, con su mano suave sobre el hombro de ella—. Lo lamento Elisabeth, no te vi...

Ella no podía creer que él supiera su nombre. Él parecía tan avergonzado como ella. Ella le aseguró que era su culpa, cuando dieron pasos en la noche y él cerró la puerta.

—Yo, eh... quería decirle, señor Phillips, que yo...

—¡Señor Phillips! —dijo él—. No soy mucho más viejo que tú. Por favor, llámame Ben.

—Muy bien —dijo Elisabeth, contenta de que la luz débil de un foco cercano no le diera de lleno en su cara enrojecida. Ella quería preguntar cómo era que él sabía su nombre, pero primero terminó su pensamiento.

—Estaré orando por tu guerra. Quiero decir, por tu futuro, ya sea que signifique guerra o no. Por ti, eso es.

Ella quería comenzar de nuevo o corregirse. Pero no dijo nada.

—Bueno, gracias —dijo Ben.

Ellos estaban de pie allí, sintiéndose incómodos, y como sus ojos se acostumbraron a la oscuridad, se halló a sí misma estudiando sus zapatos de dos colores. Él era espectacularmente buen mozo y acicalado; tenía clase, pero sin ostentación.

—¿Perdón, puedo caminar contigo?

—Estoy en esa subida —dijo ella, agradecida que su habitación era la más lejana del salón.

Caminaron lentamente, y él, contra su costumbre, estaba en silencio. No podía ser que él estuviera tan nervioso como ella. Todo lo que ella podía hacer era contenerse de preguntarle cómo era que tenía veintidós años y todavía era soltero, mucho menos sin salir con nadie. Seguramente, él tenía una novia en su lugar de origen.

—No sabía que conocías mi nombre —dijo ella.

Él se detuvo y la miró, se quedó como helado.

—Bueno, no lo sabía.

—Todos saben quién eres, Elisabeth.

—Continúa.

—No seas tímida —dijo él—. Tú resaltas.

Elisabeth se moría de ganas por preguntarle de qué manera, pero no lo hizo.

Miraba hacia abajo.

—Realmente, ¿cómo supiste mi nombre?

—¿De veras? Le pregunté a tu amiga el primer verano que estuve aquí.

—¿Mi amiga?

—¿Francine... algo?

—¿Frances? ¿Frances Crawford?

—Ella me escribió una vez

—¿Le preguntaste a Frances mi nombre? Nunca me dijo eso.

—Le pedí que no lo hiciera. Tenías, cuánto, ¿catorce?

—Quince

—Yo tenía veinte.

Ella quería decir: «¿Así?». Pero toda la conversación la puso confusa.

—¿Así que sabías mi nombre y nunca hablaste conmigo?

—Tu padre había muerto, ¿no es así?

Ella asintió.

—Para ser franco, las chicas del secundario a menudo se enamoran de jóvenes universitarios. No me quería arriesgar a eso.

—Por supuesto que no. No querías que alguien como yo se enamorara de alguien como tú. Un hombre universitario.

—No es eso —dijo él en la oscuridad—. Eras tan joven, y por cierto, en duelo. Podía haber sido malinterpretado.

—¿Por quién?

—Por ti, por supuesto. Y hay ciertas reglas acerca de los disertantes sobre confraternizar con las acampantes.

—¿Dichas reglas han sido anuladas?

—Ah, no. Pero esto sucedió fuera de plan. Quiero decir, tú te aproximaste a mí. Bueno, no te aproximaste a mí, pero...

—Tú te topaste conmigo —dijo ella.

—Culpable —dijo él—. Pero tú dijiste que querías hablar conmigo.

—Y lo estoy haciendo. Ahora debo irme. Mi habitación está justo allí.

Él miró su reloj.

—Tenemos diez minutos antes de que se apaguen las luces.

—Pero tú no deberías ser visto confraternizando con una acampante —dijo ella—. Una colegiala.

—Perdón, no quise ofenderte.

—Estoy bromeando Ben, no soy muy buena en esto.

—¿En qué?

—En gracias sociales.

—Aquí la gente te ama. Es obvio.

—Apenas soy sociable en casa.

—Quizás estés en tu lugar aquí.

Ella irguió su cabeza.

—Amo estar aquí.

—Pero tú tienes un amigo en casa.

Ella hizo un gesto de negación con su cabeza.

—Pero, Francine me dijo...

—¿Qué te dijo...? —dijo Elisabeth.

—Un joven de tu iglesia...

—¿Quién?

—Un par de años mayor. Él estaba contigo los dos últimos veranos.

—¿Art?

—Ese mismo.

—¿Art Childs? —ella rió sonoramente—. Realmente, Art y Frances han comenzado a verse.

Ellos se pararon al lado de un gran árbol, al lado de la habitación de Elisabeth. Ben miró de nuevo el reloj, y parecía estudiar el terreno.

—Ojalá lo hubiera sabido.

Ella contuvo su aliento.

—¿Por qué?

—Quizás hubiera roto las reglas.

—¡Ben!

—Quiero decir este año, no entonces.

—¿Y qué te hace pensar que yo estaría interesada? —dijo ella, asombrada de su propia indiferencia.

Él sonrió.

—Podía haber tenido mis oportunidades.

—Realmente tendríamos que despedirnos aquí.

—¿Puedo terminar mi pensamiento?

—Pienso que no.

—¿Mañana a la noche?

—Eso sería romper voluntariamente las reglas.

—Lo voy a aclarar primero.

—¿Con quién?

—Con mi jefe.

—¿El reverendo Shaw? Me voy a sentir avergonzada.

—Pero estaré dentro de las reglas, lo cual es sólo lo correcto.

Él siguió caminando.

—Ben, no lo hagas por favor.

Él se detuvo y se dio vuelta.

—Elisabeth, la elección es tuya. Es tu derecho decir que no.

¿Decir que no? Ni pasaba por la cabeza de Elisabeth negarse. Ella se deslizó calladamente dentro de la habitación, pero así como abrió la puerta, comenzó la carcajada.

—Tenemos que saber todo —reclamaban sus compañeras—. ¿Cómo hiciste eso?

—¿Hacer qué?

—Captar la mirada de Ben.

—Fuimos los últimos en salir, y Ben me acompañó, eso es todo.

Ellas no le creían, pero ella tampoco hablaba.

Al día siguiente, Elisabeth no estaba atenta en nada. Se obligó a no mirar a Ben. Esa noche en la sala de conferencia, ella quería mirarlo para no parecer ansiosa. Él nunca miraba para el lado de ella, aunque daba el devocional y parecía hacer contacto visual con todos. Elisabeth temía haberlo asustado. Estaba asombrada de sí misma, de las cosas que había dicho. Aparte de Bill Bishop, ella nunca había hablado a solas con un muchacho.

Elisabeth estaba tan apenada que creía que todos podían verlo en su cara. Ella lo esperó otra vez, cuidadosa de no ser la única que quedara cuando Ben cerrara la puerta. Cuando los demás salieron, parecía que él había reparado en ella por primera vez.

—Ah, Elisabeth —dijo—. Lo lamento, le pedí al reverendo Shaw, y él me negó el permiso para hablar contigo.

Elisabeth luchó por mantener la compostura, las consecuencias incómodas se le venían encima.

—Supuse que esto te haría feliz.

—¿Feliz?

—Tú ni siquiera querías que lo abordara, así que...

Esta era su culpa. Ella lo había arruinado por demostrar falta de interés.

—Sí, pero...

—Estoy bromeando —susurró él—. Realmente, el reverendo Shaw dijo que me había llevado mucho tiempo advertir a alguien tan hermosa y tan espiritual como tú.

Elisabeth parpadeó. Ella no sabía si emocionarse o sentirse insultada.

Aparentemente se notaba.

—Perdón, Elisabeth —dijo Ben—. Debía aclararlo de todas maneras, por si acaso. ¿Cómo podía justificar el caminar contigo esta noche?

Él tocó su hombro, y la guió hasta la puerta, atrasándose para dejar a los demás que fueran delante. Algunos miraron fijamente y sonrieron, otros susurraron. Elisabeth deseaba decirle a todos que se metieran en sus propios asuntos, pero no había tal cosa en el campamento.

Ella se sentía torpe como una vaca recién nacida, a los tropiezos dentro de la noche, incapaz de formar palabras. Tenía miedo de que él tomara la iniciativa, pero, ¿era ella la persona que él pensaba que era? Y si no lo fuera, ¿cómo podía mantener su interés? Elisabeth podía ser ella misma, como su padre le había animado a serlo. "Tú eres irresistible, cuando eres tú misma", él hubiera dicho. Si ella pudiera escuchar eso mismo de Benjamin Phillips.

Ben se detuvo cerca de la puerta y se paró ante ella, con las palmas en alto y las cejas altas.

—Yo he sido claro, así que ahora te toca a ti. ¿Puedo caminar contigo?

Elisabeth exhaló, pero antes de que ella pudiera responder, una voz la sobresaltó.

—Discúlpenme.

—¡Bill! —dijo Ben, estrechando su mano.

—Buen devocional esta noche, Ben —dijo Bill, y luego saludó con la cabeza a Elisabeth.

—Bill —dijo ella.

—Elisabeth, me estaba preguntando si no necesitarías a alguien que te acompañe hasta tu habitación.

—Ah... yo...

—Quiero decir, los demás ya se han ido, y yo...

—Ah, sí, lo agradezco. Pero no, yo, ah, Ben aquí justo se había ofrecido.

Bill miró hacia abajo.

—Muy bien, entonces.

—Pero, gracias, Bill. Muchas gracias. Verdaderamente lo aprecio.

—Seguro —dijo Bill.

Su cara enrojecía mientras él se marchaba.

Capítulo Seis

Elisabeth no tenía idea de qué podía esperar de Ben Phillips. ¿Podía su mente y corazón llenarse con ella cada segundo, como ella con él? De otra manera, ¿cómo podía él pensar, decir o hacer cualquier cosa sin girar en torno a ella? Sin embargo, él lo hizo. Aún enseñaba, cantaba y lideraba la reunión nocturna de los «devotos».

Si él hubiera querido sentarse con ella en las comidas, en el bullicio del salón o caminar alrededor del campamento durante el día, como hacían otras parejas, Elisabeth se hubiera emocionado. Pero una de las advertencias del reverendo Shaw era esa, la de que no se convirtieran en un «tema».

—De todas maneras los dos estamos demasiado ocupados —dijo Ben—. O deberíamos estarlo.

Elisabeth estaba de acuerdo, valorando su sensibilidad y sentido práctico. Y en cualquier oportunidad que ella se preguntaba si la falta de tiempo juntos —salvo por media hora o algo así, o justo antes de medianoche cada noche— revelaba un entusiasmo menor de su parte que de la de ella, Elisabeth solo necesitaba recordar su mirada.

Pero su relación, como tal, era embrionaria. Al final de la semana todavía no se habían tomado de las manos. Él la tocaba apenas mientras caminaban, pero sólo para dirigirla con cortesía. A veces ella tenía ganas de abrazarlo; ocasionalmente, se imaginaba su beso. Ella oraba mucho acerca de esto, preocupada porque sus afectos habían desplazado de Dios a Ben. Sin embargo, no sentía ninguna culpa. Sólo preocupación. Tal vez esto era lo correcto. Ella necesitaría algún día un esposo, y ¿qué mejor que un hombre devoto como éste? Seguramente, si ella mantenía sus prioridades. Y Ben estaba tan ansioso como ella sobre este punto. Dios atendería bondadosamente las posibilidades.

Elisabeth era muy cuidadosa de no dar rienda suelta a su corazón. Ella planeó para su despedida un comentario que decía simplemente que había tenido una semana maravillosa, y que consideraba su atención un suceso significativo. Ella anhelaba una expresión de él, no de amor en esta etapa tan temprana, pero de algún interés en escribir, tal vez un viaje a Three Rivers, algo, cualquier cosa.

Se acercaba el fin de semana, y nada de esto parecía sugerirse. Él era un perfecto caballero. Ella se halló sonriendo, asombrada de que una parte suya deseaba que por lo menos una vez, él no fuera perfecto o un caballero cabal. Si él se permitía a sí mismo el atrevimiento de decir una cosa que no diría de otra manera, si no fuera porque ellos pronto partirían, ella lo atesoraría.

En su última noche juntos, Elisabeth esperaba llevarse alguna cosa como para consolar su corazón y que no fuera solamente una diversión semanal para él. Por cierto, había sido más para ella. Pero en lugar de expresar cualquier emoción, Ben simplemente la dejó con un:

—El reverendo Shaw me pidió que lo visites en la mañana.

—¿A qué hora? Nos vamos a mediodía.

—Yo diría que cuánto más temprano mejor.

—¿De qué se trata?

—Voy a dejarle eso a él.

—¿Pero tú sabes?

—Por supuesto.

—¿Y no me lo puedes anticipar?

—Él me pidió que no.

—Esto es enloquecedor, Ben.

—No vale la pena preocupase. Ya vas a ver.

Luego del desayuno, Elisabeth se encaminó hacia las oficinas de la administración, ubicadas en un pequeño edificio decrépito que también servía como depósito del equipo deportivo. El reverendo Shaw, quien dirigía el campamento durante todo el verano con Ben Phillips como su asistente, era un predicador itinerante el resto del año.

—Ven, querida —dijo él, levantándose cuando ella se apareció en la entrada de la oficina—. Sabes que conocí a tu padre, ¿no es cierto?

—Usted me lo dijo en el funeral.

—Por supuesto. Bien, déjame ir al grano. ¿Existe una posibilidad de que te quedes con nosotros las últimas seis semanas del verano?

—¿Quedarme? No, yo...

—Hay una vacante en el grupo de vigilancia, y le pedí a Phillips que buscara una mujer con buen carácter que disfrutara de servir al Señor de esta manera.

—¿Él me recomendó?

—Muy enfáticamente. Si hubiera tenido un poco de lucidez, yo mismo te hubiera sugerido, pero estuve tan ocupado, apenas era consciente de que esta era la última semana que tú estarías aquí.

—Pero usted aprobó que Ben... este... fraternice...

—Señorita LeRoy, ustedes estarían menos tiempo juntos si usted no acepta esta oportunidad. Pero, por cierto, estará más cerca de Ben aquí que en su casa. Naturalmente, no quisiera que usted acepte la oferta basada en que...

—Naturalmente.

—¿De manera que...?

—Estoy insegura. Tendría que preguntar a mi tía. Yo iba a trabajar en la farmacia durante el año escolar, comenzando la semana antes del colegio.

Elisabeth estaba insegura por más razones que esa. Ella quería más que nada quedarse en el campamento durante seis semanas más, convivir con otro equipo, ver acampantes de todas las edades ir y venir. ¿A quién estaba engañando? La proximidad a Ben se había convertido en prioridad.

—Voy a enviar una nota a mi casa a través de Bill Bishop, pidiendo a mi tía que le informe al farmacéutico mi decisión. Pero si tengo que decirle la verdad, no sabía que usted tuviera un equipo de vigilancia aquí. No sé nada acerca del trabajo de vigilancia. El reverendo Shaw se rió.

—No serás una gendarme. Nosotros usamos el término en el sentido clásico de supervisar un área. Es más gentil que llamarte «lavandera». No hay ninguna gracia en ello. Ayudarás a lavar los platos tres veces al día, limpiar el comedor y la cocina, y asear la parte exterior del edificio. Elisabeth asintió, ya imaginando lo que significaba el canje. Ella no estaba asustada por el trabajo Había limpiado el exterior de la casa más de una vez. Si ése era el precio de estar en el mismo campamento de Ben, ella lo haría.

—No es un puesto voluntario, dicho sea de paso. Pero imagino que no podrás financiar la universidad con un dólar diario.

—Ah, Dios.

—Son sólo seis días en la semana, te recuerdo.

—Por seis semanas —dijo ella. Treinta y seis dólares son mucho más de lo que se acostumbra.

El reverendo Shaw se paró.

—Me gusta una muchacha con sentido del humor. Si tu tía no envía a la policía real para buscarte, no considera el tema concluido.

Elisabeth les contó a todos los que veía. Varios sugirieron que lo hacía por causa de Ben.

—Envuélvelo alrededor de tu meñique —dijo Frances en voz alta, demasiado fuerte.

Elisabeth la ignoró.

—Estaré muy ocupada de todas maneras para verlo.

Ella le escribió una nota a la tía Ágatha: «Si por alguna razón no puedes arreglar esto, me disculpo por haberlo pedido y regresaré lo antes posible».

Elisabeth selló la carta y buscó a Bill Bishop.

—¿Podrías hacerle llegar esto a mi tía?

—¿Tú no vienes con nosotros?

Elisabeth le explicó.

—Vas a necesitar que te lleve de regreso a casa al finalizar el verano. Vendré por ti.

—Ah, Bill gracias, pero...

—Insisto —dijo él—. Tengo mi propia camioneta ahora. Usada, pero buena.

—Te tendrías que tomar el día libre...

—Eli —dijo él—, déjame hacer esto por ti.

—Gracias, Bill.

Elisabeth lavó la ropa y se ubicó en el nuevo cuarto una hora después de que sus amigos dejaron todo a mediodía. Su supervisor le dio una lista de tareas que parecía incluir cerca de diez horas de trabajo por día, de lunes a sábado. Ella y sus compañeros tenían la opción de hacer el trabajo de la cena en la cocina durante o después de la reunión de la noche, de tal manera que ellos pudieran asistir si optaban por hacerlo. Ella tenía que decidir si estar disponible para la reunión o estar un tiempo corto con Ben luego de eso. Decidió hablarlo con él.

Elisabeth halló a Ben fuera de las oficinas administrativas preparando a su equipo para recibir a los nuevos acampantes, más de un centenar de varones de ocho a diez años.

—Es mi semana favorita —dijo él.

Ella sonrió.

—Vine a preguntarte por mi programa.

—Me alegro que lo hicieras. Esta semana, el pianista está enfermo y no vendrá. ¿Podrías ocupar su puesto?

Elisabeth debía tocar tres veces por día, incluyendo la reunión de la noche. Pero aun se esperaba que ella tuviera que hacer todo lo que se le pidiera. El único hueco en su agenda venía después de la reunión de la noche y su trabajo de la cocina. Considerando que la reunión era un poco después de las ocho y su trabajo a las diez, esto le daría más de una hora para estar con Ben. Pero ella tenía que levantarse mucho antes del desayuno. Elisabeth deseaba ser lo suficientemente valiente como para preguntarle a Ben, directamente: «¿Cuándo te voy a ver?». Pero de otra manera, ella dijo:

—Esto no parece dejar tiempo para ninguna otra cosa.

—Seguro que no —dijo él, mirando detrás de ella a una nube de polvo que hervía desde la arena a media milla de distancia.

—Aquí vienen los primeros. Vamos a «tener que ir improvisando el programa» la agenda.

Elisabeth había perdido su atención, pero comprendió. Él era un hombre de prioridades, compromiso y convicción. Pero mientras ella organizaba sus quehaceres, se permitió pensar en preguntarse si él no la había cortejado la semana anterior solamente para que lo ayudara el resto del verano.

En la reunión de la noche, Elisabeth no se imaginaba cómo sería trabajar desde las seis de la mañana hasta las diez de la noche durante seis semanas. Sólo el amor la podía motivar, y si tenía que ser su amor por Dios antes que su amor por Ben, así sería.

No habría práctica de piano. Ella debería tener el tiempo suficiente para lavar su cara y cambiarse de ropa antes de tocar las canciones mirando el himnario. Exhausta, se sentaba en la silla, agradecida de que la señora Stonerock le hubiera enseñado bien. Elisabeth dormitaba durante la oración.

Deseaba deslizarse dentro de la cocina para dejar su trabajo hecho una vez que estaban terminados los cantos, pero esperaba también tocar la canción final. Ella no podía irse, y volver transpirada.

Los niños cubrían cada silla del auditorio, así que ella se tenía que sentar al piano en una silla sin respaldo, deseando todo el tiempo regresar a su cuarto y estirarse en su cama.

Elisabeth se embelesaba rápidamente al verlo, ya sea cuando Ben dejaba de ser maestro de ceremonias para convertirse en solista y luego en disertante. Elisabeth estaba pasmada por su capacidad para comunicarse con los jovencitos tan fácil, y poderosamente como lo había hecho con los estudiantes secundarios la semana anterior. Él era gracioso, atrayente, y además, motivador. Obtenía la atención de los chicos y ellos parecían amarlo.

Hasta la oración de cierre ella olvidó su fatiga y el trabajo que tenía por delante. Se sentía privilegiada de estar allí, muy impresionada con el lado espiritual de Ben, y ansiosa por volver a verlo más tarde, aunque fuera por unos pocos minutos. Ella guardó el entusiasmo hasta la última canción, luego corrió hasta su cuarto a cambiarse y después bajó al salón y a la cocina. Las ollas y cacerolas gigantes, los hornos y cocinas para muchos parecían mucho más enormes en la otrora cocina vacía.

Molesta porque el equipo le había dejado más tareas que las asignadas, Elisabeth se sintió obligada a dejar el lugar listo para la preparación del desayuno. Mientras hacía su trabajo, y por lo menos el de dos personas mas, ensayaba cómo iba a determinar sus condiciones en la mañana siguiente. «Les advierto», se decía silenciosamente, «de aquí en adelante haré mi trabajo. Si el lugar no está limpio para el desayuno, no me culpen». Le dolía la espalda mientras trapeaba el piso, y parecía como que Cristo mismo le hablaba a su corazón: *«¿Para quién estás trabajando?»*.

—Para nadie más —dijo— nunca jamás.

La pregunta vino otra vez.

—Para ti, Señor —susurró.

Continuó trabajando, esperando alguna sensación de paz, de seguridad, de aprobación. La única respuesta fue que Dios dejara de hacer la pregunta. «*Por cierto*», pensó, «*ya le respondí. Si estoy trabajando para él, le obedeceré. Si hay trabajo para hacer, lo haré. Y si hubo una injusticia, la venganza será suya».*

Así decidió Elisabeth, era una vida como prueba de obediencia. Pero ciertamente, debería existir alguna pequeña recompensa, alguna clase de paga de este lado del cielo para una vida de devoción verdadera. Seguramente, Ben estaba esperando el final de este día agotador.

Terminó después de las once y se miró rápidamente en el espejo mientras salía. Su cara tenía trazos de tierra adherida y sudor. El vestido de trabajo estaba casi empapado. Elisabeth estaba desesperada por estar unos minutos con Ben. Simplemente, sacándose la carga de encima. Poniendo las cosas bajo perspectiva. Ella podría dormirse sin tener temor al temprano despertar.

Pero no había forma de poder verlo de la forma en que ella deseaba. Ella corrió a su cuarto, donde sus compañeros de trabajo estaban ya durmiendo. Estaba tentada a despertarlos, decirles qué había hecho, y reclamarles que quería saber, por qué le habían dejado todo a ella. Pero ella sólo tomó con apuro ropa nueva y se apresuró hacia el arroyo, donde se quitó la ropa e hizo un clavado. El agua estaba tan fría y refrescante que la hizo llorar, pero el tiempo volaba. Se sentía vulnerable a la luz de la luna brillante, y temía ser vista. Se secó rápidamente, se vistió y recogió el pelo sobre su cabeza, luego envolvió sus ropas en una toalla y se preparó para encontrar a Ben.

Pero el campamento estaba oscuro. Ella no sabía dónde estaba ubicado el cuarto de Ben y no quería: no podría justificarse si la hallaban allí, molestando a los demás para despertarlo. El edificio de la administración también estaba a oscuras, como lo estaba la pequeña habitación donde el reverendo Shaw y su familia pernoctaban.

Elisabeth se sintió desmayar cuando hizo el camino de regreso directo hacia su cuarto. Oraba porque Ben, de alguna manera, la estuviera esperando. Pero él no estaba. Era medianoche y ella tenía que estar levantada a las seis. De hecho, para lograr tener su tiempo de lectura bíblica y oración, se tendría que haber levantado antes de eso. No habría otro tiempo, en el día o en la noche, para recuperar el tiempo perdido de la mañana.

Elisabeth arrojó su paquete al piso, se sentó en su catre, se acostó sin ponerse la bata y se durmió desdichada. Sus ojos se abrieron a las cinco y media. Su humor no había cambiado. Sus compañeros todavía dormían, y ella estaba agradecida por ese tiempo. Luego de refrescarse, se sentó en una silla de madera fuera del camino, y leyó la Biblia y oró. Le pidió a Dios que quitara la tristeza de ella, que le recordara una vez más que estaba trabajando para él, y que le ayudara a examinar sus motivaciones para quedarse en el campamento.

Cuando llegó a la cocina, estaba furiosa al descubrir que sólo se hallaba allí su supervisora.

—Tus compañeros se quedaron de nuevo dormidos —le dijo—. ¿Podrías ir a buscarlos?

Elisabeth miró fijamente a la mujer. Dentro de ella, todo gritaba: «¡No, no lo haré!». Hacía su trabajo y aún se las arreglaba para levantarse temprano. Si ellos no se podían levantar a tiempo, aun cuando se habían ido a la cama temprano y hacían menos tarea, no tenía por qué esperarse que los tuviera que arrancar de la cama. Pero ella permanecía en silencio.

La mujer la miró fijamente en respuesta.

—¿Acatarás o no las directivas? Estoy escasa de personal, pero te despediré si te permito que seas descarada. ¿Necesito recordarte que estamos aquí trabajando para el Señor, y que...?

—No, señora. Perdón. Iré inmediatamente.

Elisabeth deseaba que pudiera reclamar el hecho de saber para quién trabajaban las otras chicas, todavía dormidas, haraganas, sin importar...

—Así me gusta.

Elisabeth corrió la cuesta del camino, las lágrimas subían desde su pecho. ¿Descaro? «*Para el Señor*», se decía a sí misma, «*Para el Señor*».

Cuando llegó al cuarto, las otras chicas se estaban vistiendo apresuradamente.

—¡El primero que se despierta se supone que despierta a los otros! —dijo una—. ¿Estás tratando de hacernos quedar mal?

Elisabeth no dijo nada. ¿Querían de veras ser despertados cuando ella se levantaba? Quizás lo descubriría la mañana siguiente. Se encaminó hacia la cocina.

—No tenemos tiempo para esperarlas —dijo la supervisora—. Empecemos. Otra vez, Elisabeth hizo su trabajo y el de los otros.

Luego de los platos del desayuno y la limpieza del salón

comedor, Elisabeth supervisó la parte exterior del edificio hasta el mediodía. Apenas tenía la energía para comer, pero el almuerzo la revivió y estaba lista para organizar sus canciones para la noche. Estaba resuelta a hablar con Ben antes de la reunión, sin considerar lo atrevida que pudiera parecer. Se apresuró en su trabajo, se cambió rápidamente, y lo halló al frente del auditorio hablando con alguien acerca del programa.

Trató de sonreír cuando la miró, pero él le hizo señas de que sería un minuto. Finalmente quedó libre.

—Realmente quería verte anoche —dijo ella.

—Yo también —dijo él. — ¿Recibiste mi nota?

—¿Nota?

—La dejé en la mampara de la cocina anoche. Tenía un acampante nostálgico y para el tiempo en que terminé, eran las once y cuarto y tú te habías ido.

—Gracias, pero nunca la recibí.

Ella quería que él le sugiriera otra vez esa noche, pero él la miró. Sus reservas se habían ido. Con un sentimiento de osadía, ella dijo:

—¿Esta noche?

—Ah... —dijo él—. Eso estaba también en la nota. El reverendo y yo tenemos una misión en Paw Paw y no volveremos hasta después de medianoche.

Elisabeth se preguntaba si ella lo vería en todo el verano.

—Bien —dijo ella—, buen viaje.

—Gracias.

Y eso fue todo. Ninguna disculpa. Ningún deseo de querer verla. Ningún arreglo para verse la noche siguiente. Él le dio una hoja de papel con la lista de himnos para la noche, y ella caminó trabajosamente hacia el piano.

Los chicos estaban a pleno, así que Elisabeth comenzó con la primera selección. Era «El amor del Salvador», escrita una docena de años atrás por Charles H. Gabriel. Elisabeth leyó la música, sus dedos se deslizaban silenciosamente por el teclado. Estaba por encaminarse a la segunda selección, cuando su vista se detuvo en la letra. Ella había cantado esta canción muchas veces en la Iglesia de Cristo, pero de pronto, la verdad del himno la traspasó.

Estaba tan consciente de sí misma, tan preocupada acerca de las ofensas y desaires del último día y medio, que ella se había descarriado de Dios. ¿Qué había soportado ella comparado a lo que Jesús había atravesado por ella? El canto parecía matarla. Ella miraba los versículos a través de un mar de lágrimas y se halló a sí misma tocando la canción suavemente con expresión profunda.

La música sedó a los niños incontrolables. Elisabeth no era consciente de que su melodía también había capturado la atención de la plataforma hasta que Ben se paró en el púlpito y levantó sus brazos pidiendo a los niños que inclinen sus cabezas y escuchen. Comenzó a cantar primero en un susurro con una voz tan llena de emoción que Elisabeth sintió la presencia de Dios.

Estaba asombrada de que cualquiera podía escuchar el canto o la melodía, pues no había ningún otro sonido. Desde el rabillo de su ojo vio a sus compañeras emerger de la cocina y pararse silenciosamente mientras Ben cantaba:

> *«Me paro asombrado en la presencia de Jesús Nazareno,*
> *Y me pregunto cómo él pudo amarme, un pecador, condenado, impuro.*
> *Para mí era en el jardín, que él oró: "No mi voluntad, sino la tuya".*
> *Él no tenía lágrimas para sus dolores propios, pero derramó lágrimas de sangre por los míos.*
> *Con piedad, los ángeles estaban en su presencia, y vinieron desde el mundo de la luz,*
> *A consolarlo en los dolores que él sobrellevó por mi alma aquella noche.*
> *Él llevo mis pecados y mis dolores, él los hizo suyos propios,*
> *Él llevó su carga en el Calvario, y sufrió y murió solo.*
> *Cuando rescatado en gloria, su rostro finalmente pueda ver,*
> *Será mi gozo por las edades cantar de su amor por mí.*
> *¡Cuán maravilloso! ¡Cuán maravilloso! Y mi canción siempre será:*
> *¡Cuán maravilloso! ¡Cuán maravilloso es el amor de mi Salvador por mí!».*

Cuando Ben terminó, aun los niños permanecían en silencio. Otros en la plataforma se habían arrodillado, apoyados en las sillas. Ben dijo: «Me siento guiado a cancelar lo que habíamos planeado para esta noche. Permítanme decirles lo que aquellas palabras significan y los invito también a ustedes a permanecer maravillados en la presencia de Jesús».

Él los hizo transitar por cada verso mientras Elisabeth continuaba tocando. Explicó qué significaba ser condenados e impuros, y luego rescatados por un Salvador. Invitó a los niños que querían recibir a Cristo como su Salvador a venir adelante y orar con los consejeros. Decenas lo hicieron.

Casi al final, Elisabeth volvió a la cocina donde el equipo estaba limpiando.

—Había algo —dijo una de ellas.

—Me olvidé de darte esto —dijo la supervisora de Elisabeth—. Estaba en la puerta esta mañana, pero estaba muy distraída con el retraso de los demás...

Elisabeth le agradeció y atisbó la nota. Bajo su firma él había agregado la referencia: Filipenses 1:3—6.

Agradecida a su padre que la había iniciado tempranamente en los caminos de la memorización, ella permitió que los versículos resuenen en su mente cuando terminó sus tareas. «Doy gracias a mi Dios cada vez que me acuerdo de ustedes. En todas mis oraciones por todos ustedes, siempre oro con alegría, porque han participado en el evangelio desde el primer día hasta ahora. Estoy convencido de esto: el que comenzó en vosotros la buena obra, la irá perfeccionando hasta el día de Cristo Jesús.»

¡Qué perfecto final del día! La verdad espiritual de los versículos concordaban con la canción que ella acababa de tocar, y la experiencia que ellos habían compartido. La idea de que Ben estuviera agradecido a Dios por cada recuerdo de ella, era también algo que estremecía. Sin fuerzas físicas, Elisabeth terminó su trabajo alegremente y se dirigió a una larga noche de sueño. Ella estaba en su camisa de dormir y casi dormida, cuando llegó su última compañera de cama.

—Ben Phillips te está buscando.

Ella se sentó.

—¿Dónde?

—En el Auditorio. Dijo que si estabas en la cama no te molestara.

—No es ninguna molestia —dijo Elisabeth, cambiándose rápidamente.

—No es importante.

—Lo es para mí.

Ella estaba sin aliento en el momento que llegó hasta Ben.

—No quise molestarte —dijo él—. Debes estar exhausta.

—Estoy bien.

—Al reverendo Shaw y a mí no nos esperan en Paw Paw hasta más tarde, así que tenía una hora libre. Tendría que haber supuesto que querías descansar.

—Prefiero pasar tiempo contigo —dijo ella—. Si no te importa.

—¿Parezco que me importa?

Ellos se sentaron en la misma silla de madera donde Elisabeth había leído esa mañana. Parecía haber pasado siglos atrás.

—La reunión de esta noche valió la pena todo el verano —dijo ella.

—Pero llevas dos días de este verano.

—Sin embargo...

—Lo lograste.

—Sólo toqué la música, Ben. Las palabras venían a mí. Dios lo logró.

—¿No fue un privilegio ser usados de esta manera?

Ella asintió.

—Señor, te estamos agradecidos —dijo él, y con rapidez inclinó su cabeza y cerró sus ojos. Pero no dijo nada más. Ella creyó que fue la oración más conmovedora y de corazón que jamás había escuchado.

Ben miró su reloj varios minutos más tarde y dijo:

—Mejor que me conecte con el reverendo.

Sus manos se rozaron mientras se levantaban de la silla.

—Te despido.

—Yo te despido a ti —dijo él—. Tú necesitas descanso.

Él caminó con ella de vuelta hasta su habitación, y le dio las buenas noches. Ella se rió tontamente.

—¿Qué? —dijo él.

—Soy terrible.

—Dime.

—Me estaba preguntando qué podría hacer mañana a la noche para acortar la reunión.

Capítulo Siete

—*Eres* terrible. Pero espero que se te ocurra algo.

La carta de tía Ágatha llegó casi al finalizar la semana. Luego de una andanada asegurándole a Elisabeth que ella alababa su solicitud, le pidió que mantuviera sus ojos abiertos a algún candidato adecuado. «Tal vez alguien pronto sea capaz de ilusionarse con tu amor por el pastel en el cielo poco a poco.»

Elisabeth tuvo que sonreír. La tía Ágatha sin saberlo, ¿estaba animándola para que se casara con alguien dentro de la fe?

Elisabeth se adaptó a la rutina rápidamente y sintió que había obtenido la clase de disciplina que su padre había intentado inculcarle. El trabajo era torturante, las horas insoportables, y sus compañeros de trabajo haraganes y egoístas. Ella le dijo a Ben que estaba tratando de cuidarse de la superioridad espiritual.

—Sé que la prueba de mi fe produce paciencia, y que debería contarlo como gozo. Pero cuando devuelvo bondad por maldad, aun si no obtengo bondad como respuesta, siento alguna especie de victoria.

—Es una victoria —dijo Ben—. Pero estás en lo correcto de guardarte contra el orgullo.

—Lo sé —dijo ella—. Y estoy orgullosa de saberlo.

—Traviesa —dijo él.

Elisabeth pronto sintió por lo menos dos semanas de atraso en su sueño. Pero estaba madurando. Trabajaba más duro que nunca, y se beneficiaba de escuchar hablar a Ben de cerca todas las noches. Él podría ser un buen pastor. No podía comprender cómo él podía hablar de tantos temas diferentes a distintos grupos de edades disímiles, y siempre hallar algo motivador para decir.

Cuando ella recibió permiso para practicar en el auditorio durante un momento libre poco frecuente, Ben se unió a ella en la silla del piano.

—¿Cómo se supone que me voy a concentrar? —dijo ella.

—Esperaba que no pudieras —dijo él.

—¿Es eso lo que tú llamas ser una buena influencia en una persona joven? —dijo ella.

—Eso espero.

Luego él descansó su mano en el medio de su espalda, mientras ella luchaba por acelerar el tiempo musical. Aunque temía transpirar por el calor de la palma de su mano, esperaba que él nunca la quitara de allí.

Pero cuando ella terminó la canción, él retiró su mano. La vez siguiente que él se sentó con ella, sin embargo, parecía nervioso. Dijo que tenía sólo unos pocos minutos. En la mitad de la segunda canción, se paró y se inclinó hacia su oído.

—Sigue tocando —susurró—, me tengo que ir.

Ella asintió, sus ojos seguían sobre la partitura, y él rozó su mejilla con sus labios. Ella se congeló, esforzándose para concentrarse cuando él se fue. Aunque el beso la emocionó, el beso fue de él, no de ella.

Luego de la reunión de la noche, él parecía torpe, evitaba su mirada mientras ellos caminaban por los senderos que rodeaban el campamento. Cuando estuvieron solos, él dijo:

—Me disculpo. No tenía derecho a besarte. Quiero decir, no te di la oportunidad de rechazarlo.

—O de darte una cachetada —dijo ella.

—Temía que pudieras decir eso. ¿Me perdonas?

—Tengo demasiadas opciones —dijo ella, quitando un mosquito de su frente—. Podría haberte

rechazado o cacheteado, y ahora puedo perdonarte...

—¿Cuál es tu preferencia?

—La última.

—Denegada.

—Es demasiado tarde para rechazarme. Dame un cachetazo tan fuerte como puedas.

—No puedo perdonar lo que no considero una ofensa. Me ofenderé la próxima vez. Sin embargo, si tú sientes que tienes que robarlo.

—No tuve la intención de hacerlo.

—Por supuesto que sí. No me diste la oportunidad de rechazarlo o darlo libremente.

—¿Y lo hubieras hecho?

—No se me dio la oportunidad para descubrirlo.

—¿Puedo probar otra vez?

Ella miró hacia abajo, al camino directo hacia las luces cerca del centro del campamento. Nadie venía.

—Deseo que lo hagas.

La sensación de sus labios en los de ella la dejó sin aliento.

El final del verano vino tan rápidamente que Elisabeth apenas tenía tiempo para aprontarse a despedir a Ben. Alejándose detrás del edificio de la administración, más allá de los ojos curiosos y la cacofonía de decenas de despedidas, ellos se abrazaron con furia.

—Voy a escribir —susurró él.

—Yo también —dijo ella—. Todos los días. ¿Y vendrás a verme?

—En la primera oportunidad que tenga.

—No puedo esperar —dijo ella.

Ben se quedó en silencio, abrazándola tan fuerte que ella sabía que él odiaba separarse tanto como ella.

—Esto es lo que Shakespeare quiso decir con, por «tan dulce dolor» —dijo ella. Aunque ninguno de los dos había hablado de amor, ella se había enamorado de Ben. Su abrazo expresó que él sentía lo mismo por ella.

Sólo momentos después de que Ben y sus amigos salieron del campamento, Bill subió la cuesta en su camión. Elisabeth estaba feliz de verlo. Ella sólo deseaba que él fuera más sociable; él podría ser un buen amigo. Cargó sus cosas y le abrió la puerta, ayudándola a entrar. Era como si él hubiera arrancado la rama de un árbol. Estaba asombrada por la fuerza y el tamaño de sus manos. Ella pensaba que él tendría que morir mil muertes para permitirle a ella que lo toque. Mientras él ponía la rueda detrás, evitó su mirada y no le devolvió la sonrisa.

—Realmente valoro esto, Bill —dijo ella.

—De nada —dijo él, luchando con el volante—. ¿Buen verano?

Ella le dijo de cuánto desafío y cuán beneficioso había sido, pero no le dijo nada acerca de Ben.

—¿Y qué acerca de ti? —dijo ella—. ¿Cómo está tu trabajo? ¿Tu madre? ¿El resto de la familia?

—Bien. Ella está bien. Estamos viviendo todos juntos ahora, tú sabes. Mamá y yo, y mis hermanas casadas y sus familias. Con comidas regulares y techo también. Todos están ocupados.

Es lo más que él había dicho de un tirón en todo el tiempo que Elisabeth lo había conocido. Ella trató de hacerlo hablar más, pero él contestó unas pocas preguntas, y decidió no volver atrás a menos que Bill dijera algo.

Luego de unos veinticinco kilómetros de silencio, ella saltó y giró cuando él habló.

—Básicamente, sólo estuve trabajando —dijo él.

Él miraba el camino.

—¿Lo has hecho? —dijo ella.

Habían pasado por esto. Todos estaban bien y él trabajaba más que nunca. Ella le había dicho que siempre había admirado eso en él. Quizás él deseaba escucharlo de nuevo.

—Sí —dijo él—. Pareciera que eso es todo lo que hago. Trabajar. Por supuesto que todavía me falta la universidad.

—Esta es la primera conversación que él había iniciado con ella en más de diez años. Ella lo tenía que recompensar.

—Sí —dijo ella—. Estaré feliz cuando termine. ¿Tú también?

—Seguro que lo estaré. Espero que entonces podamos estar casados.

Los ojos de ella se agrandaron.

—¡Te estás por casar!

Bill miró hacia la izquierda, luego nuevamente al frente, todavía evitando sus ojos.

—Eso es lo que estaba esperando.

—¿Quién es la afortunada? ¿Alguien que conozco?

Él apretó sus labios y sacudió su cabeza.

—Lo sé. Esa chica Burke, ¿la pelirroja?

—Ojalá no hicieras eso, Eli —dijo él, claramente enojado.

Ella no había visto este aspecto de él, pero estaba deleitada de que se afirmara a sí mismo.

—Lo lamento, Bill, pero esto es emocionante. No quiero hacer de esto un juego. Sólo dime.

—¿Es esa tu respuesta? —dijo él, su dura voz flotó en el aire.

—¿Mi respuesta?

—¿Así es cómo me rechazas?

Un escalofrío la recorrió.

—Ah, Bill, cuánto lo lamento. No estuve jugando contigo. No me di cuenta lo que estabas diciendo. Por favor, perdóname.

—Bien, ¿pero lo harías?

—Ah, Bill.

Elisabeth deseaba que él frenara para que pudieran hablar cara a cara. Pero él estaba en camino pavimentado y parecía que volaba. Ella no podía imaginarse todo lo que él tuvo que atravesar para poder expresarse.

—He estando orando por esto —dijo él, con ánimo alentador—. Creo que es lo que Dios quiere para nosotros.

Elisabeth suspiró. ¿Por qué tenía que suceder esto? El día que ella encomendó el resto de su vida a Dios, supo que su padre se estaba muriendo. Ahora, el día que ella supo que estaba enamorada de Ben Phillips, Bill Bishop le anunció sus intenciones.

—Bill, estoy halagada. Y tú debes saber que estoy muy sorprendida. Gracias por tu cumplido. Nunca olvidaré lo que tú me pediste.

—Suena como que me dijeras que no.

—Lo lamento.

Él miró fijamente hacia delante, su cuerpo parecía una piedra rígida excepto para conducir.

—¿Puedo preguntar por qué?

¿Le diría ella algo que aún no le hubiera dicho a Ben? Ella no tenía opciones.

—Estoy enamorada, Bill.

—Pero no de mí.

—Me gustas mucho. Siempre me has gustado, siempre ahora, y siempre después. Te admiro. Serás un gran esposo para alguien.

—Pero no para ti.

—No—le dolía ser tan directa, pero cualquier cosa menor hubiera sido cruel.

—¿Ben Phillips?

—Sí.

—¿Comprometidos?

—No. Nosotros sólo somos...

—Espero que no, sólo después de una parte del verano.

—Por supuesto. Pero lo amo, Bill.

—¿Él te ama?

No era un desafío. Simplemente, Bill sonaba devastado.

—Creo que sí.

Bill sacudió su cabeza.

—Esto hace que seamos dos entonces —anunció él—. Y hasta que él te pida y tú le digas que sí, no creas que voy a desistir.

Elisabeth frotó su frente con ambas manos.

—Bill, quiero que siempre seamos amigos. Si me presionas, eso arruinará todo.

De pronto él estaba animado, mirando hacia atrás y hacia delante entre ella y el camino.

—Está bien, Eli. Lo sé. Y algún día tú querrás también.

Estaban en las afueras de Three Rivers.

—Así que Dios te dijo, pero no a mí —dijo ella—. ¿Es así?

—Así parece.

—¿Estás de acuerdo en que hasta que Dios me lo diga, yo no debería decir que sí?

—Por cierto. ¿Te ha dicho él que digas que no?

—No oré aún sobre eso —dijo ella.

—Ahora lo sabes.

—Bien, seguro, sí. Pero Dios debería también darme sentimientos por ti que ni aún he considerado. Tengo que ser franca, Bill. No lo veo.

Bill desvió hacia abajo y giró un poco rápido en el barrio de Elisabeth.

—¿Te ha dicho Dios que te cases con Ben?

—Él parece ser parte de nosotros. Nosotros tenemos tanto...

—¿Pero te lo dijo Dios?

—Aún no.

—Entonces todavía tengo una oportunidad.

Pobre Bill. No había cómo discutir con él. Ella sacudió su cabeza.

—Dime que no me vas a presionar.

—No lo haría —dijo él—. Dios te lo dirá.

—¿Y si no lo hace?

—Él me dirá cómo olvidarme de esto. Pero él ya me lo ha dicho, Eli.

—¿Qué pasa si él me dice que me case con Ben?

—Él no lo hará.

—¿Pero qué pasa si lo hace?

Bill se detuvo frente a la casa de Elisabeth y estacionó.

—Si Dios me dijera algo, y yo estuviera seguro de eso, eso haría.

—Allí vas de nuevo.

Ambas manos en el volante, el camión en marcha, Bill miraba recto hacia delante.

—Ya te he dicho lo que Dios me dijo.

Conversar con el taciturno Bill Bishop era suficientemente surrealista. Pero que estuvieran discutiendo de amor y casamiento, dejó a Elisabeth estremecida.

—Esto me está haciendo sentir incómoda, Bill.

Él abrió su puerta.

—Dios te dará paz acerca de esto. Hasta que él lo haga, te prometo no molestarte.

—Gracias —dijo ella, y lo dio a entender.

Salió del camión antes de volver a tomar nuevamente la mano de Bill.

Ella y Bill se veían el uno al otro cada día y aun tenían dos clases juntos, aunque ellos se sentaban en cualquier lugar que no fuera uno cerca del otro.

A Bill le atraía la contabilidad y llevar libros, le decía a ella que era su esperanza obtener un trabajo de escritorio algún día, donde él pudiera trabajar largo y duro, y lograr grandes sueldos sin trabajar su cuerpo hasta la muerte.

Mientras tanto, Elisabeth y Ben estaban profundamente enamorados. Al tiempo llegó una carta que Elisabeth hubiera deseado que fuera un llamado telefónico o una visita. Ella saltó en el sofá y puso los pies debajo de su cuerpo mientras la abría.

—He sido reclutado —simplemente escribió Ben, y sus manos empezaron a temblar de tal manera que apenas podía leer. Las lágrimas tampoco ayudaban.

—Sólo puedo imaginar que estás tan desconcertada como lo estoy yo —escribió él—.Tal vez más.

Pero esto es donde nuestra fe es probada. Dios sabe. Confía en él.

Ese era Ben. Él decía que estaba desconcertado, pero parecía recuperarse de ello rápidamente. Él *era* más espiritual que ella, y mientras ella se sentaba tratando de calmar su galopante corazón, se imaginaba lo peor. «*¿Qué clase de bebé espiritual soy yo?*», se reprendía a sí misma. Ben debería haberse avergonzado de ella.

—Ya he sido asignado ayudante de capellán en el Grand Rapids Memorial Hospital, esperando el despliegue. «*¿Despliegue?*», eso sonaba tan militar.

—Estoy preparado a ir a dónde me envíen —él escribió—, pero estoy orando por algo estatal.

—También yo —Elisabeth contestó en su carta. Y ella oró como nunca había orado antes.

Ben prometió visitar Three Rivers en Navidad, y Elisabeth no podía esperar. La comunicación entre ella y la tía Ágatha estaba en un punto de quiebre. Ella necesitaba por encima de todo, simplemente conversar con alguien que la amara.

Marlin Beck le recordó a Elisabeth que la decisión de la casa era suya.

—Dejo en claro que haré como dije —le dijo ella—. Puedo tolerar a mi tía hasta vender y mudarme.

—Pero su intención es claramente mudarse para cuando cumplas los dieciocho años. Te faltarían seis meses de secundaria.

—Seguramente, ella me dejará quedarme hasta que me gradúe.

—Haz una cláusula en el contrato.

—Sin condiciones.

Ella le dijo a Beck que era cristiana y que había hecho una promesa por el resto de su vida como prueba de obediencia.

—Por lo menos eso significa que yo debo cumplir con mi palabra, aun cuando haya hablado apresuradamente.

—Me considero a mí mismo también un cristiano. Y hay una gran diferencia entre ser caritativo y ser un felpudo. Jesús permitía que lo humillaran sólo cuando él así lo autorizaba. ¿Puedo recordarle que cuando él irrumpió en ira santa fue en indignación justa preocupado por una administración injusta de los recursos?

Elisabeth no quería aprovecharse de ello. Pero tampoco pelearía por cosas temporales, especialmente cosas que pertenecían al padre, quien le había enseñado a despojarse de los bienes materiales. El señor Beck trató de aconsejarla firme y directamente, en ejercitar su fe honrando los deseos de su padre y haciendo lo justo y recto. Elisabeth se sintió sin fuerzas y no lo iba a discutir, excepto en sus cartas a Ben.

Primero, Ben abrió el tema del casamiento en forma circunspecta en una carta.

—No deberíamos ni siquiera hablar de un futuro juntos hasta que sepa cuán arriesgado sería mi destino militar —escribió él.

Elisabeth lo apreciaba. Era tan incierto. A largo alcance, Ben quería asistir a un seminario y convertirse en pastor. A corto plazo, debía ser flexible debido al progresivo compromiso de Estados Unidos en la guerra.

«Él era tan práctico», pensó Elisabeth. Sobre todo ella quería casarse con Ben, pero él aún no le había pedido matrimonio. Así como sentía la cercanía del matrimonio, ella apreciaba su renuencia a arriesgarla y enviudar unos meses después del casamiento. Trataba de quitarse de la mente que él podría morir, pero era inútil. Oraba porque la guerra finalizara antes de que él fuera destinado y que su futuro oscuro pudiera aclararse.

Elisabeth también oraba para que Bill Bishop hallara una esposa, y que Dios le mostrara en forma sencilla que él había interpretado mal la señal.

Y si por una extraña peculiaridad Bill tuviera razón, si Dios había impreso en su futuro que Elisabeth estaba allí, Dios se lo debería decir también a ella. Acaso, ¿no lo haría él?

Un domingo de diciembre, Frances Crawford y Art Childs detuvieron a Elisabeth en su camino de regreso de la iglesia. Frances le pasaba por su cara un anillo de diamantes. Estaba tan ansiosa ella misma por casarse, que Elisabeth tenía que fingir una sonrisa.

—¿Cuándo es el gran día?

—Luego de la graduación —dijo Frances, sonriendo con gozo—. Art ya es un soldador en el ferrocarril.

Elisabeth estaba asombrada que Art se hubiese convertido en un joven responsable y ahora volvía a congregarse regularmente, luego de haberse congregado en forma eventual.

—Quiero que seas mi dama de honor —agregó Frances, y Elisabeth quedó perpleja. Se habían alejado, pero aún quedaban esperanzas para la amistad.

Frances tenía que saber que Art había procurado antes a Elisabeth, pero ella también sabía del interés de Elisabeth en Ben.

—¿O habrá una directora de honor? —dijo Frances.

—No tan rápido —dijo Elisabeth—. Pero me siento honrada de todas maneras.

Bill Bishop florecía en su nuevo interés por la contabilidad. Trabajaba medio tiempo en una planta local manufacturera, mientras mantenía sus negocios multifacéticos. Elisabeth notaba que él había empezado a hablar en la escuela dominical y en el horario de capacitación, evidenciando temas que él había aprendido de su estudio bíblico privado. Él era cordial con ella, pero sus ojos traicionaban su dolor. Ella tenía la esperanza de volver a ser amigos otra vez.

Ben se hospedó unos días antes de Navidad en el Lago Shore y en el depósito Michigan Sur. Elisabeth se encontró con gran fanfarria y caminaron abrazados hasta una pensión. Ella esperaba en el recibidor mientras él se acomodaba, luego caminaron hasta la casa para hallar a tía Ágatha.

Elisabeth estaba ansiosa por ver si la gracia de Ben surtía efecto en este caso difícil.

—Tía Ágatha Erastus —dijo—. Benjamin Phillips. Benjamin, esta es la hermana de mi padre, quien ha dedicado su vida a criarme.

—No mi vida entera, afortunadamente —dijo Ágatha, al asentir, sin ofrecer la mano.

—¿Pero qué puede hacer alguien en una situación así? Después de la tragedia, surge la responsabilidad.

—La cual, cuando se lleva a cabo, es una virtud piadosa —dijo Ben.

—Sí, bien, de eso no sé nada.

Antes del postre, Ágatha manipuló la conversación hacia el futuro.

—¿Tienes claridad en cuanto a lo dispuesto sobre los bienes de Elisabeth?

Ben la miró, cara a cara.

—Con su perdón, señora Erastus, no sé francamente cómo, ése no es asunto mío.

—Le conté a Ben sobre eso —dijo Elisabeth.

—De manera que él no tiene interés sobre la herencia o sus beneficios.

Elisabeth enarcó las cejas.

—Habrá unos pocos y preciosos beneficios si pagas sólo lo que tú crees que es justo.

La tía Ágatha la miró.

—Estaba hablando de cuando yo la venda.

Elisabeth recibió el golpe.

—¿Venderías este lugar?

Ágatha se rió.

—¿Para qué necesito una casa con el tamaño de un granero? Es una inversión, niña.

—Seguramente, usted considerará los sentimientos de su sobrina —dijo Ben—. ¿Tiene sentido para ella vendérsela a usted a cualquier precio que usted establezca y luego usted obtenga un rápido beneficio por ella?

—Usted mismo dijo que no era asunto suyo.

—¡Quizás la compre de nuevo para mí misma! —irrumpió abruptamente Elisabeth.

—Entonces no la vendas —le susurró Ben.

—He dado mi palabra —le contestó.

Ben intentó ayudar a Elisabeth a lidiar con su tía. Llegó tan lejos al punto de visitar al doctor Marlin Beck, y volvió con el acuerdo del abogado, que Elisabeth había confundido mansedumbre con debilidad.

—Tu tía está caminando por encima de ti y de la memoria de tu padre.

—Es mi propia culpa —dijo ella.

—Sólo si tú permites que suceda.

—Ya sucedió. No puedo retractarme.

A Elisabeth le preocupaba que Ben la considerara demasiado inmadura para convertirse en su esposa. Ese temor fue erradicado la noche de Navidad cuando caminaban en la nieve hasta la esquina de Adams y North Main, donde el Castillo Bonnie había sido transformado en una residencia privada para el nuevo Hospital de Three Rivers. Ben quitó la nieve de una silla de hierro trabajado y luego se sentaron acurrucados y temblando.

—Elisabeth, te amo. Quiero que seas mi esposa.

—¿Me estás pidiendo que me case contigo?

Él se rió.

—¿No quedó claro?

—Pensé que habíamos decidido esperar...

—Hasta después de mi destino, sí. Por eso no tengo anillo para ti esta noche. No voy a dejar el continente con una novia esperando. Pero quiero que conozcas mis intenciones, y quiero saber si tienen fundamento.

—¿Fundamento?

—Necesito saber si te casarás conmigo cuando regrese.

—Lo haré.

—Luego se unieron en un largo beso.

—Este tendrá que ser nuestro secreto hasta que lo hagamos oficial —dijo él finalmente.

Ella asintió.

—Nadie comprendería que anunciemos nuestro compromiso y no tengamos un cobre...

—Ni un novio visible.

—Algunos se están comprometiendo no importándoles los peligros. Algunos hasta se casan, preocupados de que nunca más tengan la oportunidad de hacerlo.

—Mi fe es más fuerte que eso —dijo él.

—De todas maneras, sus razones son poco profundas si ellos tienen garantía de estar juntos sólo por unas semanas.

Ella sentía la misma urgencia, pero no lo iba a admitir.

—Te esperaré. Todo lo que sea necesario.

Ben se fue el día después de Navidad, y Elisabeth se ocupó

de la farmacia, la biblioteca y de la iglesia. Estaba tentada de aceptar la oferta del doctor Beck de impedir legalmente el intento de la tía Ágatha de birlar la casa de la herencia. Pero así como tanto deseaba honrar los deseos de su padre, cuando oraba acerca de ella, se sentía guiada a proseguir con su compromiso.

No se atrevía a preguntar si su tía tenía intenciones de mudarla de la casa tan pronto cumpliera los dieciocho años. El cumpleaños de Elisabeth era de todas maneras un día no hábil. Ese día no podía suceder nada legal.

Entre las tarjetas de Navidad para Elisabeth, había una de Bill Bishop. En la parte de atrás él había escrito: «Elisabeth, sin considerar lo que el futuro ofrece, te deseo todo lo mejor que Dios tenga para ti, ahora y para siempre. Si tú necesitas algo en alguna manera, sin ningún compromiso, por favor hazme el honor de pedírmelo. Tu amigo, Bill.»

Elisabeth estaba apoderada por la belleza del sentimiento, y agradecida a Bill por acceder a su requerimiento de no presionarla. Una lágrima la sorprendió, cruzando por su mejilla. Se arrancó la espina, y oró por Bill. La vieja pregunta de él se hizo un eco en su mente... «no si es que Dios deseaba que ella se casara con él, pero sin embargo, si Dios le había dicho que se casara con Ben».

Elisabeth no creía que Dios hablara en voz audible nunca más. Pero sabía cuándo Dios imprimía algo en su corazón. ¿Había orado sobre su casamiento con Ben? Sólo que si Dios lo había impulsado a preguntarle, eso ya había sido contestado. ¿Había buscado ella la voluntad de Dios? Ella no podía decir que lo había hecho, pero ¿necesitaba una señal auditiva para cada decisión?

Por otro lado, esta no era otra decisión. Ben la había pedido. Ella había contestado. Y mientras parecía que oraba sin cesar por cada cosa y por todo, se sentía disconforme en su alma. Por el más breve momento, estaba feliz de que Bill no estuviera allí para reclamarle una respuesta. Tan directo como había sido y tan incómoda que la había hecho sentirse en ese verano, su pregunta... acerca de buscar a Dios, era legítima.

Todo acerca de Ben, excepto su futuro inmediato, se ajustaba claramente a la lista de lo que Elisabeth pedía para la vida de su compañero. Era espiritual, maduro, brillante, coherente, contenedor, moral, ético, motivado. Ella había examinado su propio corazón. Lo amaba. Era su primer amor, sí, tal vez exaltada o estando enamorada del amor. Pero había logrado conocerlo, y lo amaba al máximo. ¿Qué más quería o necesitaba de Dios sobre el asunto? ¿Podía existir algo más perfecto para ella?

Seguramente, Dios había atravesado a Ben en su camino. Ella sonreía. Realmente, ella estaba en el camino de Ben. ¿Qué cosa podría evitarle específicamente casarse con él? ¿Cómo podía ella escaparse de su compromiso de seguir a Cristo en todas las cosas? ¿Había algo dentro de ella que le impedía dejárselo a Dios?

Lo que era peor, ¿estaba ella determinando un curso donde se sentía atada a su palabra, aunque había actuado impulsivamente, fuera de la sabiduría de Dios?

Elisabeth sacudió su cabeza y se paró, ubicando la dulce tarjeta de Bill en una canasta junto con las otras. No había ninguna razón para que su mirada dudara de Ben Phillips. Estaba segura de que si le pedía a Dios que le diera completa paz, él lo haría. Algún día, ella debería hacer eso exactamente.

El lunes 31 de diciembre de 1917, se le entregó un documento a Elisabeth en la casa. «Esto es para informarle que se ha escrito un cheque al Banco Nacional de Three Rivers, por la señora Ágatha LeRoy Erastus a cambio del título perteneciente al bien, cuya casa se convierte lealmente en suya mañana. Por favor, organícese para cerrar la transacción a las trece horas, miércoles de enero, 1918.»

Junto con el sobre había una tarjeta de cumpleaños de su tía. «Por favor, quita las posesiones de todas tus pertenencias al final del día, jueves, 3 de enero.»

Elisabeth había puesto en la calle lo último que quedaba de la familia. Con manos temblorosas, guardó los documentos en el sobre, y deseaba poder hablar con Ben. Lo que ella quería realmente era ser abrazada por él, y decirle al mundo que se iban a casar de todas maneras. Por el contrario, simplemente lloró y trató de orar, su despiadada tía a seis metros de distancia, estaba trabajando en la cocina. Elisabeth ya había aceptado esto. Y ella no podía imaginar que este era el plan de Dios. Pero tenía que erguirse sobre esto, y seguir adelante calladamente.

¿Dónde? Ella no lo sabía.

Capítulo Ocho

Elisabeth escuchó el golpe de la puerta de un automóvil y vio a Martin Beck dirigirse hacia el porche. Aparentemente, él había recibido los mismos papeles.

—Mi autoridad finaliza el día en que cumplas dieciocho —le susurró con fiereza en la puerta—, pero te ruego no permitas que esto suceda. Yo le habría fallado a tu padre.

—Usted no le falló —dijo Elisabeth—, fui yo.

—Bien, por los cielos, me mantendré en mi dicho. ¿Sabes tú el valor comercial de esta casa?

—No me importa.

—¿No te importa que sea cuatro veces el valor que puso tu tía en el cheque?

—Es una parodia. Permíteme entrar.

Elisabeth se puso a un lado y se paró mirando fijamente mientras el señor Beck caminaba con pasos firmes a través de la casa.

—¡Señora Erastus! ¡Esto es criminal! Si su sobrina dice la palabra, la pondré a usted en la calle mañana.

Elisabeth miró el caminar sin apuro de su tía.

—¿Está bromeando? Estaría violando su código sagrado secreto. No sería más una mártir, el último atributo que ella sacrificaría.

Beck resopló, privado de una respuesta. Con la cara roja, la boca hinchada, pasó como volando al lado de Elisabeth. Ella abrió la puerta, pero él se detuvo. La miró con disgusto, luego a la tía Ágatha.

—Eso es lo que yo daría, señora Erastus. Sí, eso sería difícil de discutir. ¿Pero me podría decir por qué? ¿Qué ha hecho esta criatura tan despreciable que en el medio del invierno usted la saca de la casa donde nació?

La mujer miró al doctor Beck como preguntándose si le debía a alguien una respuesta.

—Mi propia hija debería ser de su edad —dijo—. Kathleen se ha ido. Esta va a sobrevivir. La mía tenía que morir, pero esta niña ha tenido que lidiar con cada puñetazo que Dios le dio. Sin embargo, ella cabalga alegremente por la vida, sin sentir ningún dolor.

—¿Sin dolor? —dijo Elisabeth, odiando el llanto de su voz—. Yo...

—Señora Erastus —dijo el señor Beck—. El suyo es un acto de avaricia tan llano como jamás he visto en mi carrera. A usted no le importa más su propia sobrina de lo que le importan mis palabras.

—Ciertamente no me importa nada de usted, señor.

—¡Aleluya! Una bandera de honor que puedo portar en casa.

Él se volvió hacia Elisabeth.

—Querida, no necesitas aparecer en el cierre. Lo puedo manejar yo.

Ella asintió, incapaz de hablar. Beck agregó:

—El procedimiento no va a ser largo. Snyder va a pagar una suma con la que se puede vivir. ¿Dónde irá usted?

Elisabeth se aclaró la garganta.

—Tal vez tía Ágatha me alquile una habitación.

—¡Por todos los cielos! —bramó Beck—. ¡Mi esposa y yo la recibiríamos antes de permitir eso!

—La casa será vendida dentro de esta semana —dijo tía Ágatha—. ¿Por qué piensas que la voy a necesitar el jueves?

Elisabeth fue al dormitorio en plena cólera, guardando todo lo que podía dentro de dos baúles y una valija. Quedó pasmada cuando el señor Beck la siguió y comenzó a ayudarla.

—Si te quedas en esta casa una noche más, yo mismo la demandaré... por estupidez.

A pesar de todo, Elisabeth tuvo que reírse. Beck vaciló.

—¿Está ella en lo correcto? ¿Está alegre en la desesperanza, a pesar de todo?

Elisabeth se encogió de hombros.

—En serio, ¿adónde va a ir usted? ¿Adónde llevaré sus cosas?

—Al porche, por ahora. Quizás necesite un carruaje hasta la Casa Central o...

—¡Por favor, señorita LeRoy! ¡Una mujer soltera! Ese lugar tiene una cantina.

—Entonces, Three Rivers House.

—Mejor. Conozco a los propietarios. ¿Pero no se quedaría con mi esposa y conmigo hasta que hagamos todos los otros trámites?

—Me las voy a arreglar, pero gracias.

Elisabeth no podía ni imaginarse alojada en una casa de extraños.

Beck miró su reloj.

—Lo lamento —dijo—, estoy llegando tarde.

Cargó los baúles hasta el porche y salió. Elisabeth dio zancadas hasta el sótano, halló una caja, y la llevó a su habitación. Se sentó en el borde de la cama, con los ojos desbordantes ante los pensamientos de los años vividos allí. Había sido su único dormitorio durante toda la vida. Cuantas veces su padre se había sentado, donde estaba sentada ella ahora. Habló con ella. Oró con ella. La abrazó. La dejó llorar. Le enseñó. La amó. Ella susurró una oración de agradecimiento, rogándole a Dios no ser amarga hacia su tía. Elisabeth ya había perdido esa batalla. Recogió su pesado saco de invierno, y se sentó otra vez.

—Señor —dijo ella—, todavía quiero obedecerte en todo. El pastor podría hallar a alguien que me aloje, pero odio tener que pedir. No me permitas ser orgullosa.

Y con eso vino la respuesta. Elisabeth casi fue golpeada por su fuerza. Por el simple hecho de ser resguardada del orgullo, recibió la impresión fuerte sobre lo que tenía que hacer. «No, Señor, por favor. Dime que esto no proviene de ti, ¿sí? Que es mi inclinación hacia el martirio.»

Pero ella no recibió esa paz. Llenó la última caja, y la acarreó hasta la puerta de adelante, luego caminó hacia adentro. De la canastilla que estaba arriba del piano, seleccionó aquellas tarjetas navideñas que le pertenecían a ella solamente. Dobló la pila en su bolsillo, aspiró profundamente, y llamó a su tía.

—¿Qué quieres? Estoy en la cocina.

Elisabeth se limpió la cara y tomó conciencia de su propio reflejo en la foto oval de su madre, cerca de la puerta frontal. Parada allí con su saco ajustado, cuello alto, pelo alto y tirado hacia atrás. Elisabeth tuvo la imagen de sí misma como de una mujer crecida, alta, erguida, e —incongruentemente— segura de sí misma. Desvió el foco de su atención de manera tal que la cara de su madre reemplazó la suya. Vera LeRoy tenía un semblante más suave, más despreocupado. Ella no debe haber sido mucho mayor que Elisabeth cuando tomaron la fotografía.

Elisabeth le quería preguntar a la tía Ágatha el por qué de estar escondida en la cocina. No había nada en el horno, ni siquiera nada delante de ella en la mesa. Elisabeth deseaba poder obligar a su tía a reconocer su propia maldad. Por el contrario, dijo:

—Tía Ágatha, quiero agradecerte todo lo que hiciste por mí.

—Ah, por favor. Tú eras un empleo, y lo sabes. Yo necesitaba techo y comida. Tú eras el costo.

—Ayudaste a criarme, y lo valoro.

—Eres una tonta.

—Claro. Pero no quería irme y que ignoraras que valoré...

—¡Está bien! —dijo Ágatha, dándose vuelta—. Ahora, vete.

Elisabeth tenía la esperanza que su tía notara su cara para ocultar las lágrimas, pero supo qué hacer.

Bill Bishop yacía en la nieve en su decimocuarto viaje, bajo el mismo camión que la había llevado a su casa desde el campamento meses atrás.

—Se debe sentir húmedo y frío allí abajo —dijo Elisabeth, parada a sus pies.

—¿Eli?

—¿Cómo supiste?

Él se deslizó desde abajo, sus manos rojas, despellejadas.

—Universal —dijo.

—¿Universal?

—Empalme en U. Resbalarse y deslizarse en la arena es horrible para ellos.

—No me digas. Bill, ¿puedo hablar contigo?

Él luchaba con sus pies, atacando sus manos llenas de grasa con un trapo aceitoso mientras la guiaba dentro de la inmensa casa desvencijada. La compartían él y su madre, sus dos hermanas casadas, sus esposos, y un grupo de niños por debajo de los diez años, y pensionados. El alquiler era barato y se obtenía por lo que se pagaba. A la señora Bishop no se le conocía como una dueña de casa fastidiosa o una buena cocinera.

—Estoy por vender mi casa en dos días —dijo Elisabeth.

Bill entornó sus ojos.

—Te puedes imaginar que tengo toda clase de preguntas. Tu tía. La organización de tu tiempo. Tu novio. Todo. Elisabeth estaba impactada en cómo él había cambiado tan rápidamente, comparado sólo con ese verano. Quizás su contacto con el registro de libros y las contabilidades o llevar más responsabilidades a su familia, habían logrado esto.

—Bill, tengo una tarjeta en mi bolsillo con una hermosa promesa.

—Lo que necesites, Eli. Tú sabes eso. En una hora puedo tener el camión en funcionamiento. ¿Dónde vas?

—Me gustaría pensión completa aquí, sin descuentos ni preguntas.

Concentró sus manos en el trapo.

—Con una condición. Necesito tu perdón por lo de este verano.

—Ah, Bill, está todo bien.

—No, tú necesitas saber que fui sincero. Probablemente, erróneamente guiado.

—Bien, lo valoro. Pero todavía quiero que seamos...

—No estoy diciendo que estuviera equivocado, pero el pastor me ayudó a ver...

—¿Lo sabe el pastor Hill?

—Perdón, Eli. Él no va a decir nada. De todas maneras, estaba encarando el tema equivocadamente, no te acuso si te molestaste.

—Gracias. Te perdono.

—¿Estás segura de que quieres quedarte en la misma casa? La escuela no está precisamente a una distancia como para caminar. Si te llevo en automóvil, la gente va a hablar.

—No te preocupes. La gente sabe que tengo un... un... novio.

Elisabeth odiaba tener que sacar a Bill de sus muchas changas, siquiera por unos pocos minutos, que le llevaba mudarla dentro de una habitación al final del salón en el segundo piso. Así como parecía mal mantenida por fuera, el interior de la casa estaba en plena remodelación hecha por Bill. Todos trabajaban. Poniendo la plomada. Electricidad. Calefacción.

Esa noche, Elisabeth escribió una nota de agradecimiento e información al señor Beck, y luego escribió una carta larga a Ben. Concluyó: «Significaría mucho para mí si le pudieras decir a Bill sobre nuestro compromiso. Confío en él, y como su compañera de clases, y toda una vida de amistad, pienso que es importante para él que conozca nuestras intenciones».

La respuesta de Ben llegó una semana después. «Mi preciosa Elisabeth, debo obligarte a guardar nuestro secreto. Si tú confías en Bill, sé que yo lo haría también, pero apenas lo conozco. No hay nada que quisiera hacer más que contarle al mundo de mi amor por ti y del tuyo por mí. Pero tú sabes que la mayoría de los así llamados secretos, son cosas que simplemente todos los demás escuchan una sola vez y todos al mismo tiempo.

Hay una razón para mi reticencia. Mis órdenes han llegado. Mi destino es tan clandestino que los censores militares van a leer esta carta. Tengo permiso para decirte sólo que no estaré dentro de los límites nacionales. Te escribiré en cada oportunidad, y tú puedes escribirme a la oficina del puesto militar que indica abajo, aunque no hay garantías acerca de cuán rápida o regularmente voy a ver tu correo. Contaré los días hasta que Dios nos permita estar juntos como esposo y esposa. Todo mi amor, Ben.»

Elisabeth temblaba. Ella oraba por él, evitando cuidadosamente buscar en la palabra de Dios si es que ella había hecho la oración correcta al aceptar su propuesta. Lo amaba más que nunca, y al mismo tiempo que ella era consciente de los muchos versículos bíblicos que llamaban «pecado» a la preocupación, ésta se convirtió en un pecado que cometía todo el tiempo.

Unos pocos días después, Elisabeth leyó en el periódico *Three Rivers Tribune*, el texto del presidente Wilson dirigido al Congreso el 8 de enero, donde recordaba a los congresistas y a la Nación que Estados Unidos no era técnicamente uno de los Aliados. También reiteró que al general Pershing se le había dicho que mantuviera una identidad diferente y separada para su fuerza. Sin embargo, Wilson también puso catorce puntos para la paz, ideales que parecían estar diseñados para fortalecer la causa de los Aliados.

De manera que los Estados Unidos estaban, después de todo, plenamente involucrados en la guerra. Esta guerra era para finalizar todas las guerras, pero parecía ridículo enviar jóvenes en lo mejor de su vida a luchar a miles de kilómetros de sus hogares. La causa parecía justa, y ella se preguntaba a sí misma, ¿quién más iría? Seguramente, no personas más jóvenes. Bill fue exceptuado no sólo porque todavía era alumno secundario, sino también porque era el único hijo varón de una madre viuda. Sus dos cuñados, a pesar de ser esposos y padres, con mucho temor estaban esperando destino. Art Childs y otros jóvenes de la iglesia, estaban ya del otro lado del mar.

Mientras captaba las señales del persistente Bill Bishop, Elisabeth llenaba sus días. El señor Beck recogió el modesto cheque de la dolorosa venta del hogar de su niñez para ella, y advirtió con curiosidad que una nueva familia se mudó unas pocas semanas después. Oró porque ellos la disfrutaran como lo había hecho ella. Dónde se había reubicado la tía Ágatha, ella no tenía idea.

Elisabeth dilataba su tiempo, esperando terminar la secundaria y casarse con Ben. Le escribía casi todos los días, al mismo tiempo que enviaba las cartas a la oficina postal central militar. Cuando pasaban las semanas y no sabía nada de Ben, se preocupaba más. Si la ausencia era la mejor prueba del amor, ella la había aprobado. Ella lo amaba y lo extrañaba todos los días.

Elisabeth se levantaba temprano cada día, sabiendo que si no había leído su Biblia y orado entonces, más tarde estaría exhausta. Ayudaba voluntariamente en la cocina a la señora Bishop, lo cual significaba poner la mesa entre las siete y las diez, todas las mañanas, y preparar el desayuno. La señora Bishop era genuinamente atenta y temerosa, más tímida de lo que había sido Bill jamás. Sonreía pocas veces, y miraba como si creyera que todos estuvieran a punto de aprovecharse de ella. No comprendía por qué Elisabeth quería ayudar y a menudo le recordaba que «esto no significa que no debes pagar la pensión».

Luego estaba camino a la escuela en el camión de Bill. Como él había predicho, la gente empezó a hablar de que había algo entre ellos. Ambos aseguraban que no había nada, y el rumor se detuvo pronto. Se esparció la palabra de que Elisabeth había puesto su libertad en ejercicio a partir de su cumpleaños número dieciocho, y vendió su casa. De que la vendió a su tía, y luego la vio vendida por debajo de un precio que jamás había tenido. Las noticias y el chismerío desaparecieron con la mudanza de tía Ágatha. Irónicamente, Elisabeth ganó reputación de indomable, por la cual ella y su abogado convinieron que era la cosa más tonta que jamás había hecho.

En un vano intento por quitarse a Ben de la cabeza, se ocupó de la escuela y la iglesia como nunca antes. Su trabajo en lo de Snyder se extendía a menudo más allá del cierre. Bill parecía tener un sexto sentido sobre los horarios de Elisabeth. A menudo, sin haberlo convenido previamente, él estaba esperando en el camión cuando ella terminaba el trabajo o cuando salía de la iglesia.

Ella, sin embargo, caminaba mucho, porque él estaba más ocupado que nunca, también. Pero parecía un emisario de Dios cuando ella más lo necesitaba. Si ella se sentía fuerte, caminaba hasta casa. Pero cuando el estrés de su soledad o el trabajo en la escuela o en general se apoderaba de ella, a menudo su movilidad estaba allí esperando.

Ella siempre expresaba sus agradecimientos de corazón, y Bill, para su honor, nunca la hizo sentir obligada. Sabiendo que él nunca aceptaría ningún dinero extra, Elisabeth trataba de recompensarlo elevando el pago de su renta. Pero su recibo siempre bajaba a la misma cantidad al mes siguiente.

Finalmente ella lo enfrentó.

—Bill, estás siendo demasiado bondadoso. Debes permitirme recompensarte por toda la molestia adicional.

—No es molestia, Eli —decía él—. Estoy feliz de hacerlo.

—Pero me siento mal, yo...

—Escúchame —dijo él—. Cuando digo que estoy feliz de hacerlo, quiero decir que estaría infeliz si no me lo permitieras. Si eso te ayuda, esto a mí me hace sentir bien.

Impulsivamente, Elisabeth lo abrazó. ¡Qué amigo! Él se había convertido en hombre antes de tiempo. Bill no devolvió el abrazo furtivo, pero ella se preguntaba qué pensaría Ben. A ella no le hubiera gustado que él abrace a una amiga, inclusive sin sentimientos románticos.

Después de un mes sin una palabra de Ben, Elisabeth le escribió a su madre. La señora Phillips le contestó. «No hemos escuchado nada tampoco, querida, y la oficina militar local nos dice que esto es normal. Ellos dicen que ninguna noticia son buenas noticias. Sí, con seguridad. Sin embargo, queremos conocerte, después de haber escuchado tantas cosas maravillosas de ti dichas por Benjamín. ¿Hay alguna posibilidad de que te llegues hasta aquí, o te encontremos en alguna parte?»

Elisabeth no vio ningún día libre en su calendario durante meses, así que mantuvo su respuesta con una actitud de ánimo, pero nebulosa. En marzo, a pesar de su determinación, Elisabeth casi llegó al borde de la desesperación. Quería saber dónde estaba Ben y si estaba bien. Seguramente, alguien se lo diría. Acribilló con cartas a cada oficial que pudiera conocer, recibiendo respuestas gentiles y demoradas que o evadían la pregunta, o le aseguraban que ella recibiría alguna palabra en su debido tiempo. «Ninguna noticia son buenas noticias», ella leía una y otra vez. Bien, para ella no eran buenas noticias.

Como muchos otros en la ciudad, los cuñados de Bill trabajaban en la planta de la Compañía Sheffield Car, ensamblando vagones de ferrocarril. Ellos ignoraban ampliamente a Elisabeth, y sus esposas apenas le hablaban. Parecía que ellos estaban celosos de que sus niños estuvieran apegados a ella. Las hermanas de Bill eran varios años mayor que Elisabeth, y después de casarse «fuera de la fe», como decía su madre, ellas también abandonaron la iglesia.

Era claro que las parejas se resentían, teniendo que criar a sus hijos en la casa de la suegra, y ellos hablaban de tener su propio lugar algún día. Elisabeth jugaba con los sobrinos de Bill y las sobrinas, cada vez que podía, enseñándoles canciones y contándoles historias de la Biblia. Uno de los hermanos se quejó, pero Elisabeth le contestó que le ofrecía llevar a los niños a la escuela dominical. Por cualquier peligro que ellos vieran en que ella les llenara la cabeza con religión, la idea de tener los domingos en la mañana libres para ellos, los convenció. Los niños amaban tener que apilarse en la parte de atrás del camión de Bill, y Elisabeth descubrió otra área sorprendente de él. Él era maravilloso con los niños... paciente, amoroso, bondadoso. Él los llevaba a lo de Snyder para recogerla después de su trabajo del sábado, y les compraba todas las bebidas efervescentes. Uno de ellos pidió demasiadas. Cuando se inclinó por la ventana del camión haciendo señas con la mano de que parara, porque se sentía descompuesto, desparramó todo sobre Bill y la parte interior del camión. No sólo que Bill no respondió con repulsión ni con enojo, todo el tiempo lo consoló y le dijo que estaba todo bien.

En mayo, Elisabeth estaba exhausta con su agenda y su preocupación por Ben. Le escribió al Departamento de Guerra en Washington, demandando «información sobre su bienestar si no le otorgaban la información en su localidad. Si ustedes no quieren que una novia resuelta haga una excursión personal a Europa para hallar a su hombre, respondan en forma postal. Más que sinceramente vuestra, una ciudadana leal y en oración, señorita Elisabeth Grace LeRoy». Diez días más tarde ella recibió un telegrama del Departamento de Guerra: «SEÑORITA LEROY: SE LE INFORMA QUE EL RECLUTA PHILLIPS FUE DESIGNADO PARA EUROPA. LOCALIDAD ESPECIFICA CLASIFICADA. NO HAY INFORMES DE ACCIÓN NI BAJAS. HA RECIBIDO SU CORRESPONDENCIA. SE ACONSEJA QUE NO HAGA EL VIAJE.»

Elisabeth había obligado una respuesta de un gobierno lento. Para su desesperación y consternación, el telegrama había llegado bajo condición de pago en puerta. Ella se preguntaba por qué él había recibido su correo, y ella no tenía ninguno de él. ¿Había él escrito? ¿Había perdido su interés en ella? ¿Venía a su mente? ¿Había recibido una palabra de parte de Dios? ¿Se atrevía ella a orar lo mismo? No hasta que chequeara con sus padres.

Les escribió otra vez, diciendo de su experiencia con el Departamento de Guerra. «Es un alivio», respondió su madre. «Tú eres muy rica en recursos. Nosotros no sabíamos dónde, excepto mirar al Señor. Tampoco hemos recibido ninguna carta de Ben.»

Era la posibilidad de Elisabeth para aliviarse. Si él había cambiado de opinión, ciertamente se lo diría a sus padres, ¿no es cierto? Pero los padres de quienes estaban reclutados en la iglesia, recibían cartas, hasta los que estaban del otro lado del mar. ¿En qué estaba involucrado Ben? Ella investigaba en el diario todos los días buscando claves. Sin lograr conciliar el sueño, una noche de sábado, muy tarde, en mayo, Elisabeth derramó su corazón delante de Dios. «No tenía idea de lo que traería aparejado mi compromiso contigo», dijo ella. «Estoy resuelta a obedecerte en cada instancia, pero excepto por Ben, mi vida no ha sido más que dolor desde el momento en que decidí volverme a ti. Sé que la vida abundante no significa felicidad todo el tiempo, y que tú estás tratando de enseñarme algo. ¿Pero, puedo conocer tu voluntad? ¿Puedo tener alguna clase de paz? Por favor, dime que hice lo correcto cuando comprometí mi vida con Ben. Me siento obligada a honrar ese compromiso. Lo amo y quiero ser su esposa.»

Se enrolló sobre su estómago y se apoyó sobre sus rodillas para mirar a través de la ventana. Elisabeth se había comunicado con Dios frecuentemente lo suficiente y durante los años necesarios como para que tuviera una vaga noción de dónde estaba parada. Ella puso su cara sobre la almohada, creyendo que Dios la había perdonado que fuera delante de él. Aun así, ella no sentía confirmación acerca del casamiento. Eso no significaba que ella había estado equivocada. Pero odiaba el silencio de Dios, sobre el tema más importante de su vida.

Se sintió de pronto movida a orar por Bill. ¿Era la respuesta de Dios a su pedido de confirmación por Ben? Agradecía a Dios por la amistad de Bill, su carácter, su ética laboral, por su espíritu de servicio. Es como si Dios estuviera diciendo: «Tú crees que la pasaste duro. Él comprometió su vida la misma noche que lo hiciste tú, y mira por lo que pasó. Tú perdiste a tu padre. También él. Perdiste tu hogar; él lo comparte con familiares y extraños».

Elisabeth estaba perdida. Ella no se decidía a orar: «¿Debería casarme con Bill?». Ella no sentía esa clase de sentimientos por él. Se volvería loca si Dios no era más claro. «¿Me debería casar con Ben?», estalló. No sintió ni un sí ni un no claros. Simplemente sintió que había ido más adelante que Dios cuando le había dicho que sí a Ben. Pero ella sabía eso, y había pedido perdón por esto. Ahora ella quería la bendición de Dios sobre su compromiso. Aparentemente, no funcionaba de esa manera.

¿Había estado equivocada por prometerse antes de orar acerca de ello? ¿Casarse con Ben estaría incorrecto? Ella no lo podía concebir. Si se debía casar con Bill antes que con Ben, Dios le debería dar por Bill un amor que trascendiera el que sentía por Ben. ¿Era eso posible?

Hubiera sido más fácil si Ben hubiera sido un inculto o Bill un ignorante. Elegir entre lo bueno y lo malo era fácil. ¿Y cómo ella había llegado a esto? ¿Desde cuándo ella estaba decidiendo entre Ben y Bill? Ella ya había tomado su decisión. Demasiados militares habían ya recibido su carta de despedida de sus damas, cansadas de esperarlos. Ese no era su problema. Ella ni siquiera sabía del interés de Bill, hasta que ella se había enamorado de Ben. Aun, meses antes que Ben le pidiera casamiento, ella sabía las intenciones de Bill y aún su convicción de que lo suyo era de Dios.

Elisabeth puso sus pies en el piso, y se sentó con la cabeza en sus manos. ¿Era esto una aventura de fe que ella había firmado? ¿Era esto lo que significaba una prueba de obediencia? ¿Qué si Dios le clarificaba que había hecho la elección incorrecta y que era ella la que firmaba la aceptación de Ben? No había dudas en su mente de que Bill estaba ansioso por dar un paso atrás de la escena. Ni Dios ni Ben le habían dado la libertad para decirle a Bill que ella había aceptado una propuesta matrimonial. Tenía que haber alguna razón para ello. ¿Y si Dios la había alejado de Ben, cómo se lo diría ella? ¿Entendería él si ella le decía que era una idea de Dios? ¿Y qué haría ella con su amor por él, su pasión, su anhelo por ser su esposa? Elisabeth trató de dormir. Esperando y orando porque simplemente, joven y confusa en sus sentimientos, de alguna manera Dios le haría claro de que iba a casarse con Ben. Dondequiera que él estuviera.

Capítulo Nueve

Elisabeth se despertó el domingo en la mañana con el horrible sentimiento de que algo le había sucedido a Ben. No podía hablar, ni siquiera mirar a Bill. ¿Sería por esto que Dios no le había dado ninguna paz con respecto a Ben? ¿No porque no fuera un compañero adecuado, sino porque nunca regresaría? No podía pensar en otra cosa.

Los chicos estaban entusiasmados con la escuela dominical. Sus padres dormían, lo cual ponía bajo presión a la señora Bishop, a Bill, y a Elisabeth. Recoger a los niños, alimentarlos, alistarlos. En medio del desayuno, la señora Bishop ya tenía suficiente.

—Siento que no puedo más conmigo misma —dijo—. En cualquier momento vuelvo a la cama.

—Ah, mamá —dijo Bill—. Tú sabes que quieres salir. Prepárate. Me encargo de la cocina.

Ella lo miró fijamente, como si realmente no hubiera deseado que le quiten los obstáculos.

—Ve, ahora. Ponte ese vestido que te compré.

Bill limpió la mesa, y vertió un pote de agua caliente en la pileta.

—Déjame hacer eso —dijo Elisabeth, pero él le sugirió que mantuviera a los chicos en orden, que él terminaría en diez minutos.

—Y ustedes, chicos —logrando que todos se detengan y lo miren con sonrisas expectantes—. El que esté más quietecito y derecho, cuando yo termine, tendrá una bebida gaseosa mañana después de la escuela.

Ellos protestaron, y se apresuraron hacia el camión. Elisabeth empezó a seguirlos, hasta que una palabra de Bill la detuvo.

—¿Estás bien?

—Parado en la pileta, con cuello y corbata, con el repasador colgado en el cinturón, la miró con tanta preocupación que ella casi se puso a llorar.

—Estoy preocupada por Ben —dijo como reconociéndolo.

—¿Alguna noticia?

—No.

—Espera lo mejor. ¿Hay algo que yo pueda hacer?

Ella no podía hablar. No quería virar la cara, pero tampoco quería estallar en lágrimas delante de él. Como para disimular el momento de incomodidad de ella, él volvió a su tarea en la pileta. Elisabeth necesitaba ir tras los chicos, pero quedó atrapada. Mirando largamente a Bill, ocupado en la pileta, como si nunca antes hubiera visto esto. O como que volvería a ver esto. No podía salir de allí.

Esto luego la golpeó. Con un escalofrío alarmante, ella se vio a sí misma envejeciendo con él, trabajando con él en la cocina. En el patio. En el automóvil. La visión era nítida y clara. Esta no era una visión. Era más que una impresión, algo como un conocimiento previo, era una absoluta seguridad. Ella sabía que si sólo decía la palabra, si le decía que estaba disponible, él se casaría con ella, la obra se consumaría. Ellos tendrían su propia familia.

Cuando él volvió a mirarla, se sacudió a sí misma de su delirio y se forzó a caminar hacia las escaleras. ¿De qué se trataba todo eso? ¿Amaba a Bill? ¿Podría amarlo? ¿Debería aprender a hacerlo? No tenía ningún sentido. ¿Bill Bishop?

Los niños corrían alrededor del patio, pero Elisabeth sabía que se detendrían tan pronto como llegara Bill. Tenía que ponerse a pensar en otra cosa antes de que él bajara. Se sentó en la cabina del camión con su Biblia y la lección de la escuela dominical en su regazo. Trataba de concentrarse, de recordar los puntos principales que quería dejar firmes en sus jovencitas esa mañana. No había forma. Aquí llegaron los niños. Habían visto o escuchado a Bill bajando las escaleras, y pasaron abruptamente hacia la parte de atrás del camión, rígidos, derechos y erguidos.

Bill armó un gran show, como si hubiera sido un sargento eficiente, y ellos luchaban con todo para no reírse. La señora Bishop apareció sorprendentemente deportiva, con el vestido que Bill le había comprado.

—¡Ganaron todos! —dijo Bill, y los chicos aplaudieron. Su madre se deslizó dentro de la cabina, poniendo a Elisabeth en el centro, cerca de Bill, quien pedía disculpas cada vez que tenía que poner la mano en la palanca de cambios que estaba en el piso. Elisabeth jamás se había sentido más consciente de sí misma. Camino a casa, ella se iba a sentar al lado de la ventana, con la madre de Bill entre ambos, así tuviera que treparse al tope del camión para lograrlo.

Bill condujo a su madre a su clase al mismo tiempo que él se dirigió a la suya, y los chicos corrieron hacia sus respectivos lugares. Elisabeth enseñaba a niñas de cuarto grado, en una pequeña habitación en el sótano, dentro del salón de compañerismo. Una de las sobrinas de Bill, Sue, con cabello marrón y ojos inmensos color café, era lo suficientemente nueva tanto en la iglesia como en la escuela dominical como para justificar la dedicación de Elisabeth. Sue la miraba con suma atención, escuchando cada palabra, ansiosa por hallar en la Biblia los versículos que el pastor Hill le había dado.

Durante la clase, Elisabeth olvidó brevemente a Ben y a Bill y su confusión extrema. En la iglesia se sentó directamente delante de Bill. Sabía que era su imaginación, porque Bill, tenía cosas superiores en su mente, pero ella sentía como que los ojos de él estuvieran haciendole un agujero en la nuca. No se podía concentrar. Cuando la congregación se puso en pie para el himno de cierre, aprovechó la ocasión para mirar a ambas partes. Desde el rabillo de sus ojos, ella no podría decir qué era lo que él miraba. A la semana siguiente, ella se sentaría detrás de él. O al lado de él. En cualquier parte, pero no delante de él.

El himno era «En la cruz de Cristo», el cual Elisabeth amaba porque le recordaba a la madre que nunca había conocido. El pastor Hill sugirió que cantaran cuatro líneas *acapella*, y Elisabeth quedó pasmada al escuchar la clara voz de Bill detrás de ella. En todos los años de haber crecido juntos en la iglesia, ella no recordaba haberlo escuchado cantar. Su voz de tenor la cautivó, y la emoción de él, la conmovió al punto tal que ella apenas podía articular palabras por sí misma:

> *«En la cruz de Cristo me glorío, por encima de las tormentas del tiempo;*
> *Toda la luz de la historia sagrada gira en torno a su cabeza sublime.*
> *Cuando los dolores de la vida me sobrevienen, la esperanza engaña y los temores estorban,*
> *Nunca la cruz me abandonará; ¡Oh! Brilla con paz y gozo.*
> *Cuando el sol de la felicidad completa me arroja luz y amor en mi camino,*
> *Desde la cruz, el río radiante agrega más brillo al día.*
> *La destrucción y la bendición, el dolor y el placer, por la cruz son santificados;*
> *La paz que hay allí no conoce medida, el gozo permanece a través de todos los tiempos».*

Con demoras camino a su graduación, en el Colegio Secundario de Three Rivers, programada para el sábado 8 de junio de 1918, Elisabeth halló dificultoso enfocarse en sus muchas responsabilidades. Mantenía su agenda y sus obligaciones, pero todo parecía no tener propósito. El único foco brillante en su vida había llegado en la mitad de mayo, cuando la señora Phillips le respondió al anuncio de su graduación y a la invitación de la ceremonia, con la sorprendente respuesta de que ella y su marido asistirían. «Qué ocasión apropiada para conocer a nuestra futura nuera. Mi esposo y yo vamos a realizar nuestros arreglos para que no tengas que preocuparte por nosotros, y lo esperamos con gran expectativa.»

El jueves 31 de mayo, Bill la recogió en lo de Snyder después del trabajo, y dijo:

—Tengo buenas noticias.

—Eso es lo que yo solía tener —dijo ella con agobio—. Dime que es una carta de Ben.

—Lo es.

—No me tomes el pelo, Bill.

—No lo haría.

—¿Hablas en serio?

—Pensé que la querrías leer por ti misma.

¡Su maldita bondad y consideración! Por supuesto que él estaba en lo cierto. Hacía tanto que ella no sabía de Ben, que hubiera saltado, corrido y arrastrado a Bill hasta la casa. Sola en su cuarto, minutos más tarde, rasgó el sobre, llorando antes de desplegar la hoja. La carta estaba fechada el 16 de mayo, quince días atrás.

«Mi muy amada Elisabeth:

¿Cómo pudiste haberte referido como mi prometida nada menos que al mismísimo Departamento de Guerra? ¿No sabes que eso me pone en una categoría diferente aquí —Tratamiento especial y todo el resto—, lo cual, definitivamente, no quiero? El compromiso fue anunciado a mi compañía, los cuales me hicieron una "novatada" sin piedad. Pensé que habíamos convenido en que no íbamos a decir nada a nadie. ¡Seguramente erraste al blanco!

Hay una parte de mí que está estremecida al saber que muchos hoy aquí lo saben, pero supongo que es inútil esperar que las noticias no corran hasta nuestras familias y amigos en los Estados Unidos. Me siento tan tonto, no habiendo dado ni una pista de nuestro compromiso, y ahora el mundo sabe que te puse en la posición indefendible de prometerte a ti misma a un soldado de ultramar.

Sin haber cometido errores, estoy más comprometido contigo y nuestro futuro que nunca, y quiero entregarte el anillo y realizar la ceremonia dentro de la semana de mi regreso, si tú todavía me quieres. Quisiera saber dónde están tu corazón y mente, porque no he recibido comunicación de ti, y no sé si has recibido la mía. Nadie de aquí ha recibido noticias de su casa, así que tengo algún consuelo de que no estoy solo. Estoy esperando un paquete del correo. Si no hay otra cosa, tu metida de pata con Washington me dice cómo tú me ves. Oficialmente o no, me llamaste "tu prometido".

Aquí está subiendo la temperatura, y como tú no sabes desde dónde te escribo, te puedo decir que dentro de un mes podría decidirse algo —por lo menos relacionado con las tropas de Estados Unidos.

Con amor y extrañándote, tu devoto, Ben.»

¡Cuánto lo amaba! Le dolía haber sido corregida, especialmente porque ella tenía el mejor interés por él en mente. Ella dobló la carta y la guardó, mirándola furtivamente varias veces esa noche. Bill no le pidió verla, aunque él le preguntó si estaba todo bien.

—Mejor que bien. ¡Ben está en buen estado!

—Me alegro por ti —dijo él—. ¿Alguna idea de dónde está?

—Ninguna.

—Hubo algo en el diario de hoy acerca de la primera ofensiva norteamericana en la guerra.

—¡Él predijo eso! Permíteme verlo.

—Hubo bajas, Eli.

—¿Cuántas?

—No dice.

Él le extendió el diario y ella leyó la acción del 28 de mayo.

—El general Pershing envió refuerzos a los franceses en el Marne, mientras a setenta y cinco kilómetros al noroeste en Cantigny, las tropas estadounidenses tuvieron éxito contra el ejército veterano. Los Estados Unidos informaron pérdidas leves en ambas operaciones.

Así que había comenzado. Elisabeth no podía adivinar dónde podía estar Ben, ¿dónde estaban las probabilidades de que él estuviera en las dos primeras ofensivas de los Estados Unidos en Francia? Y si así fuera, ¿estaba él a salvo? El diario habló de una formación masiva de tropas alemanas y de Estados Unidos —tropas aliadas de apoyo en el Marne. Elisabeth deseaba no haberlo leído. La carta había aliviado su temor, pero ahora ella se estaba preocupando al máximo.

—Mi madre te guardó un plato caliente en el horno, Eli.

—Gracias, ¿tú qué comiste?

—No sé. Vuelvo tarde esta noche.

—¿De veras?

—Tengo que salir.

—¿Una cita? —preguntó Elisabeth, bromeando.

Ella se congeló cuando él asintió.

—Lucy de la iglesia.

—¿Lucy? Elisabeth dijo innecesariamente. Una chica bonita de segundo año que usaba anteojos. —¿Por qué? Ay, ¿por qué tan tarde?

—Es que no quería que vuelvas tarde caminando a casa, es todo. A ella no le importa. Entiende que te estoy cuidando. Vamos al especial en la Casa Three Rivers. Mejor vete.

—Que la pases bien.

Elisabeth caminó pesadamente y halló su comida, la cual sólo recogió. ¿Qué estaba mal en ella? Estaba comprometida, pronta a graduarse, para luego casarse apenas su novio volviera de la guerra. Ella no amaba a Bill Bishop, no tenía que reclamar nada de él, y no se merecía ningún reclamo así lo tuviera. Ella no podía estar celosa de Lucy. Sin embargo, lo estaba. Simples celos y permitiéndoselos en forma inmoderada.

Se arrastró por las escaleras hasta su cuarto, trató de orar, trató de leer su Biblia, trató de escribir una carta. Finalmente, abandonó todo, y se derrumbó en la cama. No era lo suficientemente tarde como para dormir, pero de todas maneras lo hizo, por falta de cualquier cosa que la hiciera sentir extremadamente repulsiva.

«*Soy una persona malvada, horrible*», se dijo a sí misma. «*No puedo tener lo que quiero, y no quiero lo que tengo.*»

La tarde del viernes antes de la graduación, Bill le preguntó si a ella no le molestaría que viajaran junto con Lucy al día siguiente.

—Ay, Bill, no sería justo para Lucy. Yo voy a encontrar la manera. Si los Phillips llegan a la ciudad temprano, puedo ir con ellos.

—Pero, ¿y si ellos no quieren? De todas maneras, no quiero que te invites por ti misma, especialmente con tus futuros suegros. Estará bien. Lucy comprende.

Si Lucy fuera de alguna forma similar a Bill, ella sería más generosa acerca de la situación que Elisabeth. Era demasiado lejos como para caminar, y demasiado tarde para convenir un viaje en automóvil con alguien más.

Esa noche, un pequeño golpe en su dormitorio despertó a Elisabeth.

—No abras, Eli, te paso un mensaje debajo de la puerta. Los Phillips te llamaron por teléfono a lo de Snyder, y el cadete trajo una nota.

Elisabeth giró hacia la luz, y el brillo le dio de lleno. «*Espero que aun vengan*», pensó.

La nota decía, «Elisabeth LeRoy: La señora Phillips llamó y dijo que extrañaba que no estuvieras para decirte que a pesar de todo ellos venían. Ellos te verán después. A.W.S.». «*A pesar de todo*», pensó. «*¿A pesar del tiempo? ¿A pesar de qué?*» Estaba contenta de que no contaba con ellos para que la llevaran en automóvil.

Al mediodía del día siguiente, cuando todo el mundo en Three Rivers se estaba preparando para la ceremonia de graduación, se corrió el rumor de que la guerra había tomado un giro dramático a favor de los Aliados, debido en gran parte a los esfuerzos de Estados Unidos. Una ofensiva significativa alemana fue contrarrestada y puesta atrás, y mientras podría llevar meses en cumplirse, el ímpetu se había desviado y parecía algo certero que Alemania sería derrotada.

Para Elisabeth, la ciudad completa parecía tener optimismo con respecto a la vuelta de los jóvenes sanos y salvos, así que la graduación sería más festiva que nunca. Los graduados varones no deberían preocuparse acerca de su participación en el servicio militar, a pesar del Acta de Servicio Selectivo.

Elisabeth observó señales de afecto entre Bill y Lucy durante el viaje multitudinario. Ella no vio nada, y se censuró a sí misma por estar pendiente. Preocupándose a causa de que la vida amorosa de Bill estaba lejos de donde ella debería estar por ahora, en su vida espiritual.

Ella ganó varios premios, incluyendo la medalla por la estudiante que más inspiraba a los compañeros, como ejemplo de una alumna comprometida. Casi estalló de orgullo por Bill, quien parecía terriblemente incómodo por ganar tanto el premio por ser el estudiante más perfeccionado, como el premio del Club de Contadores.

Elisabeth husmeaba entre la multitud a los Phillips, preguntándose si reconocería a Ben en sus rasgos físicos. Muchos estudiantes habían recibido huéspedes y familiares de afuera de la ciudad, sin embargo, ella rápidamente abandonó la búsqueda.

Los padres de él sí sabrían quién era ella porque había sido anunciada varias veces aún antes de ser presentada con su diploma. Luego de que los alumnos agitaron sus gorros, firmaron cada uno el anuario del otro, se abrazaron con lágrimas, y posaron para los fotógrafos, Elisabeth le dijo a Bill que tenía cómo llegar a casa y que lo vería más tarde.

Cuando él salía junto con Lucy, ella cargaba con algunas de sus cosas, pero ninguno demostró más familiaridad que la apropiada. Elisabeth decidió que conocer a sus futuros suegros coronaría un justiciero día feliz.

Una pareja mayor de lo que ella esperaba, estaba a unos pasos detrás del pastor y la señora Hill, mientras ellos le estrecharon la mano y la felicitaron.

—Ese premio inspiracional ha sido entregado a alguno de la Iglesia de Cristo durante seis años consecutivos —dijo el pastor—. Felicitaciones y gracias por mantenerlo dentro de la familia.

—Ah, Jack —dijo la esposa—, no alardees. Fue Elisabeth quien lo ganó.

Cuando los Hill saludaron a otros graduados, la pareja se acercó. Él estaba vestido con estilo clerical, ella con un largo vestido negro. Sus rostros estaban rígidos, sus ojos rojos. Elisabeth se movió con gracia en medio de las presentaciones formales, pero halló desconcertante que el señor Phillips pareciera tan serio y su esposa tuviera un tono con reminiscencias acusatorias hacia tía Ágatha.

—Este ha sido un gran día para ti —dijo la mujer—. Seguramente ella era alguien que creía que demasiada atención sólo llenaba de humos la cabeza de una persona joven.

—Gracias, estoy agradecida.

Elisabeth no podía parar de sonreír. Deseaba que ellos compartieran su gozo.

—Pareciera ser que la estás llevando notoriamente bien.

—Bien, no es fácil, señor Phillips, como usted sabrá. Pero este ha sido un día maravilloso.

Estoy segura que ha escuchado las buenas noticias del frente.

—Escuchamos —dijo el Sr. Phillips con los hombros caídos—. Un día tarde y un dólar menos.

—Comprendo que hay una razón para ser optimista —dijo Elisabeth, resuelta a no permitirles que arruinaran el momento—. De todas maneras, mi día lo hace el haberlos conocido.

Ben habla tan bien de ustedes.

La señora Phillips la miró fijamente.

—Tú dices eso en tiempo presente.

—Bien, él lo ha hecho y él lo hará. Tuve noticias de él hace una semana atrás o algo así. La carta tenía dos semanas de antigüedad, pero...

Los Phillips se miraron el uno al otro, y la madre de Ben interrumpió.

—¿No escuchaste nada del Departamento de Guerra?

—Sí, hace algún tiempo atrás. Ben no estaba para nada contento de que yo hubiera arruinado el pastel...

La señora Phillips se desintegró en lágrimas, hallando rápidamente una silla donde su esposo se puso de rodillas cerca de él, abrazándola y mirando fijamente a Elisabeth.

—Nosotros no trajimos la carta —dijo él—. Creímos que te mandaban un duplicado. Supimos todo el tema del compromiso, pero ellos deben haber descubierto que el compromiso no era oficial, sino te lo hubieran comunicaron directamente.

—Pero ellos lo hicieron. Me mandaron un telegrama. Eso es lo que molestó tanto a Ben. Él...

—Tú no has escuchado que Ben se perdió en el mar.

—¿Qué él qué...?

—Pensamos que sabías. Te llamamos anoche.

—¿Qué están diciendo?

—El buque transporte donde él estaba se hundió. Sólo hubo seis sobrevivientes, todos oficiales.

Elisabeth se halló sobre sus manos y pies, su cabeza estaba dando vueltas. La gente vino corriendo. La llevaron hasta una silla, la abanicaron, y le dieron agua. Nada ayudaba. La sorpresa, el dolor, el horror de ello la golpeó como un martillo, ella no podía recuperar su aliento. ¡Esto no podía ser! Ella debe haber parecido tan fría a los Phillips.

—En cierta forma, estoy contenta —dijo alguien.

Elisabeth subió la mirada con sorpresa, ante un comentario tan ridículo. Era la madre de Ben.

—Estoy diciendo, querida, que probablemente para bien tuyo, no lo supiste antes de tu gran día.

«*¿Mi gran día?*» —pensó Elisabeth.

Sus grandes días, desde el día que nació y murió su madre, siempre vinieron aparejados con dolores horribles. Se sentía maldecida.

Elisabeth luchaba para mantener su respiración. Era demasiado para sobrellevar.

—Venir aquí ha sido más dificultoso de lo que habíamos imaginado, y probablemente, poco sabio. Quisiéramos regresar directamente. ¿Te dejamos en alguna parte?

—Yo la llevo —dijo el pastor Hill—. Tan pronto como esté repuesta.

Él se hizo a un lado de tal modo que ella y los padres de Ben pudieran saludarse.

—No sé qué decir.

—Si lo amaste como nosotros —dijo el señor Phillips—, tú sabes cómo estamos sufriendo.

—Es tanta pérdida, para la iglesia, para el mundo.

—Tratamos de no pensar en eso —dijo la madre de Ben—. La pérdida es lo suficientemente profunda en nuestro corazón.

—Lo sé.

—Nosotros lamentamos —agregó ella—, que tuvimos que ser los primeros en decírtelo.

Elisabeth hizo un gesto con la mano.

—Debería yo haber preguntado, ah, no... perdón.

—No, por favor.

—¿Lo han hallado? ¿Lo...?

—¿Repatriarlo por barco? —dijo la señora Phillips—. Ellos no hicieron ninguna promesa.

Vamos a tener un funeral la semana próxima, al cual estás invitada.

—Ah, no sé —dijo Elisabeth, sintiéndose desmayar otra vez.

—Estaríamos honrados —dijo la señora Phillips.

—Entonces estaré allí.

El pastor Hill manejó lentamente y su esposa se sentó en la parte de atrás, conteniendo a Elisabeth mientras lloraba.

—Pobre niña —repetía ella—. Demasiado, demasiado joven.

—¿Estarás bien? —preguntó el pastor mientras ella caminaba hacia la puerta.

Ella intentó asentir, pero no estaba segura.

—¿Es esto lo que usted quiso significar acerca de la comunión con sus sufrimientos? ¿Esto es todo lo que hay en la vida cristiana comprometida? ¿Sólo tragedia y desilusión?

—No todo, pero seamos cuidadosos de no acusar con esto a Dios, ni a nuestro compromiso. Esto atribuye maldad a él, y demasiado poder a ti. Satanás es el autor de la muerte. Dios es soberano. Es una verdad difícil ahora, pero descansa en ella durante la noche oscura del alma. Elisabeth asintió, desesperada de liberarse del sentimiento sobrecogedor de la maldad que giraba en torno de la tragedia.

—Si no te vemos mañana en la iglesia, lo comprenderemos. Pero si crees poder asistir, te rodearemos de amor y cuidado.

—¿Me harían un favor? —dijo ella—. Diría usted...

—Lo voy a anunciar, por supuesto.

—¿Podrían dejar aclarado que el hombre que perdí era mi prometido, el amor de mi vida? Era nuestro secreto, pero ahora quiero que se conozca.

El pastor dudó, mirando hacia abajo.

—No piensas que esto abriría la puerta para que lo critiquen por...

—Tal vez —dijo ella—. Pero no quiero ninguna pregunta de por qué fuimos comprometidos el uno con el otro para siempre.

Cuando entró, sintió la mirada de todos dentro de la casa. Nadie dijo nada, pero todos —hasta los chicos—, la miraron con pena. Se detuvo en su camino escaleras arriba, puso sus manos sobre la barandilla, y se volvió a mirarlos. Ellos miraron para otro lado, todos, excepto Bill, cuyos ojos llenos de lágrimas quedaron fijos en los de ella.

—Estoy bien —dijo ella quietamente—. Gracias por cuidarme.

Su Biblia yacía abierta sobre el respaldo de su cama. La ignoró, cerró la puerta, y se desvistió. A pesar del calor de la noche, se puso una bata de algodón. Mientras se aproximaba a la cama, sus piernas no dieron más y se tumbó en el piso. Lloró amargamente, cuidandose de no ser escuchada y de que el ruido de su caída, fuera a preocupar a la familia.

Elisabeth se arrastró hacia la cama, y se curvó en posición fetal.

—Dios —ella oró silenciosamente—. No entiendo esto, no me gusta. Y no sé dónde estás exactamente ahora. Si esta es tu respuesta para saber si tengo libertad para casarme con Ben, lamento haber preguntado.

Escuchó pasos en las escaleras y contuvo el aliento. Alguien se aproximó a la puerta, el piso crujía. Nadie golpeó la puerta. Los pasos retrocedieron hacia las escaleras, pero no hubo sonido de descenso. Elisabeth se acostó en silencio. Nada. Estaba exhausta, pero no podría dormir esa noche.

Se arrastró hasta la puerta, y puso su oído cerca. Sin ruidos todavía. Ella abrió la puerta cuidadosamente, y giró el pestillo, abriéndolo unos centímetros. En la oscuridad del pasillo, con la sombra dibujada por la luz de la calle que venía desde afuera, estaba sentado Bill en el descanso, dándole a ella las espaldas.

—Estoy bien —susurró ella.

Él no se dio vuelta.

—Duerme un poco, Bill —agregó ella.

Él asintió, pero no se movió. Elisabeth arrancó la bata de

una percha que estaba en la parte de atrás de la puerta y se movió hacia las escaleras. Se sentó al lado de Bill. El mentón de él estaba oculto entre sus manos, y miraba fijamente hacia la ventana, con lágrimas en sus mejillas.

Ella apenas podía hablar.

—Gracias por tanto cuidado.

Él se inclinó en una respiración esforzada, cubrió sus ojos, y lloró quietamente. Ella se acercó para consolarlo, con un leve toque en su gran espalda.

Él lloraba por ella, lo cual la hizo llorar por él. Y allí ellos se apoyaron el uno al otro en un momento de profundo dolor, el cual Elisabeth no podía imaginar que debería estar transitando. ¿Cómo podría vivir sin un amigo como Bill?

Ella dejó la mano en su hombro hasta que menguaron sus sollozos, luego estuvo con él casi una hora. Dos veces ella le dijo:

—Ve ahora. Ve a descansar.

Pero él no se movía. Finalmente ella dijo:

—Mejor que vaya a la cama.

Bill asintió, sin moverse, sin mirarla. Ella volvió a su dormitorio. Cada hora, aproximadamente, ella se asomaba para ver si Bill estaba allí. En la madrugada, él dormitaba con la cabeza apoyada sobre la barandilla. En el amanecer, él tenía la espalda contra el rescoldo, sus piernas extendidas hacia las escaleras. Ella fue en puntas de pie y lo abrigó con una frazada, levantó su cabeza y le deslizó una almohada.

Ella decidió que él era el hombre más galante que jamás había conocido, y que ella había tenido el privilegio de conocer.

Capítulo Diez

Elisabeth se sentía desconsolada. Su confusión por Ben era un recuerdo efímero, y esto la llevaba a preguntarse si había contribuido a su muerte. Ahora se sentía horrorizada por historias de la guerra, y evitaba el periódico; a pesar de que durante los siguientes meses los Aliados y Estados Unidos se acercaban a la victoria.

Estaba obsesionada pensando porque tantos de los que se habían ahogado en el transporte nunca habían sido tomados en cuenta. Hacia el otoño, más del veinte por ciento aún no habían sido encontrados. El regreso milagroso de Ben se convertía en un sueño recurrente que terminaba como una pesadilla, puesto que era inalcanzable o bien se despertaba apenas se abrazaban. Ella sudaba a través de su camisón y despertaba mojada en lágrimas, preguntándose cómo podría pasar otro día más sin él.

Elisabeth estaba resuelta a continuar con su compromiso con Cristo, si bien se alarmó por un sentimiento de resentimiento hacia lo que ella pensaba que Dios había permitido. Además de haber aclarado su decisión de matrimonio a través de la oración, ¿acaso no había sido obediente? Incluso ese había sido un acto de omisión y no de comisión.

Ella trabajaba para comunicarse con Dios en cada momento de vigilia, pero sólo oía silencio. Sabía que la muerte era cosa del diablo y no de Dios, sin embargo algo le decía que ella había sido responsable de esto. La Biblia se convirtió en un libro de texto, poco interesante, difícil de comprender, imposible de tenerlo consigo. Oraba por un hambre y una sed renovada, pero todo lo que parecía ansiar era dormir más.

Elisabeth trabaja todo el tiempo en Snyder ahora, y si bien se había tomado el resto del verano alejada de sus responsabilidades en la iglesia, pronto volvió a trabajar allí también. Muchos domingos por la mañana se sentía hipócrita, tratando sinceramente de imprimir a su clase la verdad de las Escrituras que no sentía en su corazón.

Los últimos cinco años de su vida habían sido un experimento, una prueba, y el experimento había fracasado. ¿Qué esperaba lograr con la obediencia total? ¿Favores? ¿Recompensas? Eso iba en contra de todo lo que conocía. Y debía admitir que su padre, su pastor y hasta el evangelista Hasper le habían advertido que había elegido un sendero arduo. Había sonado glamoroso. Ahora, en medio de él, no se sentía capaz de librar la batalla. Estaba esperando una vida de amor, temerosa de la derrota.

—Hace tiempo que no veo a Lucy —dijo Elisabeth en el camión al regreso del trabajo una noche de septiembre.

—Sólo somos amigos, Eli.

—¿Y tú y yo, Bill?

Él dudó.

—¿Tienes que preguntar?

—Sí.

—Siempre amigos, espero.

Una epidemia de gripe azotó a Three Rivers ese otoño, afectando a casi todas las viviendas. En todo el pueblo, moría gente de todas las edades. Algunos se sentían enfermos por la mañana y morían antes de que cayera la noche. Otros sufrían durante días, sólo para sobrevivir. Los hospitales y las clínicas de la zona estaban llenos, las escuelas estaban cerradas. El departamento de salud estableció cuarentenas al igual que un toque de queda policial con la esperanza de mantener alejada a las personas infectadas de las sanas. La farmacia se quedó sin remedios, y finalmente Elisabeth cayó también.

Se sentía tan mal por haber llevado la enfermedad a la vivienda de los Bishop que le pidió a Bill que le encontrara algún sitio fuera del pueblo. Pero él se ocupó personalmente de ella, llevándole comida y tónicos, controlándola las veinticuatro horas del día, incluso —para su vergüenza— verificando su orinal.

Se enfermó tanto que el pastor Hill vino a visitarla utilizando un barbijo. Elisabeth deliraba, sólo consciente de que odiaba enfrentar a Bill. Durante los momentos de lucidez pedía saber noticias de las demás personas de la casa. Cuando finalmente vino a verla un médico, estableció una muy buena relación siendo hija del difunto doctor James LeRoy. Entonces lo obligó a que admitiera que los dos Bishop, una sobrina y un sobrino, habían sido llevados por el forense en los últimos diez días. Elisabeth estaba inconsolable, si bien el médico le aseguró que sus enfermedades se habían incubado mucho antes que la suya propia.

—Naturalmente se sentirá angustiada, señorita, pero se equivocaría al sentirse responsable. Es más probable que ellos la hayan infectado a usted, que al revés. Me preocupa Bill, sin embargo. Él ha eludido esta enfermedad mortal hasta ahora, pero está exhausto, y temo por su sistema inmune.

—Debe insistirle que deje de ocuparse de mí —pidió Elisabeth—. Él no me escucha.

—Todas las demás personas de la casa están en cama, señorita. ¿No se da cuenta de que él se está ocupando de todo lo suyo?

—Tengo algo de dinero —dijo ella—. El abogado señor Beck tiene acceso a él. No es mucho, pero pagaría el cuidado de una enfermera durante algunos meses. Por favor, dígame que usted se encargará de que así sea.

El médico sacudió la cabeza.

—No podría encontrar cuidado médico en este estado por todo el dinero del mundo. Estamos más allá del límite. Yo trabajo veinticuatro horas al día, y la mitad del personal del hospital está enfermo en casa. Si es una mujer de oración, por favor, hágalo. Se necesitaría un milagro para evitar que este monstruo destruyera el pueblo.

Al día siguiente, Elisabeth estaba tan resuelta a decirle a Bill que dejara de cuidarla que intentó bajar las escaleras. La fiebre había hinchado tanto sus articulaciones que se cayó en los escalones. Permaneció allí, renuente a pedir ayuda a pesar de sus escalofríos, calores y náusea. Oró porque no fuera descubierta allí habiendo muerto.

Cuando Bill finalmente la encontró, ella sólo pudo clamar:

—¡Por favor! ¡Haz que alguien te ayude!

Elisabeth ocultó su rostro mientras él se arrodilló y la llevó levantada como si fuera un bebé. Él luchaba por mantener el equilibrio en la parte superior de las escaleras y ella podía darse cuenta de que había perdido fuerzas. La colocó suavemente sobre la cama y la arropó. Se sentía inmerecedora y quiso decirlo, pero Bill ya había dejado hace mucho tiempo de responder a cualquier cosa que ella dijera.

Cuando se fue con su orinal otra vez, ella buscó a Dios con todo su corazón, pidiéndole morir o recuperarse lo suficientemente rápido como para aliviar a Bill antes de que él mismo muriera.

Su fiebre cesó una mañana tres días después.

La casa estaba en silencio; el sol, alto. Elisabeth gateó fuera de la cama, débil y temblorosa. Se puso la bata y lenta y cuidadosamente trató de bajar. La casa olía a remedios y a muerte. Los cuñados, grasosos de sudor, estaban cargando el camión. Resintió que estuvieran lo suficientemente sanos como para eso pero que nunca, en cuanto ella sabía, ayudaron a Bill con el resto de la familia.

Las hermanas de Bill compartían los cuartos con seis niños. Bill descansaba en un sillón de la sala, dormido. Elisabeth caminó en puntas de pie pasando a Bill hasta que llegó a la puerta del frente y miró hacia fuera. Los hombres lucían enojados y ninguno demasiado sano. Habían sido tan fríos con ella que no sabía quién era quién. Abrió la puerta y el aire dulce, fresco la golpeó como un elixir.

—¿Sigue siendo contagiosa? —le preguntó uno.

—No lo creo —dijo ella—. ¿Qué está sucediendo?

—Compramos el camión de Bill —dijo uno—. Vamos hacia el sur. Ambos perdimos hijos y ahora con la muerte de la señora Bishop, es momento de irse.

—¿La señora Bishop?

—Murió de repente.

—¡Ay, no!

—Es mejor.

—¿Los niños?

—Perdimos dos cada uno.

Elisabeth casi tambaleó. ¿Y qué pasó con la niña de su clase de la escuela dominical?

—¿Sue? —preguntó.

Uno dejó colgando su cabeza. El otro la miró, y ella supo enseguida.

—¿Saben si Bill se pescó la gripe? —susurró.

—No parece que sea así. Un milagro, de seguro.

Elisabeth amaba pero también le temía al viento frío.

—¿Se ocuparán de que esos niños vayan a la iglesia y a la escuela dominical donde sea que vivan, no?

—Sí, señorita.

Al cabo de una semana, la casa se vació salvo por Bill y Elisabeth. La primera noche que estuvieron solos él se fue a la Casa Central.

—Controlaré cómo estás —dijo él—. Pero no puedo quedarme aquí y dejar que la gente hable. Voy a poner avisos para conseguir inquilinos, y cuando tengamos algunos, me volveré a mudar.

El pueblo lamentó sus pérdidas durante meses. Elisabeth lentamente recobró sus fuerzas, volvió al trabajo y a la iglesia e hizo un proyecto de limpiar la enorme casa vieja de arriba abajo. Bill la llamaba cada tanto y la llevaba en su nuevo automóvil usado. Pero estaba ocupado con otros trabajos y su nuevo cargo de contador en Fairbanks—Morse, una planta de montaje de vagones de ferrocarril que acababa de consolidarse con la Sheffield Car Company. En realidad, no había estado dentro de la casa desde el día en que se mudó.

A fines de noviembre, se detuvo en Snyder mientras Elisabeth cerraba.

—Es bueno verte —dijo ella—. Te tengo una sorpresa.

—Pasé porque yo tengo una para ti —dijo él—. Dos familias respondieron a mi anuncio hoy. Se mudarán la semana que viene. Este fin de semana tengo que poner en forma la casa.

—¿Necesitas que cocine para ellos? —dijo Elisabeth, subiéndose al automóvil.

—Yo no te lo pediría. Les dije que tenían acceso a la cocina, pero su alquiler sólo incluye la renta, no la comida.

Elisabeth se sintió aliviada. No necesitaba quehaceres de cocina encima de todo lo que tenía.

—Será bueno tenerte de vuelta —dijo ella—. Nunca podré agradecerte lo suficiente...

—Por favor, Eli. Tú hubieras hecho lo mismo, si hubieras estado sana.

Ella esperaba que eso fuera verdad.

—Me he sentido sola en la vieja casa —dijo ella—. Gracias por proteger mi reputación.

—No lo hubiera hecho de otro modo.

—Debería compensarte por lo que tuviste que pagar para quedarte en otro lado.

—No comiences con eso —dijo él—. Fue mi elección. Podría haberte echado.

—O haberte casado conmigo y matado dos pájaros con un único cheque de renta.

Él no parecía estar divertido.

—No bromees con eso, Eli —dijo, cruzando el puente de la avenida Michigan sobre el río Portage, en el cuarto barrio—. Estás de duelo por un año.

—¿Tengo que esperar al próximo verano por ti, Bill Bishop?

—No me hagas bromas.

—Lo lamento —dijo ella. Por primera vez deseó haberse quedado con el secreto de Ben y de ella. Una vez que se supo que estaba comprometida con él, se esperaba que estuviera de duelo durante un año. Por supuesto, ella lo haría. De hecho, se preguntaba si alguna vez lo superaría, o superaría a Ben. Pero también estaba por cumplir diecinueve años, y no había otro hombre en el mundo a quien ella mirara dos veces, además de Bill Bishop.

¿Lo amaba? Con todo su corazón, ¿cómo podría no amarlo? Tenían tanto en común, por ejemplo que los dos eran huérfanos. Él era tan galante y tradicional que ella sabía que nunca le pediría salir socialmente hasta el mes de junio de 1919.

Se detuvo en la acera.

—Nunca me contaste cuál era tu sorpresa —dijo él.

—Está adentro.

—No deberíamos estar los dos juntos adentro en medio de la noche —dijo él.

—Esperaré.

—¿Dónde miro?

—Por todas partes.

Elisabeth estaba emocionada por ver las luces encendidas mientras él corría de cuarto en cuarto. Pronto salió, y fue la primera vez que lo vio sonreír en meses.

—Eli, ¡eres increíble! ¿A qué huele allí adentro? ¿De dónde sacaste desinfectante y qué más es que no puedo descubrir?

—Usé amoníaco para la primera lavada, luego la cubrí con avellano y extracto de vainilla. Te sorprenderías de lo que se aprende en una farmacia.

—Tengo que pagarte los materiales y todo ese trabajo.

—Tonterías, Bill. No te atrevas a insultarme mencionándolo otra vez. Yo podría pintar este lugar con tres capas y aun deberte mi propia vida. *Nunca* podría pagarte por tu bondad.

Él levantó una mano.

—Muy bien —dijo—. Respetaré tu deseo si tú respetas el mío. Estamos a mano. No nos debemos nada.

—Yo te debo a ti más de lo que tú me debes a mí —dijo ella.

—Acabas de violar nuestro acuerdo —dijo él, sonriendo.

—Muy bien —repitió ella—. Es cierto. Si quieres que estemos a mano, estamos a mano.

Él alargó la mano para estrechársela. Ella la tomó con ambas.

—Espero ansioso volver a casa —dijo él.

—Esto se está empezando a parecer a mi hogar también, Bill.

Y quería agregar: «Y es mejor que el verano que viene empieces a cortejarme», pero no habría ido demasiado lejos por una noche.

Elisabeth contaba los días hasta que llegaran los inquilinos. Con su aliento renovado y anticipándose a conocer a Bill de una forma nueva, parecía que hubiera abierto las puertas del cielo. Su vida de oración comenzó a ser dulce, y ansiaba volver a leer su Biblia.

Sin embargo, se preocupaba. Elisabeth odiaba estar sola en la casona durante la noche, y se asustaba ante cada ruido. Cuatro noches antes de que se mudaran los inquilinos, estaba profundamente dormida en su cama con todas las ventanas y las puertas cerradas. Durante las primeras horas de la mañana estaba despierta y asustada. ¿Qué había oído? ¿Vidrios rotos? ¿De dónde? Se enderezó y se sentó en silencio, observando su reloj despertador. Eran las cinco menos dos de la mañana.

Más ruido. La puerta de atrás de abajo. Retuvo el aliento. Un ruido en la puerta, tal vez la cerradura forzada. Esto no era el viento ni la casa ni su imaginación, excusas con las que se había calmado anteriormente.

Elisabeth bajó de la cama —con todo el cuerpo temblando— y con dolor abrió la puerta para escuchar. Oró porque quien quiera que estuviera abajo no se enterara de que ella estaba en la casa. ¿Quién tenía algo de valor en habitaciones superiores no calefaccionadas, de todos modos? «Señor», oró en silencio, «si es un ladrón, que mire allí abajo y luego siga por su camino».

Con el corazón golpeando contra las costillas, Elisabeth no podía apaciguar su respiración. Cuando se abrió de golpe la puerta de abajo pudo darse cuenta de que había por lo menos dos hombres en la casa. Uno dijo:

—Alguien vive aquí. Mira esta cocina.

Uno chisteó al otro y Elisabeth debió cubrir su boca para evitar emitir algún sonido. ¿Por qué no podían darse cuenta de que habían elegido un hogar pobre e irse simplemente? Debían ser forasteros. ¿Quién irrumpe en una casa del cuarto barrio cuando hay mansiones del primer barrio cruzando el río?

¿Y qué si suben? «Dios, ayúdame.»

Elisabeth caminó en puntas de pie hasta el ropero y encontró el balde, el trapeador y media botella de amoníaco que vertió en el recipiente. Sus ojos y su nariz le picaron por los vapores tóxicos. Colocó silenciosamente el balde y el trapeador cerca de la puerta, la que cerró dejando veinte centímetros abierta.

Elisabeth oyó a uno de los hombres decir algo de «arriba» y temió desmayarse del susto. Los pasos pesados en la base de las escaleras le dijeron que era un hombre grande, viejo o borracho.

«No me dejaré llevar fácilmente», le dijo a Dios. «Dame fuerzas».

Parada en la oscuridad pudo ver a través de la puerta levemente abierta, al descanso de las escaleras donde éstas giraban. Elisabeth casi se cae cuando el hombre llegó al descanso. Era grande, lento y voluminoso, y vestía una camisa y pantalones azul marino con enormes botas negras. También llevaba una gorra azul.

Al llegar al descanso superior, a unos metros de su puerta, Elisabeth sumergió el trapeador en el amoníaco y dio un paso atrás. Sostenía el trapeador como un bate de béisbol, el amoníaco la hacía sentirse mal y caía en gotas lentamente al piso. Estaba asombrada de cuán pesado era el trapeador empapado, sosteniéndolo de ese modo.

Cuando la sombra de la cabeza del hombre grande apareció por la raja de la puerta, ella golpeó con todas sus fuerzas. El extremo del trapeador parecía moverse lentamente, pero cobraba velocidad con su adrenalina causada por la situación. Cuando apareció la nariz del hombre a través de la abertura, ella le golpeó el rostro con un trapeador lleno de amoníaco sin diluir. Él gritó mientras la puerta se abrió del todo y tropezó hacia atrás por la baranda, que crujió bajo su peso.

Elisabeth sostenía ahora el trapeador como un atizador, con la mano izquierda unos centímetros debajo del mango. El intruso torturado ciegamente se dirigió a ella, y Elisabeth lo volvió a embestir. Era cuestión de matar o morir.

Volvió a darle con el trapeador en la cara, haciendo que su rostro se echara atrás y que se tambaleara. Volvió a caerse para atrás, así que ella atacó nuevamente, esta vez dándole en el esternón mientras su peso lo llevaba abajo. Se dio contra la baranda y cayó gritando por lo menos dos metros. Su gran cuerpo resonó al golpear contra las escaleras y cayó dando tumbos el resto del camino descendente.

Elisabeth salió para ver si lo había matado. Al verlo tendido allí sin moverse, supuso que lo había hecho. Los perros ladraban y a través de la ventana vio otras luces encenderse en el vecindario. El compañero del hombre herido gritó:

—¿Qué sucede allí arriba?

Cara de Amoníaco gimió y su amigo se acercó.

—Sube aquí —gritó Elisabeth, sorprendiéndose de lo que hacía—. ¡Y terminarás al lado de él!

No sabía qué haría si él ayudaba a su amigo y venía tras ella. Estar en el piso de arriba parecía una ventaja, pero ¿cuánto tiempo podía defenderse de dos hombres con un trapeador hediondo?

—Para mí es suficiente por una noche, Edgar —dijo el recién llegado, y arrastró a su amigo por el suelo, dirigiéndolo hacia la puerta trasera—. ¡Vaya! ¿Te mojaste?

— ¡Es amoníaco, George. ¿No entiendes nada?

—¿Quieren ver mi pistola? —gritó Elisabeth, preguntándose de dónde había sacado esas palabras. Cuando vio a los hombres correr por el callejón hacia el oeste, sus rodillas temblaban y se cayó al piso.

—¿Hola? —fueron las voces que vinieron de una pareja mayor de la puerta de al lado—. ¿Ha tenido algún problema aquí?

—¡Sí —gritó Elisabeth—. ¡Llamen a la policía! ¡Y al señor Bishop en Central House!

Los torpes ladrones fueron arrestados veinticinco minutos después en el hospital de Bonnie Castle, en busca de tratamiento por los ojos de Edgar y varias contusiones. Como eran tan tontos, utilizaron sus verdaderos nombres y fueron rápidamente identificados. Ambos habían sido despedidos esa tarde de la Hazen Lumber Company y admitieron que habían oído hablar de una casa de inquilinato abandonada que supusieron que sería buena para robar.

Bill llevó a Elisabeth a la casa del pastor Hill, donde él y su esposa felizmente la recibieron e insistieron en que se quedara hasta que llegaran los inquilinos a la casa de Bill.

—Les mentí a esos hombres, pastor —comentó ella—. Dije que tenía una pistola.

—¿Quieres pedir que te perdonen? —dijo él, sonriendo.

—Pero, haber hecho caer a ese pobre hombre por el barandal...

—Me hubiera gustado verlo —dijo el pastor.

—En serio.

—¿En serio? No tenías idea de que eran unos tontos que probablemente no te hubieran hecho daño. Tú le pediste a Dios que te ayudara. Obraste bíblicamente.

—¿Bíblicamente?

—Jesús dijo que es mejor dar que recibir.

—¡Jack! —lo retó la señora Hill—. Ella está asustada y hablando en serio.

—Necesita un buen sueño en un hogar seguro —dijo él—. Y lo ha encontrado.

Elisabeth no pudo dormirse hasta que salió el sol por la ventana del cuarto de huéspedes de los Hill.

Al verano siguiente, Elisabeth había comenzado una rutina que descubrió que era totalmente satisfactoria. Dos familias pobres, un vendedor de libros itinerante y dos alumnas de la Sage Business College mantenían viva la Casa hospedaje Bishop. A Bill le iba bastante bien en Fairbanks—Morse y necesitaba ayuda, así que también se mudaron una mujer para la limpieza y una cocinera.

Elisabeth todavía sufría de momentos desoladores cuando las tragedias de su vida reaparecían, pero por sobre todo ella creía que estaba madurando. Estaba feliz en la iglesia, satisfecha si no desafiada en su trabajo en Snyder y disfrutando la alborotada actividad en el hogar. Tendría que desalentar los avances del vendedor de libros, primero informándole que todavía estaba de luto por su prometido y finalmente admitiendo que su corazón ya estaba ocupado por otra persona.

—¿Puedo preguntar por quién? —dijo él.

—Perdóneme por no responder —dijo ella—, y yo lo perdonaré por preguntar.

Elisabeth veía a Bill en el desayuno y con frecuencia volvía en el camión con él después del trabajo. Pronto dejó de ocultar sus miradas de amor y de reconocimiento. Sin embargo, no recibía respuesta, y debía resistir a la tentación de recordarle que el período oficial de duelo estaba por terminar. Decírselo arruinaría todo.

—¿Estás melancólica hoy? —le preguntó él una mañana de domingo.

—En realidad, estoy bastante bien hoy, Bill. ¿Parezco estar mal?

—No, pero hace justo un año nos enteramos de las noticias.

Le encantó que él se incluyera.

—Dios ha sido bueno —dijo ella.

—De cualquier otra persona eso sonaría vacío —respondió él.

—Nunca digo eso a la ligera.

Una semana más tarde Bill todavía no había hecho ningún avance hacia ella, y Elisabeth se sintió cada vez más frustrada. ¿Acaso ella no había sido lo suficientemente directa y clara en el otoño cuando abordó por primera vez el tema? Había hablado inapropiadamente entonces y no lo haría nuevamente, pero por cierto su memoria no podía ser tan mala.

El 4 de julio, con sus actividades sociales, llegó y se fue, y Elisabeth comenzó a desesperar. Su admiración por Bill se había convertido primero en verdadero amor y ahora en ansia. Se pertenecían, y ella quería que lo supiera el mundo. Ella quería ser vista en público con él, salir con él lo suficiente como para esperar estar tomados de la mano. Ella quería que él la cortejara, la abrazara, la besara.

La obediencia había sido una píldora amarga, y si bien la reticencia de Bill no se comparaba con la pérdida de su padre y de su prometido, ¿qué iba a hacer con ella misma? No estaba interesada en nadie más, y no tenía interés en un futuro como solterona. ¿No se merecía un poco de felicidad? ¿Dios la privaría ahora del hombre que había puesto en su camino desde la niñez?

Fue en agosto, antes de que Bill Bishop hiciera su movida. Elisabeth estaba tan acostumbrada a desilusionarse que casi se lo pierde. Él comenzó durante la cena con los otros inquilinos presentes.

—¿Oyeron hablar del desfile del 1 de septiembre? —preguntó Bill. Estaba mirando a Elisabeth, pero no se dirigió a ella.

El hombre de los libros respondió:

—Lamento tener que perdérmelo. Debe ser un buen espectáculo.

—¿De qué se trata? —preguntó Elisabeth como al pasar.

—Es una celebración que honra a los soldados que regresan y a los marineros de la Gran Guerra.

Elisabeth se sintió mal; los recuerdos de la pérdida de Ben recayeron sobre ella. Bajó su tenedor, pero no quería atraer la atención a sí misma al abandonar la mesa.

—Va a estar todo el pueblo —dijo Bill.

Elisabeth quería decir: «No estés tan seguro».

—Me encantaría llevarte —dijo él.

Elisabeth no estaba prestando atención.

Capítulo Once

Elisabeth pasó por alto el desayuno para evitar ver a Bill. Caminó todo el trayecto hasta la farmacia, y luego se sintió desmayar a mitad de la mañana. Comió media caja de mentas, que normalmente apaciguaban su estómago. Pero sólo intensificaron su apetito hasta que todo lo que estaba en el negocio parecía comestible.

«*Si puedo asustar a los ladrones*», se dijo, «*puedo soportar el hambre hasta la hora del almuerzo*». Durante su receso de media hora al mediodía, Elisabeth planeó deslizarse a la puerta de al lado por un emparedado en el mostrador del negocio de cinco centavos. Mientras tanto, atendería a los clientes, cuadraría la caja, barrería los pisos y haría todo lo que le dijeran que hiciera.

Y sentiría lástima por sí misma.

Hacia las once y media, casi sin nada de tránsito en la calle, Elisabeth estaba mareada. Se le otorgó permiso para adelantar su hora de almuerzo en media hora y agradecida corrió hasta el negocio de al lado. La vieja Gertrudis le sonrió mientras Elisabeth se sentó en el mostrador.

—Hoy vinimos temprano, ¿no?

—¡Muerta de hambre!

—¿Lo de siempre?

—Por favor.

Al doctor James LeRoy le gustaba decir: «El hambre es el mejor condimento». A Elisabeth nunca le pareció que eso era más cierto que hoy. Pero su padre también había sido escéptico respecto de los aspectos «medicamentosos» de la Coca—Cola, aunque muchos juraban que los tenía. Haciéndole caso a su otra frase de que «por cierto no debe ser dañino, si se hace con moderación», Elisabeth pidió una a modo de postre.

—¿Qué sean dos? —preguntó Gertrudis.

—Ah, no.

—Estás por tener compañía.

Elisabeth miró por la ventana. El automóvil de Bill estaba detenido frente a la farmacia. Por cierto, un minuto más tarde se había dirigido al negocio de comidas. Ella se endureció, pero estaba impresionada por su sentido de propósito. Él entró con tanta determinación que ella se sintió transportada a un recuerdo de la niñez de comprar dulces en el mismo negocio, él siendo demasiado tímido para hablar, apuntando con el dedo a lo que elegía y entregando sus monedas.

Ahora se quitó la gorra, le acarició el pelo y asintió a la mujer:

—Lamento no haber llegado a tiempo para llevarte a almorzar, Eli —dijo.

—Para preguntarme si quería, querrás decir —dijo, sintiendo que lo estaba poniendo a prueba.

—Por supuesto. ¿Te unes a mí en una mesa?

Elisabeth dudó, como si estuviera pensando en ello. Cuán perfecto que haya dejado la oficina para buscarla. Gertrudis estaba ocupada, parecía que trataba de ocultar una sonrisa.

—Estoy por terminar, Bill —dijo Elisabeth.

—¿Eso significa que vienes o que no vienes?

Elisabeth suspiró y se levantó. Bill llevó su bebida y su servilleta a una mesa, le corrió la silla, luego se excusó mientras obtenía una Coca—Cola para sí mismo.

—Deberías comer —dijo ella.

—*Yo* desayuné.

Ella levantó una ceja.

—¿A qué debo el honor?

Él dio un sorbo y se secó la boca.

—Tú te levantas llorando de la mesa y me ignoras esta mañana, ¿pero esto es un honor?

Lo miró a los ojos.

—Siempre es un honor verte, Bill. Especialmente cuando eres lo suficientemente hombre como para disculparte.

Él se inclinó hacia delante.

—Soy nuevo en estas lides, Eli. Ni siquiera me di cuenta de lo que hice hasta un par de horas antes de la cena. No estaba pensando.

—Entonces sabes por qué sería imposible para mí ir a...

Él se enderezó.

—¿Vas a hacerme un escándalo?

—No —dijo ella—. Lo lamento, yo sólo...

—No, Eli. Yo soy el que te pide disculpas. No quiero que te culpes. Pero sí, por supuesto que entiendo cuán inadecuada fue mi solicitud.

—Especialmente frente a la gente.

Él la miró, sin sonreír.

—Vas a hacerme un escándalo.

—¡No! —dijo ella—. Bill, te perdono. Sólo que quiero que sepas el alcance de mi perdón.

Finalmente él sonrió.

—Tengo que volver —dijo.

—¿No vas a almorzar?

—Estoy bien. Gracias por preguntar. Caminaremos juntos hasta la farmacia.

—No puedo decirte cuánto significa esto para mí, Bill —dijo ella al salir.

—Sí, puedes. Me puedes permitir encontrar una ocasión adecuada en la que podamos disfrutar juntos.

—Me gustaría eso.

Él se quedó de pie incómodo frente a Snyder. Ella había sido vista descender e ingresar a sus vehículos durante meses, pero todos lo consideraban una relación familiar, una amistad de conveniencia y proximidad. Ella era la prometida abandonada; él, el viejo amigo que le había hecho un lugar en su casa.

Pero ahora estaban parados bajo los rayos del sol, ella

sintiendo como si todo el mundo estuviera mirando y él aparentemente todavía más. Con una sonrisa le estrechó la mano, ella la tomó y se despidieron.

Él, decidió ella, sería un buen esposo.

Su cortejo duró lo suficiente como para ser el adecuado, pero pronto se dejaban ver con tanta frecuencia, de la mano, a veces del brazo, que Elisabeth suponía que todo Three Rivers esperaba el anuncio de la boda. Ella lo conocía lo suficiente como para saber que él había estado de novio sólo con otra persona, la efímera Lucy, y que no habían pasado de tomarse de las manos. Elisabeth había besado a un solo hombre, y si bien Bill confesaba que no quería hablar del tema, lo comprendía.

—Estabas enamorada, estabas comprometida.

Naturalmente eran afectivos.

Caminaban mucho por la noche hasta que se cansaban de hablar. Sus primeros besos fueron tentativos. Él no tenía experiencia, ella un poco más. Sin palabras, ella le enseñó a ser gentil, a dar así como a tomar un beso.

Hubo pocas revelaciones en sus largas charlas. Elisabeth y Bill se conocían desde hacía tanto tiempo que sólo debían ponerse al tanto acerca de qué pensaba uno del otro en diversas edades.

—Siempre pensé que eras la niña más bonita de la iglesia —dijo él una noche, mientras estaban sentados en un banco de madera cerca del río Rocky.

—¿No lo pensaba todo el mundo? —bromeó ella.

—Y sin pretensiones.

Las familias pasaban caminando, los adultos apantallándose mientras los niños sacaban piedras del río y jugaban entre sí. Una niñita saltó del susto, para regocijo de su hermano, cuando un pez saltó del agua y la salpicó.

—Yo te consideraba sólo otro muchacho, luego de luchar contigo en la guardería y soportar tu rudeza.

—Para ese entonces yo tenía diez años —dijo Bill—. Sabía que me casaría contigo.

—¡No lo sabías!

Él asintió.

—Por supuesto.

—¿Cómo lo sabías?

Él se encogió de hombros.

—Sólo lo sabía.

—Dios no te lo dijo *tan* temprano, ¿o sí?

Bill se rió.

—No hasta el campamento de verano. Tenía que guardarme esa revelación para mí mismo, ¿no te parece?

—Me asustaste.

—Sí, lo sé —sacudió la cabeza—. Fui tan tonto.

—No, no lo fuiste.

Ella se quedó en su abrazo, sonriendo a los niños que se reían y los señalaban. Aunque el cielo todavía estaba claro, apareció una luna pálida.

—Yo estuve enamorado de ti durante años —dijo él.

—¿Desde que tenías diez años?

—No. Supe que me casaría contigo a los diez años, pero no sabía nada del amor. Me enamoré de ti la noche en que te adelantaste en las reuniones extensas.

—¡Tú también te adelantaste!

—Éramos espíritus parecidos, pero no sabría cómo llamarlo.

Él se puso de pie y la llevó a un camino rodeado por un techo de hojas. Era más fresco allí y más tranquilo. Caminaron con los dedos entrelazados, con la serenata de las cigarras.

—Yo me enamoré de ti gradualmente, Bill.

—No tenías otra opción.

—Cuidado.

—No quise decirlo como sonó. Ahora me siento bendito, porque tú tienes muchas otras opciones. Pero no eras libre, una vez que comenzaste a ver a Ben.

—Por opción.

Ella se paró y se apoyó en un árbol. La madera se sentía más fresca que el aire.

—No quería ser libre.

—Por supuesto.

—Realmente creía que lo amaba.

—Y estoy seguro de que así fue así.

Bill hundió sus manos en el bolsillo y parecía sentirse

incómodo por el lugar a donde los había llevado la conversación.

—Ven aquí, cariño —dijo ella, buscándolo.

Él se acercó un poco más, pero mantuvo las manos en los bolsillos. Ella tomó su rostro con las manos.

—Puedo decirte con sinceridad, y no sólo porque él ya no está, que nunca lo amé de la manera en que te amo a ti.

— Eli...

—Es verdad. No era lo mismo. ¿Y por qué tendría que haberlo sido? No tenía que ser.

—Tú pensabas que sí.

—Por supuesto que lo pensaba.

—Incluso después de que te dije que debías casarte conmigo.

—¿No sabías que yo ya me había enamorado de Ben cuando me lo dijiste?

—Temía que así fuera, pero no lo sabía. Todo lo que sabía es que te había acompañado a tu cuarto la noche en que yo me ofrecí a hacerlo.

Elisabeth arrimó su cara a la de él y lo besó.

—Me enamoré de ti al verte con tu familia, especialmente con tu madre y con tus sobrinas y sobrinos.

Él se sentó y la estudió.

—No mucho después de que te mudaste con nosotros.

—No mucho después.

—Te enamoraste de mí entonces.

Era más una enunciación que una pregunta.

—Lo hice.

—¿Estás segura?

—Estoy segura.

—¿Enamorada?

—Dicho sea de paso, estaba terriblemente celosa de Lucy.

Bill se puso de pie y se alejó, mirando a la distancia. Elisabeth se le acercó.

—¿Qué sucede?

—Estaba tan dolorido por ti en ese momento.

—Yo podía sentirlo, pero no me presionaste para nada.

Él colocó ambas manos sobre la cabeza, como si estuviera en agonía.

—¡Había un motivo para ello! Tú estabas comprometida, ¿lo recuerdas?

—Tú no sabías que estaba comprometida, no le había contado a nadie.

—Pero habías jurado amor.

Ella asintió.

—Ben no murió hasta junio del año pasado —dijo Bill.

—Debía haberte dicho que comencé a ver tu yo real, a comprender la profundidad de tu carácter, a valorarte.

—¿Tú dices que te enamoraste de mí mientras estabas comprometida con Ben?

—Lo dije, ¿no?

Bill parecía estar en un torbellino.

—Tú tienes en parte la culpa —dijo ella—. Tú me dijiste que Dios tenía la intención de que estuviéramos juntos.

—No tendría que haber dicho nada.

—Pero me hiciste pensar. Tenías razón, yo no había orado acerca de ello. La verdad es, Bill, que nunca tuve paz acerca de casarme con Ben. No sé qué hubiera hecho si hubiera regresado, listo para seguir adelante.

—Hubieras tenido que casarte o bien romper tu promesa.

—Eso me temo.

Bill colocó su brazo alrededor de su cintura y caminaron juntos hacia la orilla del río. El cielo se estaba poniendo oscuro.

—Allí estábamos —dijo él—. Viviendo en mi casa, yo amándote más allá de toda razón y buscando motivos para demostrarlo, y todo apuntaba a que tú te casarías con Ben.

—Debe haber sido terrible para ti, Bill.

—Aparentemente fue peor que para ti.

Ella asintió, recordando sus atribulados pensamientos sobre Bill y su falta de paz por Ben que había sido barrida por la noticia de su muerte.

—Fuiste tan dulce cuando yo sufría.

—Yo sufría también. Fue una pérdida terrible, y me preguntaba si mis oraciones lo habían causado. Estaba tan convencido de que tú y yo éramos el uno para el otro que oraba todos los días porque Dios te lo aclarara. Bueno, por cierto lo hizo, ¿no es verdad?

—Ben, no puedes pensar de ese modo.

Él dudó.

—¿Te das cuenta de cómo acabas de llamarme?

—Ah, Bill, lo lamento. Debemos poner todo esto atrás de nosotros. Yo no debía casarme con Ben. Si él hubiera regresado, Dios hubiera encontrado otra forma de unirnos a mí y a ti.

—¿Habrías roto el compromiso?

—Hubiera tenido que hacerlo. No me hubiera podido casar con él con sentimientos en conflicto.

Parecía que nadie más estuviera allí.

—Tu dolor era tan profundo.

—Yo amaba a Ben. Todavía siento dolor por él. Pero no lo amaba de la manera en que te amo a ti. Mereces saberlo.

Elisabeth quería restablecer buenos recuerdos relacionados con su cumpleaños, así que fijó la fecha de la boda para el 1 de enero de 1920, en la Iglesia de Cristo. Como cortesía invitó a la tía Ágatha quien, le había informado Marlin Beck, se había mudado a Surgis. Elisabeth no recibió respuesta.

Era el día más frío del año, pero el cielo estaba despejado y el santuario, lleno. Asistieron Beck y su esposa, como lo hizo la enfermera del doctor LeRoy, que llegó corriendo tarde y rápidamente se acercó a la novia, que estaba a instantes de hacer su gran entrada desde el vestíbulo. Le susurró algo al oído, haciendo que Elisabeth estallara en carcajadas.

—¿Qué? —exigió Frances Childs.

Elisabeth sacudió la cabeza, desesperada para equilibrarse y rehusarse a repetir lo que acababan de preguntarle, especialmente frente al pastor Hill. Él también ingresaría desde atrás despegándose del protocolo, puesto que Elisabeth lo había elegido no sólo para oficiar, sino para entregarla.

—Como tu dama de honor, ¡te exijo que me digas qué te dijo!

Sólo después de la ceremonia, cuando las dos tuvieron un momento de privacidad, Elisabeth le contó a Frances:

—¿Te acuerdas de quién es?

—Por supuesto. La que tu papá le hizo contarte tú sabes qué. Ahora, ¿qué te dijo?

—Me preguntó si necesitaba un curso para refrescar los conocimientos antes de mi luna de miel.

—Si le cuentas a un alma, Frances, te juro que...

—¿Sí? ¿Si? No se me ocurre un alma a la que *no* le contaría.

Se fue riendo. Elisabeth sentía que su rubor nunca se iría. Cada vez que Bill preguntaba qué era tan gracioso, ella volvía a irrumpir en carcajadas.

Pasaron la luna de miel en un cuarto, en un pequeño hospedaje fuera de Plainwell. Ella estaba tan nerviosa y se sentía tan conspicua cuando ingresaron al hospedaje, suponiendo que el propietario y todos los demás que él conocía sabía de qué se trataba. Pero vio que Bill era tan considerado y gentil que sabía que adoraría vivir con él para siempre.

Al regreso, Elisabeth se sorprendió cuando Bill no condujo hasta su vieja casona del cuarto barrio, sino a un lugar hermoso en el primero, no lejano a dónde ella creció.

—¿Qué es esto? —preguntó ella.

—Tu regalo de bodas.

Él debía estar haciendo una broma. Estacionaron frente a lugares hermosos, palaciegos que le daban la espalda al río Rocky y que eran propiedad de banqueros, médicos y empresarios industriales. De hecho, inmediatamente hacia el sur estaba la muy conocida casa Porter, que se parecía al «Puente del amor», un puente rústico que conducía a una isla en medio del río.

—¿Cuál te gustaría? —dijo Bill.

Los ojos de Elisabeth estaban pegados a la que tenía frente a ella.

—Esta me gustaría mucho —dijo ella.

—Qué alivio. Es tuya.

Ella se rió.

—¿Y dispusiste un recorrido turístico? Me encantaría verla si tenemos tiempo. Debemos llegar pronto a casa, ¿no?

Bill salió del automóvil y se dirigió al lado de ella. Al bajarse, ella advirtió que él tenía llaves en su mano.

—Bill, ¿qué es esto?

Él la tomó del brazo y la condujo por los escalones helados y a un gran porche victoriano. La línea del techo era todo ángulos y adornos. Elisabeth se estaba enamorando del lugar, todavía insegura de qué hacer con él o de mantener elevadas sus esperanzas. Era imposible que pudieran acceder a algo tan extravagante y más de lo que necesitarían hasta que tuvieran una docena de hijos.

Bill abrió la puerta. La casa estaba vacía, pero la chimenea de la sala estaba encendida. Alguien se había encargado de hacerlo. Sólo podía esperar que fuera un agente de bienes raíces que supiera más que Bill que esto estaba más allá de sus posibilidades.

El interior era todavía más impresionante que el exterior, todo recién pintado, limpio y encerado. Elisabeth disfrutaba de la belleza, imaginando qué colocaría allí. Bill estaba enloquecedoramente silencioso, sonriendo y —ella temía— perdiendo el tiempo. Él había demostrado ser un hombre brillante, alguien que ascendió mucho en Fairbanks—Morse, el gerente más joven de su historia, y mucho mejor pago de lo que ella jamás hubiera soñado. Pero tal vez todavía era ingenuo. Tal vez debido a que nunca había vivido en este barrio tenía la impresión de que una persona podía sacar una hipoteca en un lugar como este y ayudar a pagar las cuotas tomando inquilinos.

Para el momento en que llegaron a la cocina, Elisabeth había tenido suficiente de la excursión y estaba como soñando.

—Realmente debemos irnos, Bill.

—Realmente debemos quedarnos —dijo él.

—No, realmente.

—Una sola habitación más —dijo él.

Ella suspiró y lo siguió a un solario vidriado en el fondo. Miró a través de las columnas cubiertas de alquitrán que llenaban la mitad de la habitación, aparentemente pertenencias que todavía no habían sido mudadas. Elisabeth estaba impactada por el amplio césped que llevaba al río y el horizonte de tres líneas que se veía más allá. El sol se pondría en estos árboles y crearía una vista encantadora.

—Es maravilloso —dijo ella.

—¿Ya está? ¿Podemos irnos a casa?

—Estamos en casa, Eli. Mira allí.

Quitó el alquitrán de las columnas y ella vio que estaban sus cosas y las de él de la otra casa.

—Tenemos que hablar —dijo ella—. Esto es ridículo.

Bill encontró dos sillas que parecían pobres en su nuevo entorno, y las puso cerca de la ventana, enfrentadas. Elisabeth se sentó renuente frente a él, y él tomó sus manos en las suyas.

—Bill, no necesito esto. No quiero esto. Somos personas sensatas, de clase media.

—Tú te criaste en este vecindario —dijo él.

—No en esta calle. Esto está por encima de mí. No me sentiría cómoda aquí, sabiendo el agujero en que te metiste para obtenerla. Nos veríamos como tontos, viviendo aquí...

—Hasta que comencemos a llenarla

—No puedes tomar inquilinos en este vecindario.

—Me refiero a nuestra propia familia.

—Bill, viviríamos con la hipoteca durante años y nunca podríamos alcanzar las expectativas de...

Él le soltó una de las manos y colocó su dedo en los labios.

—Si no puedo persuadirte —le dijo—, la volveré a poner en venta mañana. Pero óyeme. He estado ahorrando cada moneda que sobraba desde que era niño. Durante años eso significó sólo unos centavos por semana, pero luego se convirtieron en dólares. Cuando mi padre murió tuvimos años duros, pero la casa de inquilinato era barata y rápidamente se pagó, y tú sabes que yo hice la mayor parte del trabajo. Vendí la casa y el negocio. Si volviéramos allí, deberíamos tener que pagar renta.

—He tenido puestos mis ojos en un lugar como este desde que tenía doce años. No dije nada porque no quería desilusionarte si nunca lo lograba. El sueño de mi vida fue llegar a nuestro matrimonio con sólo una pequeña hipoteca. Gano un buen salario, y nuestra única deuda es una hipoteca que se va a pagar en diez años, aproximadamente el mismo monto que hubiéramos pagado por una renta de una casa más pequeña en otro barrio.

—Que me hubiera servido perfectamente.

—Esa es una de las cosas que tanto amo en ti, Eli. Pero incluso si tú trabajas, podemos rápidamente hacer los pagos, cubrir otros gastos y hasta ahorrar. He trabajado toda mi vida para esto, pero no estoy casado con ello. Estoy casado contigo, y todo lo que quiero es hacerte feliz. Dime qué te haría feliz, y lo haré sin mirar atrás.

—¿Venderías esta casa y nos acomodaríamos en una casa normal?

—Si eso te hiciera feliz.

—Pero quiero que *tú* seas feliz.

Él sonrió y sacudió la cabeza.

—Yo soy feliz si tú eres feliz.

—Eso no nos lleva a ningún lado, Bill. Dime qué quieres.

—Tú sabes lo que quiero. Quiero darte esto.

—Eso te haría feliz.

—Eso me emocionaría.

Ella lo estudió, amándolo todavía más.

—Entonces acepto.

—¿En serio?

—Totalmente.

—¿Y todas tus objeciones?

—Las superaré. Quizás me sienta rara durante un tiempo, pero ¿quién no amaría este lugar y estaría agradecida a Dios por un esposo tan bueno?

Bill saltó de la silla.

—Temía que te negaras a aceptar.

—¿Cuándo me he negado a ti, cariño?

Él sonrió.

—Esa noche de regreso en el campamento.

Ella rió.

—Molesto como eras, ¿sabías que tenías razón? Nunca te negaré nada más.

Elisabeth se adecuó más rápidamente de lo que hubiera imaginado, como la única matriarca de la calle sin ayuda profesional. Decoró habitaciones, dispuso muebles y se puso a preparar el hogar para entretenerse. Con frecuencia le recordaba a Bill que sólo podía sentirse cómoda en tal opulencia si la compartía como un don de Dios. Sus clases de la escuela dominical, el coro, la sociedad misionera, sus amigos, los compañeros de trabajo de Bill, prácticamente casi todos eran bienvenidos a fiestas, cenas o hasta para pasar la noche. Disertantes visitantes en la iglesia y otros dignatarios aprendieron a llamar a ese lugar, su hogar lejos del hogar. Para consternación de algunos de los vecinos más irritables, la casa de los Bishop se convirtió en un catalizador para traer a una nueva clase de gente al vecindario.

Los días de Elisabeth eran plenos y ricos, y por primera vez desde que había hecho su compromiso de vida con Cristo, sintió que Dios le sonreía. Sabía que no lo merecía, que no se lo había ganado. Pero creía que Dios honraría la obediencia y la dedicación. Muy bien, tal vez la parte del sacrificio quedó en el pasado, pero ¿no tuvo ella —como una vez se lamentó la esposa del pastor Hill— demasiado a una edad tan temprana? Quizás ya había tenido su cuota de problemas para toda una vida. Ocasionalmente sentía la culpa de vivir en tal comodidad, pero no era posesiva ni adoradora de ello. Cuanto más podía dar, más feliz era.

Elisabeth se levantaba lo suficientemente temprano como para despedir a Bill con un abundante desayuno. Día por medio él iba caminando a la fábrica, así que él estaba de la mejor forma posible. Ella, por otro lado, ocupada como estaba, comía muy bien también y se descubrió con un par de kilos de más. Nadie más, ni siquiera Bill, lo advertía. Pero ella sí.

Cuando Bill se iba, ella pasaba una hora en el solario leyendo su Biblia y orando. Luego se sentaba al piano, repasando para acompañar los cánticos de la iglesia, y mejorando su memoria de cada versículo o de cada canción del himnario. Era una habilidad inusual y algo que nunca dejaba de sorprender a Bill. Las letras de los himnos se habían vuelto casi tan queridos para ella como su Biblia, y amaba meditar sobre ellas.

Elisabeth estaba ocupada en la iglesia y en la comunidad, y cerca del primer año en la nueva casa, pocos hubieran creído que ella cumpliría veintiún años. Elisabeth era una mujer establecida en el pueblo, casada con un esposo joven próspero y exitoso, sólo unos meses mayor que ella.

En su cumpleaños número veintiuno, Bill la llevó a cenar afuera y le dio un collar bellísimo.

—Yo tengo algo para ti también —dijo ella.

—¿Un regalo para mí en *tu* cumpleaños? —dijo él.

Ella asintió.

—Sólo una noticia que espero que te guste. Hacia fines de julio podré llamarte «Papá».

Ella adoró su mirada de tonto.

—¿Lo dices en serio? —dijo él, un poco fuerte.

Elisabeth puso su dedo en sus labios.

—Ese no es el tipo de cosas sobre la cual se hacen bromas.

Ella padeció un embarazo difícil y un verano casi insoportable de calor. El 25 de julio dio a luz a un niño llamado —no con el permiso de Bill, pero sí con su insistencia— Benjamín Phillips Bishop. Era un bebé enfermizo, con cólicos, que los mantenía levantados durante horas, ocasionando sus primeras palabras de enojo y de discusiones acaloradas, y sin embargo, lo amaban con todo su corazón.

Benji, como Elisabeth lo llamaba, casi la agotó, y para cuando tuvo dos años ella le confesó a su médico que no estaba segura de estar preparada para tener otro hijo. Su hermoso hogar había sido reorganizado para acomodar a un niño enérgico, curioso, con una gran fuerza de voluntad y amante de los líos. Ella pasaba la mayor parte del día siguiéndolo e intentando disciplinarlo.

Bill resultó ser un padre bueno y atento. Elisabeth, sin embargo, debido a su falta de tiempo para ocuparse de sí, se sentía poco atractiva. Embarazada de su segundo hijo hacia fines de 1923, Elisabeth de pronto se sintió más vieja que la edad que tenía y estaba preocupada por mantener el idílico matrimonio que Bill y ella habían iniciado. Pero él era maravilloso al llegar todas las noches a la misma hora y decirle que podía descansar un poco.

El 15 de mayo de 1924 nació Elisabeth Vera, y los Bishop la llamaron Betty desde el principio. Aproximadamente para el momento en que Betty había agotado todos los alimentos físicos de su lactancia y se había convertido en una testaruda e incansable niña de tres años y medio, se le diagnosticó asma crónico y el médico predijo que lo tendría durante toda su vida.

Elisabeth estaba mal, pero resuelta a proveer todas las necesidades de sus hijos, cualquiera que fueran. Tan agotadores como eran estos dos, Bill todavía ansiaba tener la casa llena. En sus momentos más racionales, después de una buena noche de sueño o cuando los bebés dormían la siesta, ella se daba cuenta de que Bill tenía razón. Él reconoció que ella tenía el trabajo más arduo, pero que esto también pasaría, y visualizaban una familia feliz con muchos hijos que vendrían a Cristo y servirían a Dios. En eso, ella y Bill estaban de acuerdo, era su llamado más grande.

Más tarde ese otoño, Elisabeth le pidió a Frances Childs que viniera y observara a los niños mientras ella iba otra vez al médico. Mientras lo sospechaba y hasta que lo supo en verdad, esperaba que Bill estuviera más emocionado que ella acerca de otro embarazo. No podía contarle cuál era su gran desesperación. Ella sabía que lo superaría y que amaría al niño.

Parte Dos

Capítulo Doce

En el camino de regreso del consultorio del médico, Elisabeth oró por la gracia de aceptar a otro niño y por la libertad emocional de compartir la probable alegría de Bill.

No podía negar la evidente bendición de Dios en su opción de un compañero de matrimonio. Bill siempre parecía estar dispuesto para la ocasión, siendo paciente y bueno con ella, incluso cuando ella estaba en actitud irritable. Incluso era difícil acusarlo de no dividir bien las tareas. Ella se ocupaba de la casa y él trabaja todo el tiempo, y después de varios años de matrimonio y de dos hijos, siempre estaba dispuesto a ayudar y a anticipar lo que ella necesitaba.

Elisabeth tenía en mente una visión de la madre perfecta, y temía no haberla podido cumplir. De hecho, cada día sentía más empatía con la tía Ágatha. Elisabeth se preguntaba si ella había sido una niña tan desafiante como lo eran sus dos hijos. Si lo había sido, con razón la tía Ágatha se volvía contra ella en la primera oportunidad que le surgía.

Con eso en mente llegó una ola de gratitud. ¿Por qué no había pensado antes en ello? Mientras caminaba hacia el frente de la casa —ansiosa por saber cómo se las había arreglado Frances con los niños y también imaginando una forma de darle la nueva noticia del bebé a Bill—, se detuvo brevemente y estudió su hermoso hogar bajo una nueva luz. Siempre había sido agradecida por ello, pero lo veía como algo que Bill había hecho por ella. Sí, él era el esposo maravilloso que Dios había provisto, pero ahora por primera vez comprendió que este lugar, esta casa, era la recompensa de Dios por la pérdida de su hogar de la niñez.

El fiasco con la tía Ágatha había sido culpa de Elisabeth. Le había hablado imprudentemente y luego se sentía obligada a mantener su palabra. Había avanzado y permitía que los deseos de su querido padre predominaran. Y sin embargo, puesto que al final había actuado honorablemente y no movida por su propio interés, Dios la había bendecido. Elisabeth no sabía lo que hubiera dicho un teólogo acerca de dicha lógica, pero igual creía en ella.

Frances parecía aliviada de que Elisabeth estuviera de regreso, si bien llegó antes de lo previsto.

—¿Los niños duermen? —preguntó Elisabeth.

—Ahora sí —dijo Frances sin mucho entusiasmo—. Pero sólo desde hace diez minutos.

Elisabeth se alarmó por el tono de su amiga.

—¿Está todo bien, Fran?

Frances estaba ocupada recogiendo sus cosas.

—Francamente, no. Me temo que voy a tener que pedirte que la próxima vez busques a otra persona.

—¿Qué pasa? ¿Problemas?

—Lo usual. Estoy muerta de miedo de que no voy a poder con la pequeña, le cuesta tanto trabajo respirar. Y no puedo concentrarme en ella cuando Benji está levantado y dando vueltas. Él no escucha, no obedece. Tiene una personalidad muy fuerte y, Elisabeth, sé que se trata sólo de una etapa, pero no puedo manejarlo. No sé cómo pudiste tú.

—Para mí también es difícil —agregó ella.

—A veces pienso que es un mensaje de Dios que Art y yo no pudiéramos... Ah, Elisabeth, perdóname, no estoy implicando que hubiera sido mejor que tú no hubieras podido... Bueno, bendita seas. En una emergencia, llámame. Pero si no...

Elisabeth acompaño a Frances a la puerta.

—Lo comprendo.

—¿Y no te enojas conmigo?

—Por supuesto que no.

—Tuviste un llamado telefónico, dicho sea de paso.

—¿Ah?

—La señora Phillips. Debe ser la madre de Ben, ¿no crees?

Elisabeth buscó en su cerebro.

—Esa es la única Phillips que conozco.

—Está muy ansiosa por hablar contigo. Me pidió que te dijera que la esperaras.

Elisabeth estaba confundida.

—¿En persona?

—Le dije que no sabía cuándo podrías recibir un huésped, pero ella no cejó.

—Me pregunto cómo obtuvo mi número de teléfono.

—Dijo que llamó al farmacéutico y que le dieron tu nombre de casada. Espero que no hayan actuado mal.

—Para nada.

Elisabeth esperaba a Bill a las seis. Betty estaba despierta a las cuatro y Benji hizo pronto su aparición ruidosa. ¿Cómo podía ver a la señora Phillips, y qué era tan importante? Elisabeth no había cumplido con la promesa que hizo en el funeral de Ben de mantenerse en contacto, pero tampoco lo habían hecho los Phillips.

Con la cena en la cocina, Betty en sus brazos y Benji probando el cerrojo de la puerta trasera, Elisabeth vio detenerse un automóvil último modelo en la puerta de su casa. El señor Phillips dio la vuelta para abrirle la puerta a su esposa, pero luego regresaron y esperaron detrás del volante.

—Dios mío, estás bien casada, ¿no? —dijo la señora Phillips mientras Elisabeth le daba la bienvenida.

—No tan bien como da la apariencia —dijo Elisabeth—. Pero somos felices, y amamos nuestra casa.

—Lamento interrumpirte, querida. En realidad, cuando nos enteramos de que te casaste, mi esposo me exhortó que te dejara en paz. Pero merecías saberlo. No hubiera querido que te enteraras por otro lado y que te preguntaras por qué la noticia no provenía de nosotros.

—¿Noticia?

La señora Phillips sacó de su bolso una carta del Departamento de Guerra.

—Permíteme cargar a la beba mientras tú la lees. Ella no contagia, ¿no?

Elisabeth sacó la carta del sobre y la leyó:

«Estimados señor y señora Phillips:

Un hombre no identificado, muy enfermo, que durante mucho tiempo se pensó que era una persona abandonada, ha languidecido durante años en una clínica de Gran Bretaña. De aproximadamente treinta años, fue encontrado casi sin comer y casi sin vida en el Canal durante la guerra. Puesto que fue rescatado tan lejos del lugar de la acción, que estaba desnudo y no llevaba identificación, se descartó que fuera un hombre de servicio. Debido a una amnesia severa, sólo recientemente ha podido comunicarse y las autoridades británicas creen que puede tratarse de un militar estadounidense. Estamos pidiéndole a los familiares de algunas víctimas de la Gran Guerra que nos provean de cualquier pista que pudiera ayudarnos a determinar si es uno de nosotros. Si lo es, pueden quedarse tranquilos de que haremos todo lo que esté a nuestro alcance para traerlo de regreso a casa y darle el mejor cuidado posible».

Elisabeth no podía hablar. Cambió la carta por la niña.

—Estamos camino a Inglaterra —dijo la señora Phillips.

—¿Es él? —dijo Elisabeth, con los ojos llorosos y la cabeza ligera.

Ella asintió.

—Les informamos acerca de la formación inusual de tres lunares pequeños en su antebrazo que parecen una pequeña huella. Nos dijeron que esta era una de sus áreas no afectadas por encima de la cintura. Lo van a confirmar con registros odontológicos, pero no tenemos ninguna duda.

—Yo... yo... yo... no sé qué decir. Elisabeth sintió como si estuviera soñando.

—Que estés feliz de que esté vivo sería un comienzo —dijo la señora Phillips.

—¡Por supuesto! Lo estoy, sólo, sólo...

—Impactada, por supuesto. Y estás casada. Y eres madre.

Elisabeth quería defenderse, preguntarle a la señora Phillips si ella suponía que iba a esperar que Ben regresara. ¿Era posible? ¿Cómo podía ser? ¿Quién lo hubiera sabido? ¿Qué hubiera hecho si lo hubiera sabido antes, sabiendo que Dios de todos modos la estaba dirigiendo hacia Bill? ¿Cómo hubiera tolerado esa crisis la señora Phillips?

Pasmada y sabiendo que sonaba tal cual, Elisabeth dijo:

—Bueno, gracias por hacérmelo saber.

—¿Te mantengo informada, o preferirías no tener ninguna noticia?

—No, por supuesto. Bill y yo estaremos ansiosos por saber si él está bien.

La señora Phillips se arregló la falda y se inclinó por la ventana para ver el automóvil.

—Nosotros sabemos que él no está bien.

—Lo sé, quiero decir, sí, díganos cuando regrese a casa y cuando pueda recibir gente.

—¿Entonces quieres verlo?

—Yo, eh... por cierto. Sí, por supuesto.

Para horror de Elisabeth, Bill estacionó en la puerta de la casa, deteniéndose al pasar por el automóvil de los Phillips. Con la chaqueta de su traje colgando de su brazo, le dio la mano al señor Phillips mientras éste salía. No podía imaginarse la conversación.

—Te haremos saber, entonces, si estás segura —dijo la señora Phillips al irse. Elisabeth no podía pensar en una respuesta adecuada.

Benji llamó a su madre. Betty lloraba frustrada simplemente intentando respirar. Algo estaba hirviendo en la cocina. Bill ingresó a la casa estudiando el panorama. Le dio una galleta a Benji y calmó a la niña, mientras seguía a Elisabeth a la cocina.

—Eli, estoy... estoy sin palabras.

—Bill —dijo ella—. Ni siquiera puedo comer ahora.

Y de repente estaba llorando, preocupada por lo que Bill pensaría de su reacción, y sin embargo sin poder controlarla.

—Ve y recuéstate —dijo él—. Yo les daré de comer a los niños y podremos hablar.

Elisabeth yacía balanceándose en la cama, oyendo a Bill inexplicablemente paciente con los niños mientras él hacía el trabajo de ella y de él, ponía a dormir a los niños y luego incluso lavaba los platos. Se unió a ella en la cama dos horas más tarde.

—No supe qué decirle a su madre —dijo Elisabeth—. Y no sé qué decirte a ti.

—Yo estoy tan asombrado como tú, Eli. Me alegro de que esté vivo. Espero que se recupere y se convierta en el hombre que debía ser. No conozco otra forma de responder. ¿Su madre tenía intenciones de que lo esperaras?

Elisabeth se encogió de hombros.

—¿Quiere que me dejes y le des a él un motivo para mejorar?

—No digas eso, Bill.

—¿Cuántos años tiene ahora?

—Cinco años más que nosotros.

—Veintinueve más o menos, entonces. Le queda mucha vida por delante. Todavía puede ir al seminario, convertirse en pastor, hacer lo que quiera hacer.

Elisabeth le dio la espalda y se encorvó.

—Tal vez hubiera sido mejor que se hubiera muerto. Quién sabe cómo luce ahora, qué parte de su cuerpo puede utilizar. Cuánto le queda de su mente. ¿Puede pensar? ¿Estudiar? ¿Hablar?

Bill apagó la luz y cruzó un brazo alrededor de ella.

—¿Le dijiste a la madre cuál era el nombre de nuestro hijo?

—Nunca cruzó mi mente. ¿Tú le mencionaste a Benji?

—Tampoco pensé en eso. Estaba demasiado...

Betty sollozó. Elisabeth suspiró y comenzó a levantarse.

—Déjame a mí —dijo Bill.

Elisabeth estaba demasiado cansada para siquiera agradecerle. Se tapó los oídos y suspiró una oración de agradecimiento por su esposo. Al pasar él por la puerta y dirigirse abajo con la bebé, Elisabeth de pronto se sentó.

—¿Bill? —lo llamó—. Hay algo que me olvidé de decirte. Estoy embarazada de nuevo.

Él regresó y se sentó a su lado en la cama, con Betty quejándose en sus brazos.

—¿Para cuándo?

—Fines de mayo —murmuró—. Tal vez principios de junio.

—No voy a preguntarte si estás tan emocionada como lo estoy yo.

—Gracias —dijo ella, alejándose.

Durante los siguientes meses, Bill y Elisabeth recibieron cartas y recortes de periódico acerca del regreso a Grand Rapids de Ben Phillips.

«Sus habilidades motoras y su habla han mejorado enormemente», escribió su madre. «Ha preguntado por ti, pero no quiere verte hasta que salga del hospital. No le he contado de tu situación por temor a que tenga un retroceso. Se espera que regrese para el otoño.»

Elisabeth le contestó con sus mejores deseos y la noticia de que era poco probable que pudiera viajar a principios de 1926, ya que pronto sería nuevamente madre. Al poco tiempo, las cartas de Grand Rapids se detuvieron.

—Cuando tú quieras —le dijo Bill—, puedes planear ir a verlo.

—Tendré que contarle.

—La verdad no lastima a nadie.

—No podría decirle toda la verdad.

—¿Qué de todos modos no te hubieras casado con él? No tiene por qué saber eso. Pero él no puede culparte por seguir adelante con tu vida.

Bruce Bishop nació el lunes 1 de junio de 1925, llevando el nombre de Robert Bruce —un personaje histórico favorito de Elisabeth— y, por supuesto, por su padre. Exhausta y culpable por no compartir el entusiasmo de Bill por tener otro bebé, se sintió igual atraída a Bruce desde su primer berrido. Un niño hermoso, sano, tenía la piel aceitunada, grandes ojos oscuros y una cabeza llena de cabello. La primera vez que ella lo puso a su pecho, parecía mirarla profundamente en sus ojos. Experimentó una sensación similar a ese extraño día en que sintió que había obtenido una vislumbre de su futuro con Bill.

Era como si pudiera ver a Bruce como un niño cumplido,

obediente y brillante. Descontaba que se tratara de una expresión de deseo, pero la imagen no la abandonaba. Cada vez que alzaba al recién nacido, le atribuía rasgos maravillosos de carácter como paciencia, honestidad y bondad. Tenía un sentimiento de que sería curioso y divertido. Oró porque fuera un hombre que siguiera el corazón de Dios.

Elisabeth estaba profundamente agradecida de que fuera físicamente perfecto. Sentía lástima por Betty y la enfermedad que la acosaría durante toda su vida. También disfrutaba de que el nuevo bebé parecía ser más cariñoso que los otros dos, nunca alejándola sino pareciendo calmado al mirar a Elisabeth, cuanto más cerca, mejor.

Sus premoniciones resultaron ser exactas. Bruce hizo que el hecho de ser madre fuera un placer. Mientras los dos más grandes se volvían más difíciles, Elisabeth ansiaba interactuar con el más pequeño. Adoraba que lo alzaran, imitaba sonidos y trató de hablar con ella desde el principio, sonrió antes, gateó antes, incluso parecía comprender la palabra «no».

Bill le dijo a Elisabeth que él notaba que tenía más energía y que rápidamente volvió a ser ella misma, la de antes.

—Deberíamos pensar en tener otro hijo —dijo él.

—No lo sé —dijo ella—. No debemos tentar a la suerte.

En el otoño de 1926 llegó una carta de Ben Phillips dirigida a la señora de Bill Bishop. Así que sabía.

«Querida Elisabeth», decía. «Confío en que tú y Bill estén bien y prosperando en el Señor. Me enteré de cosas maravillosas acerca de ti y tu familia. Descarta todo temor que puedas tener acerca de mi reacción ante tu matrimonio. Claramente Dios estuvo en esto, y si bien no entiendo mi pérdida de tantos años, continúo descansando en él. Finalmente iré al seminario este otoño con sólo un problema en una de mis piernas y cicatrices visibles en el área del cuello. Nunca sabré tal vez cómo sobreviví, pero estoy agradecido por una segunda oportunidad y me siento como Lázaro debe haberse sentido. Mi meta sigue siendo orar, y siento gratitud más allá de toda medida de que Dios haya restaurado mi memoria y mis facultades mentales (¡tal como son!).

Mis saludos más cálidos a Bill. (Eres un hombre afortunado, amigo). Me encantaría verlos a ambos cuando resulte conveniente y lo consideren adecuado. Puede que sea raro para todos nosotros, pero mi deseo es que podamos ser amigos y comulgar juntos como hermanos y hermanas en Cristo.»

La carta hizo llorar a Elisabeth. Bill sacudió la cabeza.

—Esto proviene de un hombre tan grande como el que espero encontrar.

El trabajo de Bill y su participación tanto en la junta escolar como en la comisión del tránsito ciudadano, sin mencionar las actividades de la iglesia, lo mantenían ocupado casi todas las noches de la semana. Con frecuencia le decía a Elisabeth que detestaba irse después de la cena y dejarla nuevamente a ella y los niños. Pero ella estaba orgullosa de él. Era un líder en la comunidad y hacía poco había sido ascendido a controlador de la compañía, el gerente principal más joven por quince años. Algunos lo veían como el presidente futuro de Fairbanks—Morse.

Elisabeth sentía como si cada día fuera una larga semana, sólo resaltada por el tiempo que ella pasaba con Bruce, y caía en cama todas las noches, esperando que Bill regresara a casa. Para su crédito, él era el primero en levantarse cuando alguno de los niños necesitaba algo durante la noche.

Le escribieron a Ben y dispusieron verlo tan pronto como terminara su año escolar en el verano de 1927. Elisabeth incluyó fotos de los niños, y Ben también le escribió exaltando a Dios.

A pesar de su fatiga, Elisabeth estaba encantada con su familia mientras se acercaba el momento de la gran visita. Amaba cada día más a Bill, la profundidad de su carácter se demostraba de tantas maneras que se preguntaba si ella las podría hacer desvanecer algún día.

Se preocupaba por Benji, casi de siete años. Su maestra de primer grado lo amenazó con hacerle repetir el grado, luego insistió en pasarlo para no tener que tratar más con él. No estaba por debajo del promedio en inteligencia, pero parecía incapaz de sentarse tranquilo, de seguir las reglas o de estar en silencio.

La pobre Betty era otro tema. Casi con tres años de edad, era terrible, incapaz de comprender por qué el simple hecho de respirar tenía que ser tan difícil. Había acudido a especialistas y tenía tanta medicación encima que Elisabeth se preguntaba si no estaría mejor en un sanatorio o en un clima diferente. No se le podía alentar ni hacerla sonreír. Carecía de interés por casi todo y se sentaba chupándose los dedos, con la nariz y los ojos chorreantes.

Bruce era maravilloso. Saludaba a su madre con una sonrisa cada vez que la veía, pedía ser alzado o llevado, la besaba sin que se lo pidiera. Parecía ver cada día, de hecho en cada habitación, persona o situación nuevas como una aventura. Su propio rostro parecía preguntar: «¿Y ahora qué sigue, con qué nos divertimos?».

Hacia su segundo cumpleaños, pronunciaba oraciones y amaba ser el centro de la atención. Era el favorito de los jóvenes en la iglesia, y los adolescentes competían por alzarlo e interactuar con él. Sin embargo, pocos lo cuidaban por segunda vez, porque Benji y Betty venían con el paquete. Elisabeth se desesperaba por ellos, orando a Dios para nunca fallarles. Bruce era fácil de criar.

La esposa del pastor Hill, que ahora tenía sesenta años, estuvo de acuerdo en mudarse a la casa de los Bishop y cuidar a los niños durante el fin de semana que Elisabeth y Bill fueron a Grand Rapids. Bill le había sugerido a Elisabeth que fuera sola.

—Confío en ti —le dijo, sonriendo.

—Yo no confío en ti —dijo ella—. Imagina este lugar cuando yo regrese.

Él se hizo el ofendido.

—No hay forma de que pueda ver a Ben sin ti, Bill. No sé qué podría hacer o decir. No lo he visto durante más de nueve años.

Siguieron las instrucciones de Ben a un pequeño complejo de departamentos cerca del seminario, en el lado este de Grand Rapids.

Elisabeth casi no podía respirar, imaginando a Ben que la observaba por la ventana.

—Luces maravillosa —le dijo Bill, mientras atravesaban la puerta—. Se emocionará mucho al verte.

—Eso es lo último que tengo en mente.

Cuando Ben abrió la puerta, los años se evaporaron para Elisabeth. Él sonrió y les estrechó la mano con calidez. Su pelo era ralo y encanecido, demasiado pronto para alguien de treinta y dos años. Era apenas más bajo que lo que ella recordaba, y su cojera era más pronunciada de lo que esperaba. Su voz no tenía el timbre de cuando era más joven, pero dijo que estaba mejorando.

—¡Ha pasado tanto tiempo! —dijo él—. ¡Qué bien se ven los dos!

Bill parecía meditabundo. Elisabeth no sabía qué decir.

—Es como si hubieras regresado del sepulcro —ella intentó decir—. Bueno, en realidad así es.

—Sabía que esto sería raro —dijo Ben—. No sé de qué otro modo pudiera haber sido. Pero cuéntenme de ustedes.

Elisabeth se alegró por la distracción. Alardeó sobre Bill, temiendo que sonara como si estuviera justificando su elección. Pero ella se sentía orgullosa de él y con frecuencia hablaba de ese modo.

—Dios te ha bendecido —dijo Ben—. A mí también me ha bendecido. Me va bien en la universidad, obteniendo oportunidades para hablar. Muchas iglesias están buscando pastores, así que debería tener pocos problemas en encontrar un lugar donde servir.

—Te irá bien —dijo Bill—. Todavía recuerdo tus mensajes en el campamento.

—Qué amable eres. ¡Tal vez algún día yo los recuerde!

Ben y Bill se rieron, pero la enormidad de lo que Ben había soportado recayó sobre Elisabeth. La tensión de verlo nuevamente la llevó al borde de las lágrimas. No quería sollozar frente a él, y tomó un pañuelo de su bolso justo a tiempo para enterrar su rostro en él.

—Lo lamento —dijo Ben—. No quise tratar esto tan ligeramente.

Elisabeth se recompuso.

—Perdóname —dijo—. Esto es tan extraño. No puedo imaginar lo que debe de haber sido para ti.

—En algunos aspectos agradezco la amnesia, así yo tampoco puedo imaginármelo.

—¿Nunca lo resentiste, nunca deseaste haberte muerto?

—Estuve confuso y frustrado durante tantos años, que no sabía qué pensar. Cuando mi memoria comenzó a regresar, era como si estuviera viviendo mi vida de nuevo. No podía esperar para contactarme con mis seres queridos, hacer el camino de regreso. Todavía parece como si hubiera sucedido rápidamente.

La cicatriz que iba del cuello de Ben hasta la nuez de Adán era rugosa y rojo fuerte. Él dijo que los médicos habían llegado a la conclusión de que había sido el resultado de la mordida de alguna criatura grande marina.

—No les mostraré las otras cicatrices —dijo Ben—. Ni siquiera yo tolero verlas.

Hacia el fin de la velada, Ben los acompañó a la puerta.

—El pastor de ustedes en Three Rivers, es ¿Hill, no?

—Sí.

—Tengo entendido que puede ser que sea trasladado.

Elisabeth vaciló. El pastor Hill había estado allí desde antes que ella naciera. No podía imaginarse el lugar sin él.

—No lo ha mencionado.

—Puede que esté errado —dijo Ben—. Pero en el seminario estamos viendo una lista de pastores de esta región que pronto se mudarán al sur o se retirarán. Lo hacemos para considerar las oportunidades.

Elisabeth miró a Bill, que no parecía perplejo.

—Ah, no vuelvan a pensar en ello —dijo Ben—. Nunca me veré como candidato para ese púlpito de todos modos.

—¿Por qué no? —dijo Elisabeth, aliviada pero curiosa.

—No puedo imaginarme sirviendo en la iglesia donde mi ex prometida y su familia asisten. Eso sería demasiado para mí y para la congregación.

—Probablemente lo sea.

—De todos modos, una iglesia de ese tamaño probablemente sea demasiado selectiva para tenerme en cuenta.

—Pienso que harás tu elección —dijo Bill—. Una vez que una iglesia te ha oído.

—Eso es amable, pero las congregaciones más antiguas, más establecidas, casi siempre insisten en una persona con familia, por lo menos en un hombre casado.

—Bueno, todavía eres joven. Hay mucho tiempo para eso.

Ben sonrió y sacudió la cabeza mientras los acompañaba afuera.

—Ah, no, eso no está en mi futuro. No, señor. Cualquier otra no se compararía con la que tuve.

Elisabeth estuvo en silencio por varios kilómetros.

—¿Cómo se supone que eso me haría sentir? —dijo finalmente.

—Ya que tú lo sacaste a colación —dijo Bill—, y considerando todas las cosas, él arruinó una reunión perfectamente cordial.

—Así que el hecho de que me casara arruinó su vida.

—Tiene derecho a sentirse así.

—¡Pero hubo una guerra! ¿Cuánto tiempo se suponía que debía esperar? ¿Le hubiera gustado saber que de todos modos no me hubiera casado con él?

—Estás exagerando —dijo Bill, chequeando el espejo retrovisor.

—Pero qué cosa desagradable dijo.

—¿Cómo crees que me hizo sentir a mí?

—Me lo puedo imaginar, querido. Tú le robaste su prometida y puesto que nunca nadie más lo hará, será un inválido solitario el resto de su vida.

—Estamos siendo un poco duros con él —dijo Bill—. Yo tampoco hubiera querido casarme con nadie que no fueras tú.

Cuando se acercaban a su hogar, Elisabeth reconsideró su reacción ante el comentario de Ben.

—Supongo que debía haberme sentido halagada. No fue como si él hubiera planeado decirlo. Muchas mujeres lo encontrarían como un esposo valioso.

—Tú casi lo haces.

—Casi.

En casa, Elisabeth detectó alivio en los ojos de la señora Hill.

—¿Cómo se portaron? —preguntó.

—Fue todo un desafío. ¡Pero el pequeño! Cayó del cielo, ¿no es cierto? Me lo llevaré a casa para pasar el resto de la semana conmigo.

—No, no lo hará —dijo Elisabeth—. Es todo mío.

—Dígame, señora Hill —dijo Bill, mientras colgaba sus chaquetas—. Confío en que el pastor Hill sabe cuánto se le valora aquí, ¿no es cierto?

—Ah, así lo creo. La gente es muy amable. Siempre habrá críticas. Viene con el territorio, como dicen.

—Sólo espero que planee quedarse con nosotros durante mucho, mucho tiempo.

Los ojos de la señora Hill se movieron rápidamente.

—Hay días en que nos cansamos de la inundación, la nieve y el frío. Y hemos estado en esta iglesia durante mucho tiempo. Pero creo que Jack tiene algunos años más.

Una semana después de su visita, llegó una carta de Ben. Elisabeth la abrió nerviosamente. Decía: «Queridos Elisabeth y Bill. Me quedé despierto varias horas después de su visita, emocionado de cómo Dios los había bendecido. La insensibilidad de mi último comentario remuerde mi conciencia, y les pido perdón por sugerir que haberte perdido haya sido un daño irreparable para mí. Si bien es cierto que no puedo imaginar compartir mi vida con otra persona, decir aquello fue un despropósito y la forma equivocada de terminar una noche maravillosa. Si pueden encontrar la posibilidad en sus corazones de perdonarme, se los pediría. En Cristo, Ben.»

Acordaron que Bill respondería con una sencilla nota de agradecimiento por la noche y la seguridad de que Ben no debería pensar más en su comentario al partir. Observarían su carrera con interés, confiando en que Dios le daría un pastorado que complementara sus muchos dones.

Elisabeth pensó con frecuencia en Ben y en la odisea de su relación, pero nunca más mencionó su nombre a Bill. Atesoraba sus recuerdos en un rincón recóndito de su mente y corazón, suponiendo que nunca iba a volver a verlo y decidiendo que esto era mejor.

Capítulo Trece

La Depresión golpeó a Three Rivers en 1929 como un tornado de Michigan. Ambos vecinos de Elisabeth se fueron por la noche unas semanas de diferencia uno del otro, y se decía que ambos hombres habían perdido fortunas en el mercado bursátil. La única pista de Elisabeth se había producido cuando la esposa de su vecino del oeste le dijo:

—Supongo que la empresa de su marido lo salvará de perder su casa.

Elisabeth era tan poco versada en el tema que ni siquiera respondió. Al cabo de unos días, la mujer y su esposo habían desaparecido, y una corporación vino a asegurar todo lo que había quedado del hogar.

Fairbanks—Morse fue muy golpeada, las ventas caían todos los meses. Bill llegaba a casa más demacrado cada noche. Casi con veintinueve años de edad, parecía diez años más viejo.

—Despedimos a más hombres —dijo una noche—. Casi cien.

—¿Por cuánto tiempo esta vez? —dijo Elisabeth.

Él dejó caer su cabeza y oprimió sus labios, pareciendo luchar contra las lágrimas.

—No hay plan para volver a emplearlos. No sé qué van a hacer.

—¿Deberías empezar a buscar otro empleo, cariño?

Él sacudió la cabeza.

—Estamos seguros en mi nivel, pero no habrá aumentos durante un tiempo. Le estamos pidiendo a los gerentes de nivel medio que reduzcan sus costos, y no los podemos recortar si no estamos dispuestos a hacerlo nosotros también. Y tenemos sólo un año para terminar de pagar nuestra hipoteca.

—Lo sé, Bill. Lo has hecho de maravillas.

Ella lo siguió arriba, agradecida de que los niños parecían ocupados.

—Lo podría haber hecho mejor. No hemos observado el presupuesto de la manera en que tendremos que hacerlo ahora. Podríamos haber pagado la mitad de la hipoteca y estar fuera del partido.

—No sabías que iba a pasar esto.

—Soy el controlador —dijo él—. Y sin embargo, lo subestimé.

Se detuvo y sacudió la cabeza.

—Todo lo que Fairbanks—Morse necesita es un trimestre en que la demanda del producto coincida con uno de los trimestres del año pasado, y cambiaría nuestra suerte.

Pero las cosas se pusieron peor. Elisabeth odiaba el aspecto del rostro de Bill cuando anunció el primer recorte de pagos.

—Es grave —dijo él—. El automóvil estará parado hasta que vuelva a tener mi salario anterior. Estoy dispuesto a caminar, ¿y tú?

—Lo que tú digas, Bill. Creo que Dios nos ayudará.

Elisabeth creía que eso era lo peor, pero los bancos cerraban y los negocios quebraban día tras día. Más vecinos se iban a la bancarrota. Un día Bill regresó a casa y, sin decir una palabra, se cambió de ropa y comenzó a cavar un gran agujero en el jardín del fondo. Ella salió corriendo.

—¿De qué se trata?

—¿No puedes adivinar?

—¿Otro recorte?

Él asintió y siguió cavando.

—A ti te encanta el choclo, los frijoles, la cebolla y las zanahorias, ¿no es cierto, querido? —dijo ella.

Él volvió a asentir.

—Tómate un descanso y bebe una limonada mientras miras a los niños. Yo ya vuelvo.

Ella se dirigió al almacén y regresó con semillas y bulbos.

—Bill —dijo—. Lo vamos a vencer.

El ánimo de él había mejorado algo. Le mostró su limonada, un par de cáscaras de limón en un vaso de agua.

—Ni siquiera desperdicié el hielo —dijo él.

Su paga fue recortada otra vez en el siguiente trimestre y otra vez en el que seguía. En un año su salario se redujo cuatro veces, partes de la planta habían cerrado y los trabajadores escaseaban.

—Sigo con voluntad de trabajar —dijo Elisabeth.

—Ya hemos pasado por esto —dijo él.

Él se tomaba en serio el mandato bíblico de que un hombre tenía que proveer para su familia y que una madre debía cuidar a sus hijos.

—Además, tu trabajo no nos aportaría lo suficiente, con una niñera y demás. Lo valoro, pero la conversación se terminó.

El último golpe llegó en su siguiente revisión trimestral. A pesar de ser uno de los funcionarios más importantes, le dijo a ella:

—Si elijo quedarme, mi paga permanece igual.

—En estas épocas eso es como un aumento de sueldo —dijo Elisabeth.

Él dudó. Luego dijo:

—La paga es la misma, pero todo lo que pueden ofrecer es media semana de trabajo.

—¿Cómo esperan que vivamos?

—Es generoso, Eli. Tendrías que ver qué significa esto para los hombres de la línea. Están casi sin paga y felices de tener trabajo.

A Elisabeth no le dio vergüenza buscar gangas, juntar centavos, usar la ropa hasta que necesitara arreglo y luego seguir usándola. Los negocios que daban crédito gradualmente redujeron los pagos de modo que la gente podía pagar al menos algo. Algunos préstamos crediticios se suspendieron indefinidamente con la esperanza de que cuando se reactivara la economía, la gente seguiría siendo leal y haría lo correcto.

Elisabeth cortó el servicio telefónico, incluso dejó de adquirir el periódico. Dejó de comprar bifes. Expandió la huerta para cubrir todo el jardín posterior, y lo que no podía ser consumido o envasado se vendía por centavos, que ella guardaba celosamente.

Hacía emparedados de huevo para el almuerzo de Benji. Él le dijo un día:

—Cambié el mío por uno de carne.

—¿Carne? —dijo ella—. ¿Quién puede darse el lujo de poner carne en sus emparedados?

Él le dijo el nombre del niño.

—Bill —susurró—. Viven en el cuarto barrio, y su padre está sin trabajo.

Bill le dijo a Benji:

—Guarda una parte de ese emparedado de carne para mañana y te lo cambiaré por un caramelo.

—¿Es esto lo que creo que es? —dijo Bill, oliendo la evidencia al día siguiente y mostrándoselo a Elisabeth.

Ella asintió.

—Comida para perros. Carne de caballo en lata. ¡Benji! ¡Ven aquí, por favor!

En medio de la adversidad, Elisabeth se sentía más cerca de Dios que nunca. Continuó su comunicación abierta con él, se levantaba temprano para leer y seguía siendo activa en la iglesia mientras sus horarios se lo permitían. Benji no dejaba de causarle problemas, sin responder ni a la disciplina ni a los castigos y sólo a algunas formas de refuerzo positivo. Estaba de acuerdo con Bill que recompensarlo por un comportamiento meramente aceptable fijaba un antecedente peligroso.

Betty, por empezar la escuela, no había mejorado para nada. La combinación de medicamentos y de elementos humidificadores se habían vuelto tan confusa e ineficaz que Elisabeth comenzó a orar por un milagro. La pobre niña no merecía esto, y a Elisabeth le preocupaba que Betty nunca conociera una vida normal ni tuviera una razón para sonreír.

Mientras tanto, el pequeño Bruce era encantador como siempre, dándole a Bill y a ella diversión y entretenimiento. Era un niño generoso, que siempre daba, y ella se preocupaba porque era el que menos atención recibía debido a que tenía menos necesidades que los otros dos.

Bill trató de mantener sus actividades cívicas, incluso agregando algunos cargos voluntarios. Elisabeth resentía en privado su tiempo fuera del hogar durante las noches, pero sabía que el servicio era parte de su naturaleza. Él tenía que hacer y dar y sentirse necesitado. Ella también lo necesitaba, pero no podía quejarse. Cuando estaba en casa y tenía una hora libre antes de irse a la cama, estudiaba cursos de manejo de correspondencia de la Universidad LaSalle Extensión.

—En tiempos de adversidad —explicaba él—, la mayoría de la gente lucha por mantenerse. Yo creo que Dios me preparará para avanzar tan pronto como cambie el clima.

Cuando casi se quedaron sin dinero, Bill habló con el banco acerca de refinanciar la hipoteca. Le dijo a Elisabeth que ayudaría si fuera toda la familia para ilustrar la necesidad. Hizo todo lo que pudo para mantener tranquilo a Benji mientras Bill presentaba su caso.

—Me da pena —le dijo el funcionario del banco—. Pero simplemente no tenemos el capital. Si yo le extendiera el crédito a un cliente, sería a usted. Usted es el hombre que maneja el dinero en la empresa más grande del pueblo. Cuando esta economía cambie, usted volverá a tener cientos y cientos de trabajadores, y queremos seguir haciendo negocios con usted. Mis cartas están sobre la mesa, señor. Me encuentro en la posición no envidiable de tener que negarle su petición y rogarle que entienda y no me haga sufrir por ello después. Si tuviera un centavo, se lo prestaría a usted ahora mismo. De hecho, si necesita un préstamo personal, entre nosotros, y se tratara de hasta cien dólares, usted me lo dice y se lo doy.

Eso, Bill le dijo más tarde a Elisabeth, sonaba mucho a caridad.

—Si no puedo pedir prestado contra una propiedad como la nuestra, no quiero un préstamo. Nos arreglaremos como estamos.

—No te las vas contra el banquero, ¿no?

Bill sacudió la cabeza.

—Si no fuera por los Fairbanks, Elisabeth, ese banco hubiera cerrado hace un año. Yo sé que si lo tuvieran, me lo hubieran prestado.

Elisabeth no estaba escuchando. Él la había abatido.

—¿Cómo me acabas de llamar?

—¿Perdón?

—Acabas de llamarme «Elisabeth».

—¿Y?

—¡Elisabeth! ¡Bill! Nunca, nunca me has llamado «Elisabeth».

Él parecía perdido.

—¿No es ese tu nombre?

—¡No para ti! Has estado trabajando mucho, Bill Bishop. Me has llamado Eli por más tiempo del que puedo recordar, y eres al único al que le permito que me llame así. ¿Ahora qué es eso de «Elisabeth»?

Él sonrió, pero parecía avergonzado e intentando cubrir su falta.

—Tú me dijiste que sonaba tonto diciéndote Eli.

—¿Cuándo te dije algo así?

—En cuarto o quinto grado.

Ella le sacudió el brazo.

—Eso no cuenta. Eras tonto en ese entonces. Eli ha sido siempre el nombre que has empleado conmigo.

—Sí, señora —dijo él.

Ella lo abrazó.

—Esa fue una nueva, Bill, debo decir.

Él subió las escaleras murmurando:

—No parecía ser algo tan importante...

Elisabeth descubrió que cuando oraba por su familia, casi siempre agradecía a Dios por Bill y requería más para él. Con Benji oraba por tener paciencia y por un cambio dramático en su conducta, y lo que era más importante, en su carácter. Era difícil en la iglesia y en la escuela dominical como lo era en la escuela, y ella se sentía avergonzada. Elisabeth misma había criticado a los padres que no controlaban a sus hijos. Sabía que la gente ya la consideraba un fracaso.

Para la enfermita de Betty sus oraciones eran simplemente de alivio, por la niña así como por todos los demás miembros de la familia que sufrían con ella y debido a ella. Elisabeth la amaba, pero sentía que era digna de lástima. Casi no podía estar de pie observando y escuchando mientras la pequeña resollaba con silbido y se quejaba y gemía y lloraba todo el día. No era culpa de Betty, y sin embargo, Elisabeth batallaba con su resentimiento por la irritación incesante.

Era fácil orar por Bruce. Ella simplemente le pedía a Dios que usara todos los dones increíbles que claramente le había dado al muchacho. A los cuatro años leía, conversaba con adultos y hasta sumaba. Cierto día, un vendedor de dulces pasó con su vehículo por la calle anunciando su mercadería a dos por cinco centavos. Bruce miró a Elisabeth, sonriente y sacó una moneda de cinco centavos de su bolsillo. La había estado cargando durante semanas.

—¿Quieres un dulce, mamá? ¿Quieres?

—¿Quieres comprar un dulce para cada uno de nosotros?

—¡Quiero comprar uno para papi y mami, y Benji y Betty y yo!

—Sólo puedes comprar dos.

—No.

—Sí, lee el cartel y saca la cuenta.

Otros niños y la vecina de al lado habían detenido el vehículo. Bruce lo miró, miró a Elisabeth, miró su moneda, y partió. Se paró junto al vehículo hasta que el vendedor lo advirtió.

—¿Y qué puedo hacer por ti, pequeño? —dijo.

Bruce tenía la moneda apretada en su puño.

—¿Puedo tener un dulce por un centavo?

Elisabeth estaba sorprendida. Él conocía bien la diferencia entre un centavo y cinco centavos. Se lo había mostrado en la mesa, diferenciando las monedas.

—Mmm —dijo el vendedor—. Dos por cinco centavos hacen que sean dos centavos y medio cada uno.

Bruce estaba de pie mirándolo suplicante.

—Por supuesto, te puedo dar uno por un centavo.

Mientras el vendedor tomaba uno con un papel encerado, Bruce dijo:

—¡Bien! —y abrió su mano para mostrar una moneda de cinco centavos—. ¡Deme cinco!

El vendedor rugió y la multitud se divertía mientras Elisabeth llegó corriendo.

—¡No, no! —dijo—. Dos está bien.

—¿Está bromeando, señora? —dijo el vendedor—. Sólo el tono con que lo pidió valía la pérdida de ganancia.

—Por favor, no se sienta obligado.

—Déle al niño los cinco —dijo una mujer, enjugándose los ojos—. Yo los pagaré sólo por haber visto a un pequeño hombre de negocios.

Finalmente, Elisabeth le dejó a Bruce tomar los dulces. Cuidadosamente apartó los tres para el resto de la familia, y más tarde se sintió muy orgulloso al entregarlos. Cada vez que veía al vendedor de dulces corría hacia él gritando:

—¿Uno por un centavo?

El vendedor simulaba estar enojado y decía:

—No voy a aceptar más de ti, ¡pequeño pillo! Ahora vete —y Bruce salía corriendo, gritando de dicha.

La cuestión del dinero se puso tan difícil que Elisabeth

comenzó a pensar en tomar ropa para lavar. Bill no se sentía feliz al respecto, pero lo permitió, porque «por lo menos estás aquí. Y sí podemos hacer uso del dinero.» Él ayudaba en un almacén y vendía gaseosas en un puesto en la playa después del trabajo y los sábados durante el verano. Dedicaba sus dos días y medio sin trabajo a ayudar al departamento de obras públicas de la ciudad, rompiendo y volviendo a colocar ladrillos para la instalación de luces en las calles. Le dijo a Elisabeth que nunca había trabajado tan duro desde la escuela secundaria, pero que los quince dólares extra los hacía pasar otra semana más.

Justo cuando Elisabeth pensaba que no podía amar a Bill más de lo que lo hacía, descubrió otra faceta de su personalidad y oyó otra historia increíble. Él dirigía un pequeño departamento de ahorros y préstamos fuera de la oficina de Fairbanks en beneficio de los empleados por horas. Era poca cosa, y la mayoría de los hombres de la línea invertían por una pequeña cantidad o pedían prestado para emergencias.

Bill mencionó que cierto día, un trabajador pidió un préstamo más importante que el promedio para una operación, la última esperanza de su hija enferma.

—No teníamos suficiente dinero en efectivo a mano, así que les pedí a un par de muchachos que parecían ahorrar periódicamente que pusieran dinero adicional si podían, así podíamos extender el préstamo. No sólo ayudarían a este hombre y a su hija, sino que todos los que invertían compartirían el riesgo. Lo hicieron, y le dimos el préstamo. Hoy la hija del hombre está mejorando.

—Eso es maravilloso, Bill. ¿Te das cuenta de que tú hiciste eso?

—Sí —dijo él—. Soy algo especial, ¿no?

—En serio, ¿cómo te hace sentir eso?

—Ojalá alguien hiciera lo mismo para nuestra compañía.

A Elisabeth le parecía que cuando mejoraba una parte de sus vidas, otra se deterioraba. El libro de Job le decía que «el hombre nace para sufrir, tan cierto como que las chispas vuelan». Ella no esperaba un despegue tan claro, sólo saber que Dios era su guarda. No dudaba en recordarle —como si fuera necesario— que había hecho un juramento de obediencia y que con su ayuda, intentaba mantenerlo.

Cuando la Depresión comenzó a pasar y Bill volvió a trabajar a tiempo completo por aproximadamente tres cuartos de su antiguo salario, Elisabeth sintió como que podían respirar otra vez. Nunca les sería fácil, pero la Depresión les había enseñado —y ella lo sabía— que todos los demás que la habían atravesado habían vivido una lección valiosa, una que deberían haber sabido todo el tiempo: «No acumulen para sí tesoros en la tierra, donde la polilla y el óxido destruyen, y donde los ladrones se meten a robar. Más bien, acumulen para sí tesoros en el cielo, donde ni la polilla ni el óxido carcomen, ni los ladrones se meten a robar. Porque donde esté tu tesoro, allí estará también tu corazón».

— Señor —oró—. Quiero que siempre seas mi único tesoro.

Durante meses Elisabeth soñó que se quedaba sin nada de dinero. Ella y Bill platicaban con frecuencia acerca de cómo esa temporada terrible había afectado algo fundamental en su pensamiento. Nunca más estarían condicionados por el dinero. Nunca más se sentirían cómodos con sus medios económicos.

A pesar de cierto alivio financiero, Elisabeth enfrentó más problemas con los niños. Benji fue obligado a repetir el tercer grado y respondió con enojo y maltrato, actitud que alarmó al vecindario, a la escuela y a la iglesia. Dos veces se le relacionó con incendios sospechosos, que negó; luego fue encontrado in fraganti incendiando una cesta de basura en el baño de la iglesia.

Betty debió ser hospitalizada durante tres semanas en la primavera de 1931, y otros padres se quejaron de que no querían la distracción de su asma —que equivocadamente creían que era contagiosa— en la clase.

Bruce era un precoz asistente al primer grado, el más inteligente de la clase y feliz de cumplir con su papel. Debía salirse de la clase de aritmética y de deletreo para no avasallar a sus compañeros. Leía la Biblia y otros libros para adultos, especialmente enciclopedias, incluyendo el Libro del Conocimiento, que revisaba metódicamente, volumen por volumen.

En su tiempo libre tenía varios negocios, desde un puesto de limonada hasta vender verdura de puerta en puerta. Parecía que cada momento del día estaba lleno de asombro y emoción. Y estaba ansioso por irse a la cama a su hora, porque eso significaba que podía leer hasta quedarse dormido.

Un día de ese verano, mientras Bruce exploraba las rocas cerca del puente, Elisabeth trabajaba en el huerto. Lo que había comenzado como una necesidad económica ahora parecía una aventura frugal que nunca abandonaría. Mientras trabajaba, cantaba himnos, oraba y agradecía a Dios por haberlos conducido durante la Depresión. Parecía que todo el pueblo estaba saliendo lentamente a la luz después de la oscuridad de los problemas monetarios. Todo Three Rivers, de hecho todo Michigan y la mayor parte del país, estaba colectivamente dando un suspiro de alivio. Nadie que había vivido la Depresión sería el mismo.

Elisabeth oía los silbidos, los cantos o la plática de Bruce. Incluso cuando estaba solo, se entretenía con diálogos y comentarios, inventando historias y situaciones. Los muslos de Elisabeth le dolían de tanto trabajar en el huerto, se sentó y sacó un guante para enjugarse la frente. Y vio a Bruce.

Él colgaba precariamente del puente con una mano, buscando algo debajo de la estructura. Elisabeth comenzó a gritar, pero pensó mejor. Si lo observaba...

Ella amaba su curiosidad, pero esto era demasiado. Se puso de pie, esperando poder acercarse como si nada y decirle que cuidadosamente regresara. Él se dio vuelta para ver mejor, y antes de que ella hubiera dado un paso hacia el río, su mano se deslizó, se balanceó y su cabeza golpeó contra la superestructura, y cayó al río. Con un grito Elisabeth corrió hacia la orilla. Bruce claramente estaba inconsciente, llevado por la corriente.

Ella subió al puente, pero Bruce ya estaba lejos. Elisabeth podía seguir al río, pero se dio cuenta de que una vez que se hubiera sumergido nunca podría nadar lo suficientemente rápido como para mantener el ritmo. ¿Dónde terminaría él? ¿Con qué golpearía? Ella podía ver su rostro, pero no su boca. Si chupara agua en un momento de pánico, se iría para abajo. Ella lo perdería.

Elisabeth clamó:

— ¡Dios, ayúdame! ¡Ayúdame a salvarlo! ¡Dios! ¡Por favor!

Ella tenía que adelantarse a él antes de ingresar al agua para tener una oportunidad. Dejó que sus zapatos volaran tras de ella, intentando respirar, y corrió muchos metros más allá de donde estaba él.

Su viejo vestido del huerto, de mangas largas y largo hasta los tobillos, flotaba tras ella. Al acercarse al sitio de no retorno, la orilla del río pasaba de césped y arena a rocas, y ella debía bajar el ritmo para no caerse ni cortarse los pies. Sin tener otro lado a dónde ir, se tiró al agua.

Su vestido de inmediato duplicó su peso y la pollera se dobló como una vela sumergida en la corriente. Luchó para evitar ser arrastrada corriente abajo. Debía permitir que Bruce la alcanzara. Desesperada, nadando, llegó a su sendero, vio el raspón de frutilla en su frente y hasta vio sus ojos bien abiertos.

—No entres en pánico —rogó en silencio—. ¡Nada hacia mí! —gritó.

Los ojos de Bruce crecieron y arrojó un brazo para no pasar a su madre. Ella lo agarró tan firmemente que él no hubiera podido soltarse aunque quisiera. Ella quería gritar pero dejó que lo hiciera él mientras ella pateaba con fuerza y llevaba el peso de su cuerpo hasta que el río la depositó sobre varias rocas.

Yacieron allí, respirando agitados, Bruce preguntaba una y otra vez qué había pasado y cómo se había caído al agua. Para el momento en que los vecinos llegaban con frazadas y toallas y los acompañaron de vuelta a la casa, todo le resultó más claro.

—Dios debe tener algo especial en mente para ti, jovencito —entonó un anciano.

—¿Por qué? —dijo Bruce—. ¿Qué quiere decir? ¿Qué quiere decir, mamá?

—Deberías haberte ahogado, jovencito —dijo el hombre—. Dios salva a la gente por una razón. Colocó a tu mamá allí porque no había llegado tu momento.

—Eso es cierto —dijo Elisabeth—. Dios te salvó.

—¡Tú me salvaste, mamá!

Ella miró la corriente rápida del río con respeto.

—Me permitió ayudar, eso es todo —dijo ella—. No te podría haber salvado yo sola.

La experiencia estimuló a la familia. Incluso Betty se calmó cuando contaron la historia. Betty dijo una y otra vez:

—Yo nunca hubiera podido permanecer sobre el agua. Nunca más voy a jugar en ese puente.

—Ninguno de ustedes lo hará —dijo Elisabeth.

—Yo sí —dijo Benji.

—No, no lo harás —dijo ella.

—Sí lo haré.

Pasaron algunos días hasta que Elisabeth pudo dormir sin que la acosara el accidente. Bill oró con ella, y ella le pidió a Dios alivio del trauma. También creía en lo que había dicho su vecino. Bruce era algo especial. Dios tenía grandes cosas esperándole.

Bill, como el resto de los hombres del pueblo, todavía padecía por las lecciones de la pobreza. Pero parecía energizado al volver a su trabajo de tiempo completo. Incluso agregó a su sobrecargada agenda, un grupo de responsabilidades cívicas adicionales.

—¿Por qué? —preguntó Elisabeth—. Ya haces más que suficiente.

—Se trata de ser un buen ciudadano —dijo él—. No puedo soportar a las personas que disfrutan de la sociedad sin compartir las responsabilidades.

Bill se convirtió en director de la Liga de Pagadores de Impuestos de Three Rivers, fue elegido en la junta escolar, presidía el Rotary Club e incluso dedicó un año como director de la organización de servicios familiares. Elisabeth esperaba que no se arrepintiera de llenar sus días de tal manera que no tenía oportunidad de descansar.

Lo observaba en busca de señales de agotamiento, pero su ritmo había sido el máximo durante tanto tiempo, que ella apenas podía saber qué buscar. Una mañana en el otoño de 1933 bajó a desayunar, leyó una porción de las Escrituras en voz alta como era lo habitual, alentó a los niños, felicitó a Elisabeth por la comida y se dirigió a la puerta.

Como era su costumbre, Elisabeth daba vuelta en su lugar en la mesa, y se abrazaban y se daban un beso de despedida. A veces, los niños abucheaban. Cuando eran más pequeños con frecuencia trataban de meterse entre sus padres. Pero ahora Benji era un niño enojado de doce años, que asistía al quinto grado. Betty, de nueve, había sido rezagada y estaba luchando en su tercer grado en una escuela especial. Bruce, de ocho, iba deprisa en su tercer grado.

Mientras los niños los miraban abrazarse en la puerta, Elisabeth deslizó una mano alrededor de la cintura de Bill y bromeó:

—¿Te olvidas de algo hoy, «Señor Ejecutivo»?

Él se tocó la cintura y se sonrojó.

—No tengo cinturón —dijo él, claramente atribulado. Bill era la persona más meticulosa que Elisabeth jamás había conocido. Corrió arriba y bajó con su cinturón. Al correr por la puerta, dijo:

—Adiós, Elisabeth.

Ella cantó tras él:

—¿Cómo me llamaste?

—¡Dije, adiós! —dijo, claramente avergonzado y, parecía, disgustado consigo mismo.

Capítulo Catorce

Elisabeth se sentía conspicua: ella y Bill tenían la familia menos numerosa de su edad en la Iglesia de Cristo, salvo por Art y Frances Childs, que estaban preparándose para adoptar. La gente sentía lástima por los Childs, y por supuesto, abundaban los rumores sobre de quién era la «culpa». Pero Elisabeth hubiera cambiado de lugar con Frances antes que oír los comentarios acerca de su propia situación. Una mujer, sin darse cuenta de que Elisabeth estaba detrás de ella, llegó a decir: «Cuando la casa de uno está en el primer barrio se vuelve más importante que la obligación de llenar la tierra, bueno...».

Elisabeth no tendría más hijos sólo para cumplir alguna regla no escrita. Ella y Bill siempre habían pensado que tendrían una familia grande, y ella no había tenido más hijos. Pero estaba feliz de que Dios todavía no le hubiera dado más. Por otra parte, le agradecía todos los días por no haberse detenido en dos.

Bruce transmitía en la iglesia el mismo asombro que Elisabeth cuando tenía su edad. A los ocho años se convirtió en pastor junior de su departamento, lo que incluía niños hasta doce años. En los servicios para adultos cantaba con pasión y le decía a su madre que cuando fuera grande quería ser pastor, misionero o director de coro. Ella le aseguraba que estaría orgullosa de que él hiciera lo que deseaba.

Bill era maravilloso con los niños, como lo había sido con sus sobrinas y sobrinos años atrás. Si bien no tenía más éxito que Elisabeth con Benji, su atención era lo único que parecía animar a Betty. Bruce era fácil, por supuesto. Era curioso acerca de las cosas de los adultos. Una noche lo oyó preguntándole a Bill acerca de Fairbanks—Morse. Bill vino a la cama dos horas después maravillándose de que «Bruce parecía entender más acerca de la organización que algunos de nuestros gerentes».

Elisabeth se convenció de que Bill estaba cerca del agotamiento en diciembre de 1933. Dos veces tuvo que volver a la oficina después de estacionar en la entrada al final del día, habiéndo olvidado su maletín. Una mañana se preparó para irse de casa sin su abrigo. Había veintidós grados bajo cero.

Al principio Elisabeth bromeaba al respecto, diciéndole que tenía la cabeza puesta en otra parte. Cuando intentaba hablar en serio del tema, él lo desechaba, y luego parecía susceptible. Ella le sugirió que pensara en acortar su agenda. Él no respondió, pero ella estaba preocupada de cómo lucía. Se dijo a sí misma que era importante que un hombre que alcanzaba grandes metas se sensibilizaría ante cualquier deterioro de sus habilidades. Y la organización era por cierto una de ellas.

Llamar la atención a sus lapsus de memoria parecía sólo empeorarlo. Elisabeth se alarmaba aún más a medida que se acercaban las vacaciones. Una mañana Bill llegó a la mesa del desayuno descalzo, aunque vestido para ir a trabajar. Los niños se rieron y lo señalaron, pero él estaba absorto.

Luego de colocar todo en la mesa, Elisabeth subió y le trajo sus medias y sus zapatos, poniéndolos cerca de él sin decir una palabra. Luego del desayuno, él se tropezó con ellos y se quejó de que estuvieran en el camino. Se sentó rápidamente, se puso sus medias y sus zapatos. Se fue de la casa sin besar a Elisabeth ni decir una palabra. Se había olvidado de su despedida, la que ella había disfrutado cada día de la semana durante más de una década.

A media mañana la llamó:

—Elisabeth —dijo, y ella prefirió no corregirlo—, siento que me olvidé de algo esta mañana. ¿Me dijiste algo mientras salía? ¿Tenía que ir a buscarte algo?

Ella se mordió los labios.

—Sólo te dije que te amaba con todo mi corazón y que no podía esperar a verte al final del día.

—Ah —dijo él—. Entonces nada que debiera hacer. Ningún mandado.

—No.

—Muy bien. Yo también te amo, cariño.

Eso último sonó tan normal que la emocionó, pero temía que se estuviera engañando a ella misma a la espera de que esta nueva fase también pasara.

La mañana siguiente, Bill llegó a la mesa del desayuno sin corbata y con su cabello aún mojado. Ella puso un dedo en sus labios cuando los niños lo miraron y luego a ella.

—Me gustaría leer las Escrituras esta mañana —dijo ella, apurándose para que él tuviera tiempo de terminar de vestirse. Apenas él terminó de comer, ella se levantó y se dirigió a él.

—Muy bien —dijo—, tienes el tiempo justo para secarte y peinarte el cabello y estarás listo para irte.

Él se tocó el cabello, se puso colorado y corrió hacia arriba.

Luego, esa tarde él la llamó desde la oficina.

—Dile: «¡Hola!» al nuevo vicepresidente ejecutivo —dijo él.

—¡Querido! —dijo ella—. ¿En serio?

—Pero es un secreto hasta mañana. Jake va a anunciarlo en la fiesta de Navidad de los empleados.

—Me encantaría estar allí.

—No puedes, querida. Las demás esposas no están invitadas. Mejor que no.

—Quiero que me cuentes cada detalle.

Esa noche una llamada telefónica recordó a Bill una importante reunión de la Liga de Pagadores de Impuestos, que ya estaba terminando.

A la mañana siguiente, se puso un zapato de cada color y Elisabeth debió recordarle que se afeitara.

—Y además ve si encuentras otro zapato derecho —dijo ella—. Debo llevarlo a arreglar.

—¿Qué tiene de malo?

—Se está desgastando en forma despareja. Usa el negro.

Si él advirtió que ella lo dirigía a ponerse zapatos del mismo color, él no lo mencionó.

—Deséame suerte —dijo él. Es un gran día.

—¿Suerte? —dijo ella. Es acerca del anuncio, ¿no?

Él la miró con los ojos en blanco.

—Tu ascenso —agregó.

—¡Es cierto!, Beloit.

—¿Beloit? —dijo ella.

—Allí es.

Ella se paró frente a él y le colocó las manos en sus hombros mientras él levantaba el maletín.

—Todavía estoy medio dormida esta mañana, cariño —dijo ella. ¿Qué hay en Beloit?

—Wisconsin —dijo él.

—Lo sé. Beloit, Wisconsin. ¿Qué hay con ello?

Él parecía enojado e intentó separarse.

—Bill —le dijo ella calmadamente. No tienes que correr. Estás bien de tiempo. Recuérdame qué hay en Beloit, Wisconsin.

—Tú sabes —dijo él abruptamente. Nuestra otra planta.

—Por supuesto. ¿Qué tiene eso que ver con tu ascenso?

—No me van a transferir, ¿no, Elisabeth? No quiero mudarme a Beloit.

La habitación se movió y Elisabeth se agarró fuertemente de Bill. Si él no estuviera volviéndose loco, ella lo estaría.

—Siéntate un instante, Bill. ¿Quieres que llame a Jake y le pregunte qué está pasando?

—¿Jake? —dijo, como si nunca antes hubiera oído el nombre.

—Tu jefe, Jake Jacobson.

—¡Jake! —dijo Bill—. ¿Llamó?

Elisabeth se dio cuenta de que los niños estaban presenciando todo esto.

—¡Benji! Asegúrate de que Betty esté lista para el autobús. ¡Ahora!

—*Yo* no lo haré —dijo él—. Esa es tu tarea. ¿Qué le pasa a papá de todos modos?

Ella lo miró tan ferozmente que él tomó la mano de Betty y corrió hacia arriba. Bruce la miró como un animal asustado.

—Estoy preparándome, mamá —dijo él, y también se fue.

—Bill —dijo ella, intentando controlarse—. Me estás asustando. Ahora concéntrate. Me dijiste que habías sido ascendido a vicepresidente ejecutivo y que eso iba a anunciarse hoy.

—En la celebración de Navidad.

—¡Sí! —dijo ella.

—¿Vas a venir?

—Yo te lo pregunté, cielo, y tú me dijiste que no.

—¿Por qué no?

—Porque ninguna otra esposa está invitada y se supone que es un secreto.

Él la examinó y se tocó la frente.

—Ahora *tú* me estás asustando —dijo él—. Todos lo saben.

—¿Lo saben?

—Se supone que no llevarían sus almuerzos porque Jake invitaría a todos a la cafetería.

—Quieres decir que saben sobre la fiesta de Navidad.

—¿Acaso no estamos hablando de eso?

—Y luego Jake va a anunciar tu ascenso.

—Primero les tiene que decir que Donald va a Beloit.

Elisabeth temía hiperventilarse si no se sentaba. Trajo una silla cerca de la de Bill.

—Así que Don va a Beloit. ¿Lo transfieren?

De pronto Bill pareció recobrar su ser. Suspiró, pareciendo frustrado de que Elisabeth no comprendiera.

—Don va a Beloit; Franklin y Earl pasan a ser vicepresidentes y yo, presidente ejecutivo, ¿está bien?

Ella parpadeó. Tenía sentido.

—¿Entendiste ahora? —preguntó él.

—Sí —dijo ella—. ¿Y tú?

Él apretó los labios y sacudió la cabeza como si no pudiera creer cuán difícil era para ella entender la política de la empresa.

—No preocupes tu cabecita acerca de esto, Eli.

Volvía a ser Eli. Eso la llenó tanto de calidez que casi estuvo a punto de dejar pasar todo el episodio con su entusiasmo por el anuncio. Hasta que él dijo:

—¿Ya llegaron los niños?

—¿Sabes qué pienso? —dijo ella. Pienso que necesitas descanso. ¿Quieres recostarte un rato?

Él parecía ver dentro de ella.

—¿Y qué tal si te vas a la cama? Tengo que llevar a los niños a la escuela y hacer una llamada. Así que, ven. Una siesta suena bien, ¿no?

Bill no respondió, pero le permitió que lo condujera de la mano hasta el dormitorio. Ella lo sentó en la cama, se arrodilló y le quitó los zapatos. Él se recostó, mirando el cielorraso. Elisabeth se acercó para aflojarle la corbata, pero Bill le empujó las manos y lo hizo él mismo. Se cubrió los ojos con el brazo y su respiración de inmediato sonó profunda y rítmica. Las lágrimas rodaron por el rostro de Elisabeth mientras lo tapaba con una manta.

—Señor, déjalo dormir —oró en silencio.

Mientras fue a reunir a los niños, Elisabeth oyó el autobús escolar de Betty.

—¡Betty! —la llamó—. ¿Estás lista?

—¡No! Benji me encerró en el baño.

—¡Benjamín! —gritó—. ¡Te dije que la prepararas!

—¡Se toma demasiado tiempo! —gritó él.

Elisabeth decidió que Betty parecía estar lo suficientemente lista y la arrastró por las escaleras y fuera de la puerta, justo cuando el autobús estaba para partir. Elisabeth corrió nuevamente hacia arriba y le exigió a Benji que abriera la puerta del baño.

—Sólo si prometes no matarme —gritó él.

—Te prometo que lo haré si no abres —dijo ella.

Él salió rápidamente y corrió.

—Ese será el día —dijo él.

—¿Dónde está tu hermano?

—La última vez que lo vi estaba cavando en el jardín.

—Si estás listo, ve a la escuela. Bruce irá en cuanto pueda.

Encontró a Bruce en el jardín del fondo, habiendo cavado en la nieve hasta llegar al césped y la tierra.

—¡Bruce! —le gritó.

—Mamá —dijo él—, ven aquí un minuto.

—No tienes un minuto. Tienes que irte.

—Mamá, nunca llegué tarde en mi vida.

Era cierto.

—Ven aquí sólo un minuto.

Ella corrió hacia él.

—Mira esto —dijo él, levantando una pala llena de tierra con vapor.

—Sí, ¿qué?

—Estos son tulipanes que salen en cada primavera. Eso es. Esas raíces parecen heladas y muertas, pero éstas no.

—De la muerte viene la vida —dijo ella.

—Ajá. Sabía que eran las mismas flores, o que venían de las mismas semillas. Sólo tenía que ver qué están haciendo aquí abajo cuando deberían estar congelándose. Luego de que florecen, parecen muertas, se secan, el sol las cocina, están bajo la nieve y se congelan. Pero en la primavera vuelven a salir.

—Ojalá siempre sea así —oró Elisabeth en silencio mientras abrazaba a Bruce.

—Ahora ve, jovencito. Voy a poner todo como estaba.

—¡Gracias, mamá! —dijo él, corriendo.

Elisabeth sabía que debía colocarse una chaqueta, pero volver a colocar la tierra con la pala sólo le tomaría un minuto. Oyó a Bruce entrar a buscar sus cosas y luego la puerta cuando se fue.

—Adiós, papá —dijo él. ¡La próxima vez es mejor que te pongas los zapatos!

Elisabeth arrojó la pala y corrió al otro lado de la casa. Bruce estaba corriendo en una dirección para alcanzar a Benji. Bill estaba conduciendo en la otra dirección en el frío del invierno vistiendo su camisa y medias, de camino, o así pensaba, a ser nombrado el nuevo vicepresidente ejecutivo de la compañía Fairbanks—Morse.

Elisabeth corrió al teléfono.

—Me temo que el señor Jacobson no puede tomar llamadas esta mañana —le dijeron.

—Esto es una emergencia —dijo Elisabeth—. Interrumpa cualquier cosa que esté haciendo, por favor.

Jacobson estaba en la línea sólo unos segundos después.

—Elisabeth, mi querida...

—Jake, lo lamento, pero es Bill.

Ella rápidamente le contó la historia.

—No te preocupes, Elisabeth, lo cuidaremos. Y si no llega aquí, haremos que lo busque la policía.

—Esto debe causarte un gran impacto, Jake.

—Me temo que no, querida. Tuve la intención de llamarte, pero no queríamos ponerte mal. Estaba reunido con sus colegas cuando llamaste. Estábamos tratando acerca de cómo darle la noticia sobre posponer el anuncio de hoy.

—¿Entonces estaba en lo cierto al respecto?

—Ah, sí. No hace mucho tiempo no hubiera pensado en un candidato mejor. Elisabeth, queda claro que necesita una atención inmediata. Tan pronto como lo localicemos, lo llevaremos al nuevo hospital. ¿Puedes llegar allí?

—Encontraré cómo.

—Te enviaré un automóvil.

—Ah, Jake, no es neces...

—Tonterías. Prepárate, querida.

Menos de treinta minutos después, un gran sedán negro de Fairbanks—Morse se estacionó frente a la casa. Jacobson mismo llamó a Elisabeth desde el asiento trasero para que entrara al automóvil.

—Bill se estacionó en la compañía —le explicó—. Uno de los muchachos de seguridad le dijo que se corriera y lo dejara conducir. Le dijo que tenía una reunión importante conmigo fuera de la planta. Ya está con el médico.

—¿Qué le pasa, Jake?

—Pronto lo sabremos.

Mientras esperaban en el hospital, Jake dijo:

—Me impresionó que Bill estuviera dispuesto a mudarse, por lo menos transitoriamente. Y tú también.

—¿Mudarnos?

—A Beloit.

—¿Beloit?, Jake...

Una enfermera interrumpió.

—¿Señora Bishop? El doctor Fitzgerald queire reunirse con ustedes, por favor.

Cuando Elisabeth entró, el médico miraba pasivamente mientras Bill corría hacia ella y le susurraba:

—¿Cuál es el nombre del niño mayor?

—¿Qué?

—Del niño mayor.

—¿Qué niño mayor, Bill?

—¡Nuestro hijo! ¡Nuestro hijo! Betty y Bruce y, dime, ¿cuál es su nombre?

Ella miró al médico que cerró sus ojos y asintió.

—Benjamín —dijo ella.

Bill parecía impactado.

—*¿Benjamín?*

—Benji.

—¡Sí! —gritó él, girando para mirar al médico. Benji, después Bruce, no, después la niña, Bess y *luego* Bruce. ¿Ve? Lo sabía.

—Siéntese, por favor, señor Bishop.

El médico se presentó a Elisabeth y señaló una silla. Ella se sentó. El médico continuó.

—Ahora, señor Bishop, si lo desea, por favor díga su hija y yo...

—Se dice «a su hija y a mí», doctor —lo retó Bill—. No diría, ¿por favor, dígale a yo? ¿No?

—Muy bien. Por favor, dígale a su hija y a mí el nombre de...

—Ella no es mi hija. Mi hija es Betsy. Betty. El mismo nombre que mi mamá, quiero decir que mi esposa. Esta es mi esposa, Elisabeth.

Elisabeth se mordió los labios y miró al doctor Fitzgerald.

—Siempre me ha llamado Eli. Siempre.

El médico asintió.

—Señor Bishop, por favor, dígale a su esposa y a mí el nombre del presidente de los Estados Unidos.

—Lincoln.

—El presidente actual, señor Bishop.

—Abraham Lincoln.

—¿Y en qué año estamos?

—Mil novecientos.

—¿Mil novecientos y qué?

—Mil novecientos y nada.

—Abraham Lincoln fue presidente hace setenta años, señor Bishop. Antes de que naciera cualquiera de nosotros.

—Yo nací en mil ochocientos noventa y nueve.

—¿Y cuántos años tiene usted, señor?

—Va demasiado rápido.

—Estamos a fines de 1933. ¿Eso lo hace tener cuántos años?

—No me diga.

—Ah, Bill —dijo Elisabeth, alcanzándole la mano.

Él la ignoró.

—Ya le voy a decir —dijo él.

Ella se dirigió al doctor Fitzgerald.

—¿Debe continuar? Ya entiendo. ¿Qué podemos hacer?

—Es importante que determinemos el alcance de la demencia.

—¿Demencia? ¿A los treinta y cuatro años?

—¡Treinta y cuatro! —gritó Bill. ¡Tengo treinta y cuatro años!

—Pregúntele quién es el presidente.

—Bill, ¿tú sabes quién es el presidente, no? Tú no votaste por él, pero tienes esperanzas aún, ¿recuerdas?

—Woodrow Wilson.

—Ya no. ¿Quién fue elegido hace dos años y asumió a principios del año pasado? Un demócrata.

—¡Roosevelt!

—¡Sí, bien!

—Teddy Roosevelt.

—No.

—¡Sí! Teddy. San Juan Hill.

Elisabeth se puso de pie y abrazó a Bill, temiendo perderlo para siempre. De verdad, Elisabeth se dio cuenta de que *había* perdido a Bill. Él pasó las dos semanas siguientes en el Three Rivers Hospital mientras ella soportó una pila de formularios y entrevistas, intentando determinar algún daño, trauma o incidente relacionado con el estrés que habría podido disparar una psicosis. Al tratar con Jack Jacobson los síntomas que aparecieron en la oficina, Elisabeth recordó que el propio padre de

Bill sufrió de la misma enfermedad, si bien no siendo tan joven.

Los días de Elisabeth se convirtieron en un revoltijo de trabajo en la casa, niñeras, viajes al hospital, trasladados a Fairbanks—Morse para tratar los beneficios del empleado, seguros y demás. La gente de la Iglesia de Cristo estaba mucho con ella, pero a veces sentía que si tenía que responder una pregunta más, explotaría. Al cabo de dos semanas tenía pocas esperanzas de traer a Bill de regreso a casa. El doctor Fitzgerald le había pedido que fuera cuando pudiera para tratar la transferencia de Bill al hospital estatal en Kalamazoo.

—¿Cuánto tiempo supone que deberá estar allí? —preguntó desesperadamente cansada por la falta de sueño.

—Señora Bishop, ¿puedo traerle algo, un emparedado, algo para beber?

Ella sacudió la cabeza.

—¿Acaso lo necesito? ¿No me va a gustar lo que usted está por decirme?

Él suspiró, dispuso algunas cosas de su escritorio y la miró con compasión.

—La mudanza a Kalamazoo probablemente sea permanente. Tenemos un diagnóstico pero, por supuesto, los diagnósticos están abiertos a las interpretaciones. Hemos estudiado los registros del padre del señor Bishop y los comparamos con los síntomas y pruebas de su esposo, así que nos sentimos bastante confiados en nuestra evaluación.

—Estoy preparada.

—Creemos que su esposo tiene una enfermedad degenerativa aguda del cerebro.

—¿Empeorará?

—Hay nuevas investigaciones ahora, nuevas medicinas, nuevas terapias. Las esperanzas nunca nos abandonan. Sin embargo, a estas alturas, si tiene lo que tememos que tenga, es incurable.

—¿Tiene algún nombre?

—En términos legos es senilidad, pero en el caso de su esposo es prematura e inusualmente agresiva. Mis colegas y yo pensamos que la condición de Bill se ha exacerbado por lo que se está conociendo entre los investigadores como Alzheimer, según el neuropatólogo que lo describió hace aproximadamente veinticinco años. Sólo una autopsia puede confirmar este diagnóstico.

Deberíamos tener una idea bastante buena en unos meses al observar sus síntomas, pero si es *esta* enfermedad que el doctor Alzheimer ha catalogado, Bill estaría entre las víctimas más jóvenes. Los dos factores de riesgo más comunes son edad avanzada y disposición genética. Él, por supuesto, sólo tiene la última. Va a sobrevivir lo suficiente como para beneficiarse si alguien encuentra un antídoto, o, debido a su relativamente buena condición física, podría vivir más tiempo con la enfermedad que la mayoría. Pero le recuerdo, su deterioro rápido nos conduce a creer que más de una enfermedad está atacando su cerebro.

—Creo en la oración —dijo ella, dándose cuenta que sus piernas estaban cruzadas y que se le habían dormido los pies.

—Al igual que yo, pero me siento obligado a contarle todo. El principal síntoma de su marido es la pérdida de la memoria que, por cierto, ya está experimentando agudamente. La velocidad en que su deterioro progresa nos alarma a nosotros al igual que a usted. El curso general de esta enfermedad hace que el paciente tenga regresión en el lenguaje, el razonamiento e incluso en la vista. En breve, los adultos regresan a la niñez con síntomas cada año más agudos. Si bien su esposo aprendió a gatear, luego a caminar, a hablar y por último a controlar las funciones corporales, a no ser que se encuentre una cura o un freno, gradualmente, en esencia, olvidará esas cosas.

Elisabeth colocó ambos pies en el piso y luchó por mantener la compostura.

—Me está diciendo que sin un milagro, Bill usará pañales.

—Lo lamento.

—Y en diez años partirá.

—Eso es más difícil de predecir, porque es demasiado joven.

Elisabeth se puso de pie.

—¿Está bien, señora?

—Estoy tratando de buscar algún rayo de esperanza —dijo—. Algún lado brillante de mi esposo que viva más tiempo como un niño desvalido cuando la muerte podría ser la mayor bendición.

Elisabeth siguió a la ambulancia que transportaba a Bill treinta y cinco kilómetros al norte, a Kalamazoo. Había recorrido la ruta antes, por supuesto, pero hoy día parecía especialmente deprimente. El camino era tambaleante y las pocas granjas la aburrían. Ni siquiera los carteles de Burma Shave la animaban.

Una vez que Bill se instaló, ella se sentó a su lado en la cama.

—Voy a tener que irme pronto —dijo ella—. Quiero estar en casa cuando los niños regresen de la escuela.

—Sí —dijo él, mirándola directamente a los ojos como si entendiera perfectamente.

—Los traeré para que te vean, tal vez el fin de semana que viene.

—Me gustaría eso, Eli.

Ella sintió un escalofrío.

—Bill, tú me entiendes ahora, ¿no?

—Sí.

—¿Entiendes qué está sucediendo?

—No.

—¿Quieres que te lo explique?

—Tengo hambre.

—Comiste antes de que llegáramos aquí. La cena será a las seis. Deberías poder esperar hasta ese momento para comer. ¿Sí?

Él asintió.

—Te amo.

Ella se paró y lo abrazó.

—Yo también te amo, Bill —dijo con sollozos que le venían a la garganta—. Te amo con todo mi corazón, y estaré contigo en cada paso del camino.

—¿Irás a Beloit conmigo?

—Iré a cualquier lado del mundo contigo, Bill. Simplemente quédate conmigo todo lo que puedas.

—Puedo quedarme un poquito más.

Ella sonrió entre lágrimas y se volvió a sentar, mirando su reloj.

—¿Puedes? —dijo ella.

—¿Qué hora es?

—Alrededor de la una y media.

—Puedo quedarme contigo hasta las dos, Eli.

—¿Dónde vas después, Bill?

—A una fiesta. Es Navidad, ¿no?

—Pronto.

—Es la fiesta de Navidad en el trabajo.

—Eso va a estar bonito.

—Me van a ascender.

—Ajá.

—Voy a ser un gran jefe.

—¿Tú serás el gran jefe?

—Sí, Jake se va.

—¿Ah, sí? ¿Dónde va?

—Three Rivers.

Ella corrió las cortinas y el brillo del sol entró en la habitación.

—Hora de desayunar —dijo él.

—Cena a las seis —dijo ella.

—Cena a las seis.

—Me tengo que ir.

—Te extrañaré, Eli.

—Yo ya te extraño, Bill. ¿Dónde estás? ¿Dónde te has ido?

—Beloit.

— ¿Sabes quién soy, cariño?

Él sonreía y, salvo por la farfulla, podía simular que estaba hablando con su viejo Bill.

—Te amo —dijo él.

—Sí —dijo ella—. Esa es la que soy. Tú me amas.

Elisabeth lloró durante todo el viaje de regreso a casa, le dolía el estómago del esfuerzo. Oró en voz alta a través de sus lágrimas. «Dios, sánalo o llévatelo rápido. No voy a soportar verlo como está. Creo en ti, confío en ti, quiero obedecerte en todo. Estoy comprometida por el resto de mi vida, pero te necesitaré si es que voy a sobrevivir esto. Es más de lo que se puede tolerar sola.»

Llegó antes que los niños y un vecino le preguntó cómo habían ido las cosas. Loca e incongruentemente, dijo:

—Ah, bien. Tan bien como podía esperarse.

«¿Por qué hago eso?», se preguntó. «¿Cómo fueron las cosas? Acabo de poner a mi esposo en una institución donde lentamente perderá sus facultades y morirá, así es como fueron las cosas. No sé qué decirles a mis hijos, cómo puedo prepararlos para el hombre que verán el sábado, cómo los criaré yo sola, cómo nos mantendremos, cómo mantendré mi propia salud.»

Colocó la cena en la cocina y trató de refrescarse. En el espejo vio a una mujer vieja, sin humor, con los ojos llenos de terror, el cabello hacia un costado, bolsas bajo los ojos, arrugas alrededor de los labios. Elisabeth se roció la cara con agua y se refregó fuerte con una toalla, trayendo color a sus mejillas.

No podría sonreír para los niños. Estaba resuelta a contestar cada pregunta con sinceridad. No comenzaría con un camino de verdades a medias o engaños que sería imposible de atravesar. Sabía qué significaba ser criada por un solo padre, y también sabía qué era perder a su padre. Los niños merecían la verdad a cambio por todo lo que perderían.

Betty fue la primera en llegar a la casa. Elisabeth trató de animarla en vano.

—¿Cuándo viene papi a casa? —lloriqueó.

—Lo iremos a ver el sábado —dijo Elisabeth—. Pero él no regresará a casa. Está muy enfermo.

—¿Cuándo entonces?

—Probablemente nunca.

—¿Se va a morir?

—No muy pronto, pero finalmente sí.

—¿Antes que tú?

—Probablemente.

—Quiero verlo ahora.

—El sábado.

Betty lloriqueó y subió las escaleras. Cuando los muchachos llegaron a casa, Benji aterrorizó a Bruce, como siempre. Bruce no podía competir físicamente, pero era oralmente invencible.

—Tú sólo intentas golpearme porque yo soy más inteligente que tú.

—Ven aquí, pequeña rata. Te mataré.

—Benjamín —dijo Elisabeth—. ¡No quiero volver a oír esas palabras de tu boca nuevamente!

—Él es un cobarde, se burla de mí porque soy estúpido, pero no se defiende y pelea.

—¿Por qué lo haría? Tú eres más grande.

—Mejor que no lo olvide.

—Bruce, vete por un instante así puedo hablar con Benji a solas.

Bruce, probablemente suponiendo que su madre iba a regañar a Benji por querer atacarlo nuevamente, sacó la lengua y se fue para arriba. Las amenazas de Benji se oían por toda la casa.

Elisabeth nunca había tenido éxito al querer hablar en serio con Benji, especialmente cuando él pensaba que estaba en problemas. Pero algo en su aspecto o rostro debe haber captado su atención. Se sentaron enfrentados en la gran mesa del comedor.

—Tengo que hablarte de papá —dijo ella—. Las cosas tendrán que cambiar aquí.

Capítulo Quince

Benji no respondió bien a la noticia. Por primera vez en años, Elisabeth vio temor en sus ojos. Luego vino el trato desafiante al que estaba acostumbrada. De pronto parecía ser más grande, con su físico desarrollándose, su voz cambiando y una sombra de vello sobre su labio.

—Primero que nada —dijo él. Si realmente quieres que sea el hombre de la casa, quiero que de ahora en adelante me llamen «Benjamín».

—Muy bien —dijo ella—. Puede que me lleve un tiempo acostumbrarme a eso, así que ten paciencia con...

—Sólo dícelo a «Horrible y Bocota», y yo te recordaré cada vez que te olvides.

—Benj... Benjamín, si vuelvo a oír que te refieres a tu hermano y a tu hermana de ese modo nuevamente, perderás todo privilegio.

Benji empujó la mesa apartándose de ella y haciendo oscilar la silla con las patas traseras.

—Y no quiero tener que hacer las cosas de la Biblia todo el tiempo tampoco.

—El trabajo de memorizar te ha ayudado en la escuela.

—Nada ayuda. No pasará mucho tiempo hasta que Bocot... me pase, y él tiene cuatro años menos que yo.

—Bueno, no vas a dejar de ir a la iglesia ni de leer la Biblia.

—Entonces no quiero ser el hombre de la casa, porque no voy a hacerlo, y tú tendrás que cuidar de mí todo el tiempo.

Elisabeth se sintió tentada de darle un cachetazo, lo que la asustó. Les había dado chirlos a los chicos, a Benji más que a ninguno. Pero pocas veces lo había hecho a causa del enojo, e incluso en esos casos pudo evitar lastimarlos realmente. Nunca le había pegado a ninguno en la cara, si bien Bill una vez le había pegado a Benji en la boca cuando había sido insolente con su madre por quincuagésima vez.

Ella oró en silencio, pero no pudo evitar mirarlo.

—¿Qué? —dijo él.

—¿No tienes ninguna pregunta sobre tu padre?

—¿Cómo cual?

—Cualquier cosa. Es una enfermedad rara, y nunca volverá a ser el mismo. Falta poco para que no nos reconozca.

—Igual casi no me conoce. —Benji dejó caer la silla hacia delante, con las patas delanteras golpeando el piso de madera.

—¿Cómo puedes decir eso? ¡Él te ama! Has sido difícil de manejar, pero él te dedicó mucho tiempo. Tu padre tiene más carácter en una mano que todos los demás hombres que conoces, y si intentaras tomar su vida como modelo...

—Terminaría tal como terminó él. Él hace todas esas cosas buenas, ama a Dios y todo lo demás, y míralo ahora. No quiero verlo así.

—Pero lo verás el sábado, Benjamín. Todavía puede hablar con nosotros.

Frunció el entrecejo y se dio vuelta.

—Si me obligas.

—Está enfermando tan rápido.

—No lo quiero ver usando pañales.

—No lo difundas, Benjamín. Yo te dije que llegaría a eso sólo para que lo entiendas. Tu padre merece dignidad y respeto, y nadie nunca debe saber el alcance de su enfermedad, salvo alguien a quien realmente le importe.

—Sí, como si yo le fuera a decir a mis amigos que a mi papá hay que alimentarlo como a los bebés.

Elisabeth sacudió la cabeza.

—Por cierto no es su culpa.

—Por supuesto que no. Probablemente sea la mía, y la de todos lo que lo rodean.

—Nadie dijo eso jamás.

—Entonces, qué, ¿el hombre de la casa tiene que hacer las tareas de papá también?

Ella se sintió tentada a desear en voz alta que Bruce fuera el más grande.

—Voy a necesitar mucha ayuda —dijo ella—. Voy a tener que ponerme a trabajar.

—Genial —disparó—. Yo tengo que apalear la nieve y levantar las hojas y todo eso.

—Ya lo has hecho antes.

—¡No todo!

—Todos te ayudaremos.

—¿Y qué pasa si no lo hago?

—¿Qué dice Proverbios?

—No sé, pero estoy seguro de que tú me lo dirás.

—El capítulo 21, versículo 25, dice: «La codicia del perezoso lo lleva a la muerte, porque sus manos se niegan a trabajar».

—Conozco todos los versículos, mamá, ¿está bien? ¿Ahora me llamas perezoso?

—Tú eres el que ha dicho que tal vez no ayudarías. Primero, I Timoteo 5:8 dice que si alguien no provee para sí, y especialmente para los de su hogar, ha negado la fe y es peor que un incrédulo. Segundo, II Tesalonicenses 3:10 dice que si alguien no quiere trabajar, que tampoco coma.

Benji se puso de pie tan rápidamente, que su silla voló hacia atrás y se cayó.

—¿Nunca te cansas de todos esos versículos?

—Benji... Benjamín... ¡basta! Sinceramente, nunca se me cruzó por la cabeza hablarle de ese modo a mi padre, jamás.

—Tal vez él no era como tú.

—Levanta tu silla y siéntate por un minuto más.

Él la miró mientras ubicaba la silla de vuelta en su lugar y se sentaba.

—Te diré cuándo termina ese minuto —dijo él—.

Ella temía el día en que simplemente dejara de obedecer. ¿Qué haría entonces?

—Quiero saber cuándo dejó de importarte lo que Dios piensa acerca de cómo actúas.

—Nunca me importó.

—No te creo. Tuviste muchos problemas en la iglesia, pero seguías aprendiendo. Conoces todas las historias, las canciones, los versículos. Pensé que le habías entregado tu corazón al Señor cuando eras pequeño.

—Ni siquiera lo recuerdo. Si lo hice, me retracto. No puedo soportar todas esas cosas, y de todos modos, mira dónde te ha llevado a ti y a papá.

—No cambiaríamos nuestro camino con el Señor por nada.

—Yo de seguro lo haría.

—Parece que ya lo has hecho.

—Ya pasó el minuto.

—Me preocupas, Benjamín —dijo mientras se ponía de pie.

—Sí, sí.

—Nunca dejaré de orar por ti.

—Sabía que dirías eso.

—Necesito que hagas dos cosas por mí antes de la cena. Haz bajar a tu hermano y luego trae más leña.

Suspiró fuerte.

—¡Bruce! —gritó.

—Te pedí que lo hicieras bajar. No que le gritaras.

Pero Bruce ya estaba en camino.

—Y no más hagas lío con el fuego. Simplemente trae más leña.

Elisabeth descansó su frente en la mesa, dándose cuenta de que nunca podría hablar y orar con Bill sobre Benji. Con frecuencia se habían preguntado si tenía el diablo en su cuerpo, pero creían que si lo amaban y seguían siendo firmes, no se descarriaría ya que fue muy bien enseñado.

Bruce colocó su dedo en la espalda de Elisabeth al llegar junto a ella.

—¿Cómo está papá? —preguntó.

Ella le sonrió, su pequeño rayo de sol en un cielo de nubes

tormentosas. Pero no pudo evitar las lágrimas. Eso hizo que él llorara también, mientras le seguía diciendo.

—Todo estará bien, mamá. Todo estará bien.

—En realidad, no lo estará —dijo ella cuando pudo componerse. Bruce, nunca le diría a un niño normal de tu edad lo que estoy por decirte—. Eres un niño especial con un brillante futuro para Dios, pero con ello vienen grandes responsabilidades. ¿Comprendes?

—Creo que sí.

Elisabeth le contó sobre Bill. Rara vez lo había encontrado sin habla y ahora temía haber hecho lo incorrecto. Él parecía tratar de pronunciar una respuesta pero no podía decir nada. Finalmente susurró:

—¿No podemos verlo hasta el sábado?

Ella asintió.

—Yo lo veré todos los días, pero ustedes deben continuar con la escuela y todo lo demás.

Su rostro se frunció. Ella sabía que él quería consolarla. Así era él. Miró a lo lejos, y volvieron las lágrimas.

—¿No hay nada que pueda hacer? —pudo decir.

—Sólo ora —dijo ella—. Y yo voy a necesitar mucha ayuda.

Él asintió, sollozando. Lo tomó en sus brazos y lloraron juntos.

El sábado fue horrible. Los vecinos le aconsejaron a Elisabeth que no intentara conducir todo el camino a Kalamazoo con la temperatura de casi veinte grados bajo cero. Pero ella encendió el automóvil temprano, dándole suficiente tiempo para calentarse, y parecía funcionar bien. La nieve que volaba por el camino dejaba abundantes planchas de hielo que lanzaba a los automóviles y hasta a los camiones a la zanja. Elisabeth hacía un promedio de cuarenta kilómetros por hora y el viaje llevó una hora y media.

El clima le daba a Betty el único grado de alivio que tuvo en años, así que por lo menos Elisabeth no temía un ataque de asma durante la visita.

Elisabeth se aseguró de que el personal supiera que venían los hijos de Bill. Lo rasuraron y lo bañaron y lucía notablemente apto en la sala de día, donde estaba sentado al lado de un radiador.

—Mírenlos —dijo él—. Tan bonitos.

—Gracias, papá —dijo Betty.

Bill sonrió a Elisabeth y dijo:

—Papá.

—Te acuerdas de Benji —dijo ella.

—Benjamín —dijo Benji, pero ella lo hizo callar. Debemos ayudarlo a recordar —susurró—, no hacerlo más difícil.

—Yo soy Benji, tú eres papá —dijo, frunciendo el entrecejo. Bill le sonrió.

—Papá —dijo Bill.

—Y Betty. Esta es nuestra hija, Betty.

—Hola, papi —dijo ella, todavía tímida.

—Papi —dijo Bill.

Bruce lucía tan serio como Elisabeth no lo había visto en años. Era claro que odiaba ver a su padre de este modo, desenganchado, aparentemente inconsciente y apático. Dio vuelta a Bruce y lo condujo hacia Bill.

—Y este es nuestro bebé... —comenzó Elisabeth.

—¡Bruce! —saltó Bill, abriendo sus brazos. Bruce lo abrazó con fuerza.

—Números —dijo Benji, sentándose varios metros más lejos. Elisabeth lo quiso hacer regresar, pero él no se movía.

Bill tomó a Bruce en su regazo, y si bien el muchacho era demasiado grande para eso, no protestó sino que apoyó su cabeza en el hombro de su padre. Luego de un tiempo Bill dijo:

—Pronto me tengo que ir. Voy a un festejo de Navidad.

—¿Aquí? —dijo Bruce.

—En el trabajo.

Bruce miró a Elisabeth, que colocó un dedo en sus labios y movió su cabeza.

—Nosotros también nos tenemos que ir, Bill. Despídete de tus hijos.

—Adiós, niños —dijo él, todavía sonriendo, luciendo enloquecedoramente igual que un mes atrás. Elisabeth sabía que eso cambiaría.

Benji se acercó un poco, como para ver si su papá podía reconocerlo. Bill abrió sus brazos para otro abrazo a Bruce.

Luego dejó que Betty lo abrazara. Le abrió sus brazos a Benji, quien no se acercó más pero dijo:

—Nos vemos, papá.

—Papá —dijo Bill.

—Te amo, cariño —dijo Elisabeth, abrazándolo.

Él no le devolvió el abrazo, pero sonrió y dijo:

— Te amo mañana. Todos los días.

—Sí, te amo. Y te veré mañana y todos los días.

—Todos los días —dijo él.

—¿Podemos orar contigo, Bill?

—En el nombre de Jesús, amén —dijo él.

—Reúnanse alrededor y tomémonos de las manos, niños —dijo ella—. Oremos con papá.

Benji se negó. Betty gruñó. Bruce tomó la mano de Elisabeth y buscó la de Bill, pero Bill dijo:

—Papá —se paró y se fue.

Una enfermera le preguntó a Elisabeth:

—¿Ya terminamos, entonces?

—Supongo que sí —dijo ella.

Observaron mientras Bill era conducido por el corredor, contándole a la enfermera sobre la celebración de Navidad.

Un grueso humo salía de la chimenea cuando Elisabeth llegó a su casa con el automóvil.

—¡Benji! —gritó.

—Benjamín —dijo él.

—Dejé que el fuego baje y te dije que lo dejes.

—¡Lo hice! Había mucha leña allí antes.

En el camino para entrar a la casa ella discutió con él.

—Antes de cenar había un par de leños, que ahora deben ser brasas.

—Te juro que no lo toqué, mamá.

Ella sabía que él estaba mintiendo. Lo arrastró hasta la chimenea donde había un fuego brillante.

—Benjamín, ¡nos fuimos hace casi cuatro horas! Yo no puse tanta leña allí.

—Sólo te olvidaste, es eso. O tal vez vino alguien y lo hizo por nosotros.

—La gente no hace eso. Es peligroso.

—Bueno, no me preguntes a mí.

—¿Y dónde está el periódico? No le agregaste periódico otra vez a esos leños, ¿no?

—¡Te dije! ¡No le hice nada al fuego!

—De todos modos, ya no te ocuparás del fuego.

Habían pasado años desde que Benji había sido acusado de cualquier cosa relacionada con el fuego, pero Elisabeth no podía correr el riesgo.

—¡Bien! —dijo él. Un trabajo menos.

Mientras los niños se preparaban para ir a la cama, Elisabeth avivó el fuego y lo desparramó, dejándolo morir un poco. Eligió tres leños de la pila que Benji había traído y los separó. Antes de irse a dormir, los pondría encima del lecho de carbones acumulados.

Mientras hacía la ronda de los dormitorios de los niños, como había sido siempre la costumbre de Bill y ella, Benji dejó en claro que quería que eso también se terminara.

—No necesito que me traten como a un bebé —dijo.

—Pero quiero asegurarme de que estés orando, de que estés bien y duermas bien, y que no te piquen los insectos.

Gruñó y rodó hacia el otro lado dándole la espalda.

—Haz lo que quieras —dijo—. Pero yo no necesito esto.

Ella no tenía energía para discutir.

Elisabeth encontró a Betty llorando.

—Benji dijo que no quería ver más a papá, y yo dije «yo tampoco» y ahora me siento mal.

—Es difícil ver a papá así. Y no va a ser más fácil.

—Odio esto. ¿Por qué nos hizo esto Dios?

—Dios no lo hizo, cariño.

—¿Entonces quién?

Elisabeth no sabía cuánto podría comprender Betty de un mundo caído.

—Las cosas malas le pasan a todo el mundo. Prueban nuestra fe. Lo importante es cómo reaccionamos ante ellas.

—Mi fe no es demasiado buena.

—Seguro que sí.

—Estoy enferma todo el tiempo, mamá. Incluso cuando puedo respirar, me duele todo y estoy cansada de esto.

—Lo sé.

Betty se durmió mientras Elisabeth oraba por ella.

Salió en puntillas y entró a la habitación de Bruce. Él había puesto un señalador en un volumen de Libro del Conocimiento y lo había colocado encima de una pila de libros cerca de su cama.

—¿Papá va a estar peor cada vez que lo vayamos a ver? —preguntó.

—Me temo que sí.

—No me va a gustar eso. Me va a recordar como el que lo abraza, incluso si no me reconoce.

—Probablemente.

—Así que es mejor que siga yendo.

Oraron y Elisabeth deslizó los libros más cerca del cabezal de su cama.

—No quiero que tropieces si te levantas por la noche. Ahora, buenas noches, que duermas bien, y no dejes que te piquen los insectos, porque si te muerden, tomaré mi zapato y los golpearé durante un rato.

¿Cuántas veces lo había oído y sin embargo se reía con ganas?

Cuando ella se dirigió hacia las escaleras, vio a Benji meterse en la cama.

—¡Pensé que estabas dormido! —dijo ella.

—¡Estaba de pie junto a ti en la puerta cuando estabas conmigo, mamá! —gritó Bruce.

—¡Cállate, Bocota!

—¡Benjamín!

—Quiero decir: «¡Cállate, Bruce!».

Elisabeth deslizó la mano por su cabello. ¿Cómo podía ser que tres niños tan diferentes hubieran salido del mismo vientre? Sacó los residuos del frente de la chimenea, colocó los leños, volvió a poner la pantalla y vio arder el fuego. De regreso en su cuarto se recostó de su lado de la cama. Nunca más tendría que preocuparse por molestar a Bill o por tirar de las cobijas, pero evitaba el lado de él como si el hecho de hacer otra cosa manchara su memoria. Apretó la almohada contra su pecho y olió su esencia, y lloró hasta que se quedó dormida.

Se despertó ahogada buscando aliento, con una niña encima de ella, sacudiéndola. Era Betty. Estaba respirando tan mal que casi no podía pronunciar palabra.

—¡Mamá! ¡Mamá!

—Probablemente se haya cerrado la ventilación —dijo Elisabeth, empujando a Betty hacia las escaleras. ¡Ve afuera donde puedes respirar! Yo la volveré a abrir.

Siguió a Betty por los escalones y trató de llegar cerca de la chimenea. El humo era tan denso que no podía ver y no se animaba a inhalar, pero había algo terroríficamente claro: el fuego se había salido de la chimenea, y todo el fondo de la habitación estaba encendido.

Betty estaba de pie congelada en la puerta del frente, tosiendo y tratando de respirar. Elisabeth recordó cuán peligrosamente frío estaba cuando ella se dirigió a las escaleras. El oxígeno de la puerta abierta servía de combustible al fuego, que llenó la habitación.

—¡Betty! ¡Sal! ¡Ve a la casa de al lado y llama a los bomberos!

Elisabeth eludió grandes lenguas de fuego que quemaron su cabello mientras subía las escaleras, gritando por Benji y Bruce.

—¡Levántense! —gritó—. ¡Levántense! ¡Fuego! Tenemos que salir, muchachos.

El cuarto de Benji era el que estaba más lejos, así que fue a buscarlo primero, planeando agarrar a Bruce en su camino de regreso.

—¡Levántate, Bruce! —gritó al pasar por su habitación. Él yacía sin moverse y ella temía que el humo ya le hubiera hecho efecto.

Entró como tromba al cuarto de Benji, gritando por él. Nada. Ningún movimiento. Cayó sobre la cama, luego buscó debajo, luego el resto del piso y el closet, todo el tiempo llamándolo frenéticamente. Gritaba desde el estar:

—¿Benji, estás ahí arriba? ¡Sal! ¡Sal ahora! ¡Bruce, levántate!

Fue hasta la ventana de Benji y miró hacia fuera. Las luces de los vecinos estaban encendidas. Betty estaba en brazos de una mujer en la calle, y parecía como que Benji estaba con un hombre. Abrió la ventana y gritó:

—¿Es ese Benji?

—¡Sí! —gritó el hombre. ¡Los bomberos vienen en camino! ¡Salgan!

Elisabeth se dio vuelta y vio que el pasillo se ponía de color naranja. La corriente de la ventana había hecho que el fuego llegara arriba. Intentó cerrarla pero estaba atascada.

—¡Bruce! —gritó. ¡Levántate! ¡Sal!

Entró a la sala donde las llamas trepaban por las paredes alrededor del marco de la puerta de Bruce. Entró a su cuarto y lo encontró hecho una bola en su cama, con las cobijas sobre su cabeza. Ella las arrancó y utilizó toda su fuerza para levantarlo. Estaba duro como una piedra y ella estaba segura de que no respiraba. Se había olvidado de cuán pesado podía ser el muchacho. ¿Cuánto hacía que no lo alzaba?

Le dio un cachetazo y lo sacudió, esperando despertarlo para que fuera más que un peso muerto. Pero el fuego explotó desde la sala y la encerró. Casi dejó caer a Bruce, con una cinta de su camisón que había prendido fuego.

Elisabeth ya no tenía opciones, parada allí en medio de la noche con su hijo menor en brazos, los dos a punto de ser incinerados. El fuego, originado en la chimenea, pasó por la puerta del frente, y llegó arriba atraído por la ventana abierta del dormitorio del fondo, y era un monstruo rugiente que devoraba lo que estaba a su paso.

Elisabeth trató de alzar más fuertemente a Bruce, enterró su cara en su cuello, y se acercó a la ventana. La habitación estaba en llamas, y tenía segundos para salir o quemarse. Trató de tocar el marco de la ventana con la espalda, luego dio un paso y se echó hacia atrás. La caída desde seis metros podía matarlos, pero tenían más oportunidad en la nieve que en el infierno.

Ella estaba de pie cuando golpeó la ventana, el centro del marco de madera le dio en la cintura sin piedad. Sus mangas estaban encendidas, luego su cabello. Ella gritaba, doblada lo más que podía sin soltar al muchacho, y pedaleó hacia atrás a través de la ventana, su espalda se estrelló a través del vidrio.

La parte trasera de su cabeza estaba atrapada en medio del marco y parecía que estuviera viendo su propia muerte con antelación. Su niño de cabello oscuro era como un emparedado entre su torso y sus piernas. Colgaba de la ventana, el viento ártico dándole al sudor de su cuello. Sus pies desnudos parecían estar a centímetros de su rostro, y nuevamente la corriente azotó el fuego.

Elisabeth colgó de allí un instante, suspendida entre el cielo y la tierra, las plantas de sus pies y la parte superior de la cabeza quemándose mientras su espalda se congelaba. Si no podía desenganchar la parte trasera de su cabeza sabía que serviría para un holocausto. Juntando su último rastro de fuerza y exhalando para ser lo más delgada posible, incluso con el muchacho apegado a su medio, apretó la barbilla contra su pecho lo más que pudo.

La gravedad la hizo caer de la ventana, el marco de la ventana tomando el cuero cabelludo de la parte trasera y arrancándoselo del hueso. Con el ruedo de su camisón en llamas, Elisabeth se meció fuertemente, sintió que su cuero cabelludo se liberaba y supo que si sentía algo más, sería un choque horrible con el piso frío, muy frío.

Elisabeth estaba impactada por la amalgama de imágenes que habían pasado por su mente en el siguiente segundo. Debía lucir como un caramelo quemado, toda blanca y espumosa. Su instinto fue el de arrojar los brazos hacia delante e intentar girar, así aterrizaría de otro modo que no fuera con la cabeza o la espalda. Pero nunca dejaría al muchacho. Creía que la única oportunidad que tenían era estar juntos. Los objetos que caen por separado se rompen y no pueden arreglarse. Ella y Bruce estaban en esto juntos, para la vida o para la muerte.

Estaba consciente del humo de arriba, las estrellas brillando en el cielo, el viento subiendo por debajo de su camisón, Bruce de pronto sin peso, parecían flotar juntos. Ella se aferró a él por todo lo que valía, y al siguiente instante el viento pasó de sus pulmones y oyó el ruido de las ramas y luego de una rama grande. El árbol sin hojas del lado este de la casa había quebrado su vuelo.

Bruce y sus pies giraron por encima de ella mientras ella continuaba aferrándose a él. Incluso ante la faz de la muerte, la modestia la hacía sentir agradecida de que cualquier público estuviera lejos de la casa. Temía aterrizar, incapaz de moverse, con el camisón por sobre la cabeza.

Durante un instante pensó que se había detenido, albergada entre ramas, pero estas cedieron y ella rodó, otra rama cambió el rumbo nuevamente. Luego aterrizó bruscamente de lado sobre la nieve y sintió el esternón de Bruce romperse bajo sus costillas. Eso le quitaba aire de los pulmones y expulsó flema de color del humo, ennegrecida y moco que le permitió respirar.

Un camión de bomberos se estacionó y la mitad de los bomberos se acercaron a ella, tratando de sacar las llamas de fuego que todavía tenía en ella. Le dolía todo pero se podía sentar, luego la ayudaron a colocarla en una camilla mientras veía cómo los hombres atendían a Bruce. Él estaba sacudido, perplejo, asustado. Pero bien.

Un rasguño feo sobre el cuello de Elisabeth en el cuero cabelludo, requeriría puntos. Sus pies y su cara tenían ampollas, su cabello chamuscado, sin rastros de pestañas ni cejas. Se había fracturado una costilla por el frente y otra por detrás. Y había sufrido daños en la parte superior de su espina dorsal, algo que nunca podría ser diagnosticado o tratado adecuadamente. Le molestaría por el resto de su vida, pero también le haría recordar la noche del fuego y otra liberación milagrosa de su bendito hijo. Dios le había permitido sacarlo de las mandíbulas de la muerte otra vez.

Mientras la llevaban a la ambulancia, su atención se dirigió al lado oeste de la casa donde había una figura cerca del vecino que saltaba arriba y abajo, aparentemente sin poder parar. Era Benji, gritando histéricamente, riendo como loco.

—¿Qué está diciendo ese muchacho loco? —preguntó un bombero.

De pronto el viento cambió y lo pudieron oír claramente.

—Ahora sí que hay fuego —gritaba. ¡Ese sí que es un fuego!

—Yo lo encerraría —dijo otro bombero.

—Yo le dispararía.

—Si resulta ser un siniestro, es el primero con quien quisiera hablar.

Y así fue. Y así hicieron.

La noche había sido tan fría que la carcaza que quedaba de la casa tenía incrustaciones de hielo los días subsiguientes. Los investigadores descubrieron que todavía había una pila de leños en la chimenea que sólo se habían chamuscado. La causa del humo y del fuego, dijeron, era una pila de libros pesados arrojados al fuego que probablemente bloquearon la ventilación cuando las páginas volaron a la malla de alambre cerca de la parte superior de la chimenea.

Bruce nunca hubiera hecho algo como eso, especialmente con sus preciosos volúmenes. Toda la evidencia apuntaba a Benji, quien negaba la acusación con todo lo que podía. Lo más cerca de una confesión que lograron los investigadores, dijeron, fue cuando dijo:

—Si tuviera algo que ver con esto, tendría que haber sido mientras dormía, porque no me acuerdo de nada.

Debido a su edad, no podía hacerse nada más. La evidencia más incriminatoria: Betty dijo que Benji ya estaba afuera cuando ella llegó allí. Él sostenía que había oído gritar a alguien: «¡Fuego!» y que había corrido.

La familia fue alojada por miembros de la Iglesia de Cristo durante los meses que llevó la reconstrucción de la casa. Elisabeth nunca estuvo más feliz de regresar a su hogar, pero vivió con temor por su seguridad mientras Benji estaba con ellos. Casi no podía creer que él fuera su propio hijo. Lo amaba y oraba por él y buscaba en su memoria algún elemento clave para su conducta despreciable. Y temía profundamente por él.

Elisabeth llevaba a los niños a ver a Bill todos los sábados a lo largo de varios meses, hasta que resultó muy difícil para todos. Pronto no podía caminar, vestirse ni alimentarse. Su habla se convirtió en la de un niño, luego comenzó a decir tonterías y finalmente, sólo sonidos. Babeaba. Sus manos y sus pies se curvaban. No reconocía a su familia, aunque a veces mantenía contacto ocular con Elisabeth y con Bruce durante varios segundos. Elisabeth detectaba preguntas pero no reconocimiento, y constantemente le hablaba a Bill como si él pudiera oír y comprender.

Volvió a trabajar en la farmacia Snyder, aceptando todas las horas extras que pudiera obtener. Aún tenía que lavar ropa para afuera, y hasta cuidaba con frecuencia a otros niños. Todo lo que fuera un ingreso suficiente como para seguir haciendo los pagos de interés de la casa, que había restaurado a su diseño original luego del incendio. Elisabeth sabía que eso significaría mucho para Bill. Sus ropas, el automóvil, casi todo lo demás estaba en mal estado y no podía ser reemplazado. Pero ella juraba mantener la casa. Para ella, representaba a Bill.

Con todo lo que estaba haciendo, a veces a Elisabeth le resultaba difícil encontrar el tiempo para ir a la iglesia. El nuevo pastor, un joven de nombre David Clarkson, recién salido del seminario con una esposa e hijos pequeños, le exhortaba que recortara parte de todo su servicio. Y lo hizo. En parte.

—Pero voy a ir allí los domingos de todas formas —decía—. También podría seguir enseñando.

Con frecuencia hacía sus devociones y estudiaba su lección mientras se sentaba en el hospital estatal con Bill. Mañana y todos los días.

Ya no tenía ni el tiempo ni la energía para ir al ensayo de coro o practicar el piano, ni tampoco podía asistir a las reuniones de la sociedad misionera. Intentaba de todos modos mantener su parte de las tareas de cartas a misioneros, pero con frecuencia se quedaba dormida en la habitación de Bill mientras escribía.

Bill ya no tenía remedio. Ella lo saludaba todos los días, abría las cortinas, lo miraba a los ojos, le acariciaba el cabello, tomaba su rostro con las manos, le hablaba, oraba con él y a veces sólo estaba de pie y lo acariciaba mientras Bill tenía la mirada en blanco. Ella sabía que su esposo estaba en algún lugar de ese cuerpo desgastado, de esa estructura marchita que a veces pronunciaba algún sonido, pero mayormente gruñía o gemía. Bill casi nunca podía moverse solo ni darse vuelta.

Elisabeth le colocaba fotografías de los niños delante de su rostro, sin poder nunca saber si tenía alguna idea de lo que estaba mirando. Pero de todos modos se le decía. Innumerables personas le dijeron que no debía sentirse obligada a ir todos los días o siquiera alguna vez. El agradable capellán, los médicos, las enfermeras, los guardianes, los visitantes de otros pacientes que había llegado a conocer, los vecinos, su pastor, los amigos de la iglesia, la gente de Fairbanks—Morse, compañeros de trabajo, todos tenían la misma opinión: no debía ir todos los días. El costo. El trabajo para ella.

—Y nos atrevemos a decirlo, Elisabeth, la pérdida de tu tiempo.

Ellos decían que sabían que ella tenía buenas intenciones y que su lealtad era admirable, pero...

Lo que no comprendían era que esa tarea era parte de su motivación. Sí, ella se había prometido a sí misma a este hombre en salud y en enfermedad, en riqueza y en pobreza. Y sabía que si ella hubiese sido la que enfrentaba esa enfermedad, Bill estaría allí todos los días. Pero además de eso, ella *quería* estar allí. No había ningún otro lado donde quisiera estar.

Amaba a este hombre en tiempo presente. No sólo amaba su recuerdo. Y si bien el cuerpo grotesco ya no se asemejaba a él y ya no podía comunicarse con él, ¿podía alguien negar que él seguía siendo una persona? El hombre en la cama, el hombre que usaba pañales, el hombre cuya alma parecía haberlo abandonado de repente, era Bill. ¿En qué otro lugar debía estar ella? No tenía interés en discutir el tema. Ella sabía que la gente quería ayudarla; muy bien, ella sonreiría y escucharía. Y si bien no discutía, tampoco lo aceptaba. Ni tampoco dejaría de venir, conduciendo desde Three Rivers o tomando el autobús. Todos los días. Mañana y todos los días.

Cuando dejaba de ir porque estaba enferma, casi no podía esperar regresar nuevamente a verlo. Repetía su rutina cada vez y se preguntaba si él se daba cuenta cuando ella faltaba. No había diferencia. Si ella era una tonta, era una tonta. Una tonta para Cristo, y una tonta para Bill.

Parte Tres

Capítulo Dieciséis

Benjamín se había convertido en una persona que Elisabeth ya no podía controlar. Cuando finalmente comenzó el octavo grado —el primer año de la escuela secundaria en Three Rivers— Elisabeth tenía la esperanza de que estando con muchachos más grandes le ayudaría a madurar.

Agotada por un largo día en el hospital estatal con Bill, Elisabeth se aseguró de estar en casa cuando Benji llegara de la escuela ese primer día. Quería preguntarle: «¿Cómo le fue?», pero su comportamiento hizo que la pregunta fuera discutible.

—Mamá, ¿qué es un *Rhinie*?

—¿Un *Rhinie*? ¿Cómo se escribe eso?

—¿Cómo puedo saberlo? Es la forma en que los muchachos más grandes llaman a los de octavo grado y le voy a pegar al próximo de ellos que lo diga.

Elisabeth le dijo a Benjamín que la mayoría de las escuelas tienen tradiciones para los recién llegados, pero él no quiso oírla. Ella creía que él estaba avergonzado por ser el más grande de los que asistían al octavo grado, y temía que cumpliera su amenaza.

Al día siguiente la escuela la rastreó a través de sus números para emergencias, encontrándola finalmente en Kalamazoo.

—Sra. Bishop —le dijo el decano de disciplina— su hijo lastimó a un alumno de décimo grado y al profesor de educación física que intentó interferir en la pelea. Benjamín será suspendido por una semana, y un incidente más será cuestión de llamar a la policía.

La suspensión la castigó más a ella que a Benji. ¿Qué se

suponía que hiciera con él en una semana? Lo obligó a ir con ella a Kalamazoo, pero él se negó a ir a visitar a su padre. Una vez que salió del automóvil durante el almuerzo, lo encontró conduciéndolo por el pueblo.

Hacia fines del año escolar, la escuela secundaria de Three Rivers estuvo contenta de ver irse a Benji, pero al cabo de una semana había sido despedido de un empleo de verano e hizo suficiente daño como para que lo enviaran al Hogar Audi para Ofensores Juveniles en Kalamazoo. Su sentencia debía durar hasta el siguiente año escolar, cuando se esperaba que hiciera otro intento para pasar el octavo grado.

Viendo el lado bueno, incluso en esto, Elisabeth durmió mejor sin él en la casa y lo visitaba con tanta frecuencia como podía, en su camino a visitar a Bill. Claramente a él no le importaba si ella lo visitaba o no, y ella podía decir que se estaba endureciendo más que rehabilitándose.

Al siguiente otoño regresó brevemente a la escuela secundaria, utilizando la casa como una parada de descanso entre fiestas y meterse en problemas con sus amigos, muchos de los cuales tenían automóviles. Cuando Benji hacía su aparición ocasional en casa, olía a alcohol y a tabaco.

Una mañana, en el desayuno, el habitualmente jovial Bruce parecía como que no había dormido.

—¿Leíste toda la noche otra vez? —le preguntó Elisabeth.

Bruce sacudió la cabeza. Betty, de quien Elisabeth temía que se estuviera convirtiendo en una petulante como Benjamín, la miró.

—Mamá, ¿no oíste? Debes dormir como una piedra.

—¿Oír qué?

—Bruce estuvo levantado toda la noche, atendiendo al pródigo.

—¿De qué estás hablando?

Betty corrió su pote de cereal y comenzó con un ataque de tos que la dejó gimiendo y apoyada sobre la mesa.

—¡Me voy a morir si no me consigues un alivio para esto!

—¡Betty! ¡No digas eso! He intentado e intentado...

—Bueno, ¡has fracasado, mamá! Dedicas demasiado tiempo a salvar a Ben de sus borracheras y ocupándote del Sr. Perfecto, que bien podrías dejarme morir.

—¡Ah, Betty!

—Y puesto que dormiste tanto, bien tendrías que saber que Bruce se hace cargo de Benji *cada vez* que viene a casa a vomitar en medio de la noche.

Elisabeth no quiso preguntar con cuánta frecuencia sucedía eso. Estaba perdiendo a Benji y aparentemente también a Betty, y lo que era peor, estaba abdicando sus responsabilidades más desagradables a Bruce. Desesperada por demostrarle a Betty —quien se había levantado para irse— que seguía a cargo, Elisabeth dijo:

—¡Basta ya! ¡Benji te vas de esta casa!

Incluso el adormilado Bruce la miró mientras Betty se detenía.

—¿Vas a hacer eso? —dijo ella—. Ben me apostó, que nunca te atreverías a hacerlo.

Elisabeth estaba enloquecida.

—Bueno, —dijo—, tú ganas.

—¿Se lo puedo decir? — preguntó Betty.

—Yo le diré — dijo Elisabeth—. ¿Dónde está?

—No pude levantarlo del suelo esta mañana —dijo Bruce—. Puede que todavía esté en el baño.

Elisabeth encontró a Benji, un desorden apestoso, arropado a través de la cama.

—Levántate y vete —dijo ella—. Ya no eres más bienvenido en esta casa.

Él no se movió, y ella temía que no respirara. Se arrodilló para acercar su oído a su rostro y olió más a humo de cigarrillo. Benjamín apestaba a gasolina y a humo de madera. ¿Y ahora qué? Por lo menos respiraba. Le escribió una nota, diciéndole que se le había acabado la paciencia y que le recordaba que ella había orado acerca de esto. Ella iba camino a la puerta —con él todavía muerto para el mundo— cuando llamó la policía de Three Rivers, preguntando si Benjamín Philip Bishop estaba en casa.

—Está durmiendo —dijo ella—. ¿Qué hizo?.

—¿Está segura de que está durmiendo? —presionó el sargento.

—Sí, ¿y ahora qué?

—Vamos a buscarlo. Si no está allí cuando lleguemos, usted será responsable.

—¿De qué?

—De ayudar y encubrir un fugitivo buscado por incendio premeditado.

Benjamín había sido identificado por una vecina del mismo profesor de educación física al que había atacado el año anterior. La mujer lo había visto en el callejón tras la casa del hombre justo antes de que se incendiara su garaje.

La vida de Benji como hombre libre había llegado a su fin.

Entraría y saldría de la cárcel durante los siguientes años por una serie de conductas desordenadas, pequeños robos, violaciones a la libertad condicional y dos grandes robos de autos; finalmente, un asalto a mano armada lo enviaría a la penitenciaría del estado de Michigan, en Jackson.

Elisabeth dejó de intentar visitarlo allí luego de la cuarta vez consecutiva en que él se negó a verla. Aún así, ella le escribió y le envió regalos y cosas básicas por lo menos dos veces por semana. Cada día oraba más y derramaba más lágrimas por ese muchacho que el resto de la lista de oración combinada. Le recordaba constantemente que ella y Dios lo seguían amando incondicionalmente. Su única respuesta, dictada al capellán de la prisión, decía que la consideraba: «una lunática religiosa».

Tal vez lo era, decidió ella. El capellán escribió que había descubierto que Benjamín «nunca había dominado la lectura, que sufría de una incapacidad asombrosa para diferenciar entre letras y números que tenían la misma forma y que parece aún poseer la energía nerviosa de un niño de escuela».

Elisabeth envió su respuesta: «Usted puede hallar varias excusas para la conducta aberrante, como parece ser la moda ahora. Pero como un hombre de la iglesia seguramente sabe que el problema principal de la naturaleza humana es el pecado. Ninguna educación reparadora o terapia calmante rehabilitará a los hombres que deben tratar ante Dios su problema de pecado».

El capellán dejó pasar el tiempo antes de responder, pero su respuesta humilló a Elisabeth. «Usted está aparentemente ciega ante sus juicios estrechos. Si bien puedo estar de acuerdo en que no hay excusas para el delito, estar abierto a razones fuera de la pecaminosidad del hombre resultaría fructífero. Usted profesa amor incondicional, ¿pero ha mirado alguna vez por debajo de la superficie? Es posible responder ¿cómo un criminal endurecido podría surgir de su familia en alguna área que no sea blanca y negra?».

Cuando terminó su curso de escuela especial al cumplir dieciséis años, la pobre y enferma Betty quería irse, irse de Michigan, y alejarse de la influencia de su madre.

—¿Dónde irías? —le preguntó Elisabeth—. ¿Qué ha pasado contigo?

—Afortunadamente, conocí algunos alumnos como yo que están cansados de ser controlados por sus familias. Debemos hacernos cargo de nuestros propios destinos, de esa manera no seremos víctimas dependientes toda nuestra vida.

Elisabeth se mordió la lengua. Ella quería decir:

—¿Y qué hay de esa botella de oxígeno que tienes atada a un costado? —pero no estaba segura de que la declaración de independencia de Betty fuera tan mala. Hasta que apareció Cliff.

Betty ejerció por primera vez su libertad anunciada insistiendo en sus propias horas, pero Elisabeth estaba alentada por su deseo de hacer trabajo voluntario en la iglesia. Ayudaba a empacar alimentos para familias necesitadas y también coordinaba la cooperadora alimenticia de la iglesia, que ayudaba a financiar ministerios sociales. Cuando Betty mencionó por primera vez a Cliff, uno de los camioneros de la granja de la cooperativa, no le dio importancia.

Pero cuando Betty comenzó a referirse a él con mayor frecuencia, Elisabeth tomó nota.

—¿Quién es este Cliff?

Betty estaba sentada llenando sus recipientes con píldoras.

—Ya te dije, madre. Es un camionero. Y acaba de conseguir un trabajo de larga distancia importante, fuera de Nuevo México.

—¿Permiten que los jóvenes conductores tomen esos trabajos?

—Yo no dije que fuera joven. Ya ha conducido por todo el país anteriormente.

—¿Cuántos años tiene?

Betty se encogió de hombros.

—Me encantaría vivir en el oeste. Clima seco. Dicen que muchos enfermos de asma van allí en busca de alivio.

—¿Quiénes «dicen»?

—Todos.

—Todos como Cliff.

—Sí.

—Necesito conocer a ese muchacho

—Primero que nada, madre, no es un muchacho. Es un hombre.

—¿Y estás saliendo con él?

Betty se calló y se fue arriba. Elisabeth la llamó.

—¡Déjame sola! —Betty gritó desde arriba—. ¡Apuesto a que Ben está más feliz en prisión de lo que lo estaba aquí!

Elisabeth no podía imaginarse qué había hecho para alejar a su hija. Betty negaba todo intento de reconciliación, así que finalmente Elisabeth la enfrentó.

—Te niegas a hablar con el Pastor y conmigo, y no me dices dónde estás durante la noche. ¿Tengo que echarte de la casa como hice con Benji?

—Eso funcionó bien, ¿no? —dijo Betty—. Tampoco nunca regresó.

—¿Qué quieres decir con «tampoco»?

—Simplemente lo que dije, —y comenzó a empacar.

Elisabeth no quería rogarle, quebrarse, ni demostrar debilidad. De algún modo había perdido a Betty y no sabía por qué. No podía arriesgarse a alejar más a esta muchacha. *Dios,* oró en silencio, *¡no puedo hacer esto sola!*

Esa noche Betty no regresó a casa. Por la tarde del día siguiente, cuando descubrió que Betty no había estado en la iglesia en todo el día, Elisabeth estuvo a punto de reportar su desaparición cuando llamó Frances Child.

—Betty me preguntó si podía entregarte una carta de ella.

—¿Dónde está?

—¿Se la doy a Bruce cuando traiga a Trudy a casa?, ¿quieres venir a buscarla?, o ¿qué?

—Bruce tiene el automóvil.

—Art está trabajando un segundo turno, pero tiene un tiempo. Te la llevo yo.

—No quiero hacerte venir hasta aquí, Fran.

—Tonterías, es de camino.

Elisabeth no podía ocultar su terror por la carta de Betty. Ella y Frances se sentaron en el vestíbulo mientras Elisabeth rompía el sobre.

—Es una muchacha desdichada —dijo Frances.

—Lo sé. ¿Conoces a Cliff?

—Por supuesto.

Elisabeth deslizó la carta del sobre. Decía: «Madre, para el momento en que leas esto, Cliff y yo estaremos casados. Sé que soñaste en una gran boda en una iglesia, pero no hubieras aprobado esto, sin importar lo que yo dijera. Me voy con él a Nuevo México. La Sra. Childs puede darte más detalles. Te amo. En serio. No te preocupes por mí. Betty».

Elisabeth apretó los labios al poner la carta en su lugar.

—¿No te preocupes por mí? —dijo—. ¡Ni siquiera conocí a este hombre!

Frances asintió.

Elisabeth la miró.

—¿No podrías haberme dicho? Somos amigas desde la época de la escuela, ¿y pensaste que no debía saber?

—Lo lamento. Betty me pidió que no lo hiciera.

—¡Es una adolescente! ¿Qué puede saber ella?

—Sabía que tú no comprenderías.

—¿Este hombre se hará cargo de ella? ¿Tiene alguna idea de...?

Frances se levantó de la silla.

—No hay forma sencilla de decirlo, Elisabeth. Cliff es mayor que tú, divorciado dos veces y abuelo.

Elisabeth apretó el puño, con la carta entre sus dedos.

—Podría hacer anular el matrimonio.

—Ella ya tiene edad, Elisabeth. Y Cliff dice ser un cristiano.

—Mucha gente lo dice.

—Betty le cree. Yo también.

—Tú le creerías.

Frances parecía herida.

—Perdóname, Fran. No sé por qué dije eso. Es sólo, estoy tan... no sé qué me pasa.

—Está bien, querida —dijo Frances—. Cualquiera estaría molesta.

Elisabeth extendió sus brazos, levantó las cejas y anunció:

—Soy un fracaso. Eso es todo lo que tengo para decir.

Frances se levantó y se sentó cerca de ella, poniéndole un brazo alrededor.

—Sé que esto es un cliché, querida, pero esto también va a pasar. Nadie puede decir que eres un fracaso cuando tienes un hijo como Bruce. Y permíteme decirte algo, Betty tiene más que una cabeza sobre sus hombros, por lo tanto dale una oportunidad.

Elisabeth cruzó los brazos a la altura de su estómago y se balanceó.

—Eso no dice mucho.

Incapaz de poder pagar una tarifa de tren o de autobús, y no sintiéndose bienvenida en Nuevo México, de todos modos, Elisabeth había visto sólo fotografías de su yerno. Cliff era un hombre grandote, moreno que se vestía de cuero y usaba bandanas rojas. A Elisabeth le dolía ver que Betty aún debía llevar un tanque de oxígeno portátil. Estaba afligida que Betty disfrutara tanto del nieto de Cliff que hasta se hacía llamar a sí misma abuela.

En contra de su propia inclinación, Elisabeth sintió el impulso de Dios para mantener contacto con ellos. Creyendo que esto era parte de su prueba de obediencia, se obligó a escribir periódicamente con noticias acerca de la iglesia, de Bruce y hasta de Benjamín. Estaba intrigada, si bien era escéptica, al enterarse de que Cliff y Betty eran miembros de una pequeña iglesia bíblica en Albuquerque.

Gracias a Dios por Bruce, pensaba frecuentemente Elisabeth. Si bien era claro que sus dos hijos mayores siempre habían sentido celos de él, le resultaba difícil evitar alabarlo. Betty escribió diciendo que esperaba que su madre no fuera «tan efusiva acerca de Bruce frente a Benji, como lo has sido con Cliff y conmigo». ¿No se sentían orgullosos de que Bruce hubiera terminado con excelentes calificaciones en su clase, que fuera un atleta en tres deportes (experto en béisbol) y que ella se hubiera convertido en una fanática de los deportes sólo al observarlo?

¿Eran tan pequeños que no podían emocionarse como ella de que él perteneciera al Club de la Biblia, que compitiera disertando en Lansing y que enseñara a niños en la clase de la escuela dominical? Vaya, él sólo estaba haciendo las cosas que ellos deberían haber hecho.

Elisabeth sabía que Bruce no era perfecto. Había tenido dos multas por exceso de velocidad, e incluso con su aparente capacidad para conducir rápido con frecuencia no podía llegar antes del toque de queda. Nunca llegaba más de veinte minutos tarde. La hermosa hija adoptiva de Art y Frances era el amor de su vida. Cuando Elisabeth instituyó la regla de que cada minuto que apareciera después del toque de queda le costaría una noche sin Trudy, nunca volvió a llegar tarde.

Pero lo que ella atesoraba tanto de Bruce no eran sólo sus muchos logros. Le encantaba encontrar la Biblia abierta en su cama. Amaba cómo él se ocupaba de ella, cómo hablaba con ella, y cómo la escuchaba. Incluso iba con ella a ver a Bill un par de veces al mes. Es cierto, a Bruce le dolía mucho ver a su padre, ahora convertido en una masa de carne y huesos, que pesaba menos de sesenta kilos, ya no se acercaba a él y casi no lo miraba.

Elisabeth se ocupaba del puño apretado de su esposo todos los días, le abría los dedos, forzaba su mano en la suya y amorosamente la rozaba y la golpeaba mientras le hablaba. A veces era más de lo que Bruce podía tolerar y entonces abandonaba la habitación.

—Mamá, él ya no está —le diría de camino a casa—. Ojalá Dios se lo llevara y te quitara esta tortura.

—¿Piensas que sufre, Bruce?

—Me sorprendería que tuviera alguna actividad de ondas cerebrales.

—Los médicos dicen que la tiene o no respiraría por sus propios medios.

—Pero él no está conciente, mamá, y no lo ha estado durante años. No sabría si fuiste o no. Sé que vienes por ti tanto como por él, pero...

—Bruce, tú, entre todas las personas, no me digas que deje de venir. Él sigue siendo mi esposo y aún lo amo. Lo *necesito*, necesito estar con él. No me importa si alguien lo entiende o no, pero necesito que me apoyes.

—Lo lamento, mamá. Lo sé.

Un día ella apagó el automóvil en el camino sin salir de él.

—¿Lo recuerdas Bruce?

—Un poco, seguro.

—Vamos, eras lo suficientemente grande como para aún tener recuerdos.

—Es difícil hablar de él, viéndolo como está.

—Él solía orar contigo.

—Todas las noches. Me acuerdo, mamá.

En diciembre de 1941 los Estados Unidos habían respondido al ataque de Pearl Harbor declarándole la guerra a Japón. Elisabeth nunca se olvidaría de cuando escuchó, cuatro días más tarde, que las potencias del Eje de Alemania e Italia le habían declarado la guerra a Estados Unidos. La segunda gran guerra para terminar con todas ellas finalmente incluía a los Estados Unidos y el periódico local predecía que afectaría mucho al comercio y a la industria, y nuevamente a la economía.

Como el resto del país, Three Rivers se movilizó por el esfuerzo de la guerra. Elisabeth perdió su trabajo de tanto tiempo en la farmacia pero rápidamente consiguió un trabajo construyendo armas en Fairbanks—Morse. Mientras tanto, había pagado los intereses de la hipoteca de la casa a lo largo de los años, pero nunca había podido empezar a pagar el capital. En enero del 42, el banco finalmente avisó que el préstamo había vencido.

Bruce, en la mitad de sus años en la escuela secundaria, la instó a vender y mudarse a un lugar más pequeño.

—Sólo somos dos, mamá, y pronto tendré dieciocho años, me voy a alistar.

—Tú irás a la universidad. De todos modos, la guerra habrá terminado para entonces. Todo el mundo lo dice.

—Iría ahora si me lo permitieran. Quiero ser un marine.

Elisabeth intentó explicarle por qué la casa era tan importante para ella, contándole a Bruce toda la historia del regalo de su padre el día en que regresaron de la luna de miel. Él se mantuvo en silencio durante varios minutos, ocupándose de su cuarto. Luego preguntó el nombre del funcionario del préstamo en el banco y le pidió permiso para hablar con él.

—Bruce, no es necesario que te involucres. Estoy ganando dinero ahora, y tal vez pueda comenzar a pagar el capital.

Pero él insistió y ella cedió. Volvió del banco resplandeciente:

—Tienes que firmar tú, porque yo soy menor de edad, pero mira qué he acordado.

Elisabeth estaba perpleja. Bruce había renegociado el capital restante en un préstamo de dieciocho meses con pagos mensuales mucho más altos. Si podían pagar las cuotas, la casa sería suya, libre de todo cargo, para cuando Bruce se graduara de la escuela secundaria.

—Y me una a los marines, —dijo él.

—Y vayas a la universidad —dijo ella—. ¿Pero cómo voy a poder hacer estos pagos?

—No los harás —dijo él—. Los haré yo.

—Casi ganas lo suficiente para tus citas ahora.

—Voy a dejar las actividades extracurriculares y...

—¡No! Tú amas los deportes y todo lo demás.

—Déjame hacer esto, mamá. Es lo que quiero hacer.

—Por lo menos quédate con el béisbol.

—Odio dejarlos si ellos cuentan conmigo.

—Te dejaré hacer el resto si sigues con el béisbol.

Él estuvo de acuerdo y cada minuto libre que tenía comenzó a dedicarlo a limpiar la nieve con pala, lavar ventanas, cortar el césped, incluso trabajando como empleado de oficina en F.M. Cuando en junio de 1943 se graduó, el préstamo estaba pagado. Bruce había estado tan ocupado que casi había perdido a Trudy (si bien ella pensaba que su plan de convertirse en marine era «espectacular»). Al día siguiente estaba en la oficina de reclutamiento.

Elisabeth no podía imaginarse a otro ser amado en la guerra, pero si el país había consolidado la causa la primera vez, ahora el espíritu era diez veces el anterior. Adolfo Hitler y sus tormentosas tropas nazis firmaron acuerdos de paz con países vecinos, luego se burlaron de ellos, avanzando por toda Europa. El acuerdo de Alemania con Italia y Japón en contra de EE. UU., fue el último trago. El Primer Ministro Churchill estaba defendiéndose contra ellos en Gran Bretaña, y Estados Unidos no podía hacer menos.

La tragedia era que demasiados jóvenes iban y muy pocos regresaban. Si bien había pasado mucho tiempo, el horror de lo que le había vivido con Ben Phillips parecía haber sucedido ayer. Anticipaba horas postrada en oración hasta que Bruce regresara a casa a salvo.

La máquina de guerra tragaba a los adolescentes como aperitivos, y ya los amigos y los vecinos habían sufrido pérdidas. En todo el pueblo, aparecían estrellas en las ventanas, representando un hijo en la guerra. Las estrellas doradas indicaban que había pagado el sacrificio final. Tres familias en la Iglesia de Cristo ya habían perdido hijos en la guerra, y la participación de Estados Unidos recién estaba comenzando.

Los marines amaban a un joven sano con ambición y convicción como Bruce, y él regresó de la oficina de reclutamiento con órdenes de reportarse en la isla de Parris para seis semanas de entrenamiento básico antes de partir.

—¿A dónde? —preguntó Elisabeth esa noche mientras les servía la cena a Bruce y a Trudy.

—Espero que al frente —dijo Bruce—. Por supuesto, hay muchos frentes.

—Espero que sea a una oficina en algún lugar bueno de Estados Unidos.

—Yo también —dijo Trudy, con su cabello largo y oscuro dando marco a un rostro delgado y bello—. Pero Bru tiene los elementos de un héroe.

—Ya es un héroe —dijo Elisabeth—. ¿Y te acuerdas de tu promesa, jovencito?

—Directo a Moody´s tan pronto como regrese. Luego el seminario y mi primera iglesia.

—Te olvidaste de un paso —dijo Trudy.

—Ah, sí. ¿Le mostraste a mamá?

—Esperaba que ella se diera cuenta.

Elisabeth se congeló.

—Déjame ver —dijo, y Trudy le mostró la mano izquierda—. Es hermoso, chicos. Sabía que esto pasaría, pero pensé que iban a esperar, ya saben, hasta que...

—Hasta que regrese. Pero no habrá ninguna carta desgraciada, Sra. Bishop. Estamos en esto por el futuro.

—No hay garantías de ello. No querrías enfrentarte a...

—Aquí, mire la inscripción —Trudy se quitó el anillo.

—No puedo creer que ya necesite bifocales —dijo Elisabeth—. Déjame ver.

Dentro del anillo estaba grabado: «Bru y Tru para siempre».

—¡Qué bonito!

Ella odiaba esos apodos ridículos, pero hacían lo mismo que sus amigos, y Elisabeth se sentía impotente para detenerlos.

—Desde que Bruce nació oré porque su esposa amara a Dios y quisiera servirlo. Estaré orgullosa de darte la bienvenida a la familia.

Trudy lloraba al finalizar la noche y prometió estar muy cerca de Elisabeth mientras Bruce no estuviera.

—Estaré bien —dijo Elisabeth—. Un poco sola, pero me mantendré ocupada.

La descripción de Elisabeth de su vida como sola pero ocupada pronto comenzó a ser la adecuada. Desde el doloroso día en que ella y Trudy despidieron a Bruce en la estación de autobús —pareciéndole tan pequeño como el primer día de su primer grado de escuela— hasta el día que se enteró que volvía a casa, Elisabeth sintió como si viviera en una tumba.

Ah, ella amaba su casa. Había insistido después del incendio en que la casa reconstruida fuera un calco del diseño original, salvo que la chimenea ahora era falsa. Cuando la moda era el linóleo, lo hizo instalar arriba, esperando que hiciera de aislamiento entre sus pies y el piso de madera. Pero cuánto eco había en la casa ahora que era la única que vivía allí.

La promesa de Trudy de verla rápidamente se desvaneció. Elisabeth no la culpó. Se habían dado a cada una espacio y tiempo en la estación de autobúses, y luego Trudy se unió a ella para un almuerzo ligero. Sin Bruce era raro e incómodo. Trudy era un poco directa y más charlatana de lo que le gustaba a Elisabeth. También era menos inclinada a hablar sobre asuntos espirituales.

Trudy parecía muy interesada en el «ascenso» de Bruce con los marines.

—Ah, no sé —dijo Elisabeth—. Ya que no piensa hacer una carrera allí, no me importaría que fuera uno más del montón, que mantuviera la cabeza gacha y volviera entero a casa.

—Entonces no conoce a Bruce —dijo Trudy, insultando a Elisabeth más de lo que podía suponer—. Nunca se achicaría ante un desafío.

Elisabeth sabía eso muy bien. De hecho, se decía a sí misma, ella conocía mejor a Bruce de lo que Trudy lo conocería hasta que estuvieran casados durante media vida. *Ese muchacho estuvo en mi matriz* —pensó Elisabeth pero no se atrevió a decirlo—. *Le di de mamar, le enseñé a caminar y a hablar, lo conduje a Cristo, salvé su vida —¡dos veces!— ¿y tú tienes la audacia de decir que no lo conozco?*

Capítulo Diecisiete

Finalmente sola de nuevo, Elisabeth cayó en una rutina que no había disfrutado durante décadas. Se levantaba temprano para leer la Biblia y orar, tomaba el desayuno y se preparaba dos almuerzos: uno para el mediodía en la planta y otro para comer mientras se sentaba con Bill en el hospital estatal de Kalamazoo. Se desempeñaba allí como los empleados con antigüedad, conocida por todos. Sabía que le tenían lástima y que probablemente la creyeran loca.

Elisabeth dejaba el hospital casi todas las noches, con tiempo para regresar a Three Rivers para muchas actividades de la iglesia. Las reuniones de oración de los miércoles a la noche estaban de nuevo en su programa. Aún enseñaba en la escuela dominical y también escribía cartas frecuentes a misioneros, compartiendo sus respuestas con el pastor David Clarkson para la inclusión en el boletín semanal. Una noche le entregó uno a él en su oficina. Él le agradeció y le preguntó si no le molestaba que le hiciera una pregunta personal.

De hecho, sí le importaba. Él era mucho más joven que ella, y Elisabeth creía que una pregunta que requería de permiso no debía formularse.

—Adelante —dijo ella mientras se sentaba.

—Me estaba preguntando si estaba conciente de que por lo menos había un par de hombres solteros en nuestra congregación —alrededor de su edad— que han preguntado privadamente sobre usted.

Elisabeth se puso tiesa. ¿Se atrevería a preguntar quiénes eran?

—¿Cómo sabría eso —dijo ella— si fueron privadas?

—Lo lamento, supongo que debería haber preguntado si eso la sorprendía.

Sorpresa no era la palabra. ¿Era posible, después de todos estos años de soledad?

—Lo que me sorprendería, Pastor, es que usted lo permitiera. Usted sabe que estoy casada, y si ellos no lo saben, usted debería decírselos. ¿No pueden ver mis anillos? ¿No conocen mi historia? Mi vida no es secreto para nadie.

Él levantó una mano.

—Sra. Bishop, yo...

—*Sra.* Bishop es correcto, señor, y apreciaría que no lo olvidara.

Elisabeth tampoco quería olvidarlo, y el escalofrío que la recorrió la preocupó.

—Mis disculpas, señora, yo...

—Aceptadas, pero me impacta que siquiera me informara de tales preguntas inapropiadas. ¿Qué es lo que querían, saber si yo saldría con ellos en anticipación a la muerte de mi esposo?

—No, realmente, yo...

—¿No saben todos que originalmente le dieron diez años de vida? ¿Hay ahora un reloj para la muerte? Siéntase libre de informar a cualquiera que sea lo suficientemente insolente como para preguntar, que mi médico siente que la enfermedad ha hecho todo lo que puede hacerle a Bill menos matarlo, así que ahora es cuestión de cuánto dure. Sólo tiene cuarenta y cuatro años, así que puede decirles a los aspirantes que pueden pasar veinte años más.

—Sra. Bishop, yo...

—Y mientras le dice eso, podría decirle a todos los demás que piensan que es asunto de ellos que no he mirado ni a la derecha ni a la izquierda desde el día en que me casé con ese hombre. Nunca me ha interesado nadie más, y no imagino que me interese en el futuro.

Era cierto que Elisabeth nunca había estado interesada en nadie más, pero se preguntaba si había sido sincera consigo misma acerca del futuro. El pastor Clarkson estaba sentado mirándola, aparentemente dándose cuenta de que era fútil intentar decir cualquier cosa hasta que ella hubiera terminado. Elisabeth temblaba.

—Confío en que usted me conoce lo suficiente —dijo ella— como para saber que no es mi práctica dejar las cosas libradas de esta manera.

Él asintió.

— Bueno, yo...

—Me he avergonzado a mí misma, y ahora...

—De ninguna manera.

—Yo sabría mejor que usted, Pastor, si no le molesta que se lo diga. No me las tendría que haber agarrado con usted. Me llegan preguntas y comentarios sobre Bill todo el tiempo, y hace rato que dejé de contestarlas.

—Si me permite...

—Lo lamento. Adelante.

—El hecho es que le dije a las dos personas que preguntaron que estaban equivocados, y por casi las mismas razones que usted mencionó. Pero se lo digo para alentarla.

—¿Para alentarme?

—Esto es difícil, Sra. Bishop, pero lo platiqué con mi esposa, y ella pensó que sería apropiado expresárselo a usted. Incluso se ofreció a estar aquí cuando yo se lo dijera, pero como pasó por acá, bueno...

—¿De qué me está hablando?

Él se sonrojó.

—Permítame decirle. Estoy seguro de que usted está consciente de que es muy querida y admirada aquí. —Elisabeth no estaba tan segura—. Pero tal vez no reciba el aliento que recibe la esposa típica.

—Dios es bueno —comenzó ella.

—Ahora, perdóneme, pero le voy a pedir que me deje terminar, porque esto es muy duro tal como está. —Sonrió—. Probablemente la gente no le diga lo atractiva que es.

El sudor rodaba sobre su frente. El corazón de Elisabeth dio un salto y se rió, quizás un poco demasiado fuerte. ¡Cuánto ansiaba oír eso! ¿Pero de este joven pastor?

—¿Cuán atractiva soy? —dijo ella—. ¿Y eso qué tiene que ver con nada?

—La gente siempre la ha considerado hermosa —dijo él.

—Tonterías. ¿Podría ser?

—Ahora, Sra. Bishop, he visto fotografías de usted cuando niña y adolescente, y usted era muy, muy bella.

Elisabeth se había calmado.

—Mi padre dice que salí a mi madre.

—Bueno, entonces ella debe haber sido bella, porque usted es más que bonita ahora.

—Sí, ¿no es cierto? —dijo Elisabeth, disfrutando de la incomodidad del pastor Clarkson.

—La edad sólo ha mejorado...

—Estoy envejeciendo bien, ¿es eso lo que me está diciendo?

—No, yo...bueno. Yo no diría...

—Sí, lo diría. Acaba de hacerlo.

—No me he comunicado bien.

Elisabeth se puso de pie.

—En realidad, lo ha hecho. Preferiría no pensar más en eso —dijo ella, de inmediato resentida por esa mentira—. Sé que luzco más vieja que los años que tengo. Saber que hay otras personas que no piensan lo mismo es halagador, y le agradezco por decirlo.

—Gracias a *usted*, Sra. Bishop.

Elisabeth regresó a casa intrigada por cuán bien le había hecho sentir el saber que alguien todavía la hallaba atractiva.

—Por cierto, Señor —oró—. Estoy al borde de la vanidad.

Luego de lavarse la cara antes de irse a la cama, miró su rostro prematuramente marcado por las líneas. Todavía tenía lo que su padre llamaba piel de porcelana, y la gravedad todavía no había hecho efecto en su rostro. Se tiró el cabello para atrás. *¡Agh!*. Pensó, *¡Demasiado pensar en mí!*

Elisabeth se fue a la cama, quedándose todavía de su lado del colchón, luego de todos estos años, y deseaba que Bill pudiera decirle que todavía era hermosa. Eso era todo lo que le preocupaba. Lo que tuviera para ofrecerle a cualquiera le pertenecía sólo a Bill. Sola, hambrienta de afecto y de que la tocaran, ¡lo extrañaba tanto! Cómo deseaba que él todavía compartiera su cama.

La siguiente vez que Elisabeth vio a Bill estuvo segura de que detectó un brillo en sus ojos. Corrió a buscar al médico que se negó hasta a ir y ver.

—Imposible —dijo él—. Sra. Bishop, no haga esto. El daño fue hecho años atrás y es irreversible. Si encontramos una cura ahora, no tendría efecto en un hombre comatoso durante aproximadamente una década.

—Sólo mire y dígame qué estoy viendo entonces.

—Lo lamento. Realmente no tengo tiempo. Si parece hacer contacto ocular, es una coincidencia. No ve nada. No registra nada. Por favor.

Elisabeth corrió de regreso a la habitación de Bill. Tomó su rostro entre sus manos y miró sus ojos. ¡Él estaba devolviendo la mirada, si es que había un Dios en el cielo!

—Bill —dijo—. Me ves, ¿no? ¡Tú sabes quién soy! Te amo y tú me amas a mí, ¿no?

¡Él luchó para asentir! Ella gritó para que viniera una enfermera, un guardia, cualquiera.

—¡Bill! ¡Me reconoces!

Él asintió sin su ayuda. ¡Había un rastro de una sonrisa! El auxiliar de enfermería vino corriendo.

—¿Qué sucede?

—¡Mírelo! ¡Me reconoce! Asiente, Bill —Él asintió—. ¿Ve?

—Increíble.

—Es un milagro, —dijo Elisabeth—. ¡Gracias, Señor! ¿Ella tenía la fe para creer que realmente iba a mejorar?

—Bill, —dijo—. ¡Asiente para mí!

Él asintió y trató de hablar.

—Eli —fue el susurro áspero.

Ella estaba feliz.

—¿Oyó eso?

Pero el asistente se había ido. Se volvió a Bill.

—Dilo otra vez, Bill. ¡Dí mi nombre otra vez!

Él estaba sonriendo, ¡intentando sentarse! Volvió a hablar y ella se inclinó para escuchar.

—Estás durmiendo, —dijo él—. Eli, despierta. Estás durmiendo.

Ella se despertó con una sacudida que arrojó sus materiales de trabajo fuera de su regazo al piso. Un hombre grande negro en un uniforme de guardia estaba parado en el marco de la puerta.

—¿Está usted bien, Sra. Bishop?

Tenía piel de gallina en los brazos. ¡Había sido tan real! Ella asintió.

—Sí, Charles. Gracias.

Charles la ayudó a levantar sus cosas.

—¿Y cómo está el caballero hoy? —dijo él.

Ella se puso de pie, temblorosa y miraron a Bill. Yacía en posición fetal, sin moverse, con los ojos abiertos, mirando hacia la puerta, sin ver.

—Igual —dijo ella—. Igual que siempre.

La capacitación básica se había terminado, y la mala noticia llegó en una carta de Bruce. Se había embarcado. No podía decir a dónde, ni siquiera lo sabía él. Pero sería al extranjero y sería estratégico.

—Tal vez le dicen a todos lo mismo —escribió—, pero parecer ser algo grande.

Elisabeth se encontró melancólica. Parecía que sus oraciones habían ido en una sola dirección durante semanas.

—Te he dado mi vida —le dijo a Dios—. Trato de no mirar las circunstancias. Pero ¿quién te seguiría de todo corazón si vieran mi vida como un ejemplo? ¿Es el cielo la única recompensa por una vida totalmente entregada a ti? ¿He obedecido en todo?

Debía haber sabido que no esperaría felicidad. No había recompensa de este lado del cielo para una vida de consagración. Otros habían intentado decírselo. ¿Hubiera perseguido la obediencia de manera tan resoluta si hubiera sabido cuán duro era?

¿Cómo habría sido una vida cristiana normal? Aparecer el domingo y hacer su parte. Tal vez tu esposo es sano y todos tus hijos te hacen sentir orgullosa. Cuando era más joven ni siquiera hubiera tenido esas dudas. De algún modo se encontraba esperando más de Dios de lo que él le había dado.

Con Bruce destinado a quién sabe dónde para participar en quién sabe qué, y Betty a más de mil quinientos kilómetros, Elisabeth recibió una carta del capellán de Jackson.

«Finalmente su hijo podría estar abierto a verla», escribió. «Lamentablemente, lo que lo ha apaciguado fue una pelea con cuchillo en la que casi mata a un guardia. Benjamín iba a comenzar las audiencias anuales de libertad condicional en anticipación a su liberación en 1947, o antes. Esto último probablemente resulte en una sentencia a prisión perpetua sin libertad condicional. Él pide que le lean sus cartas ahora, en lugar de arrojarlas. También guarda las golosinas que envía y come las galletas. Puede que esté equivocado, pero tal vez lo encuentre receptivo a una visita».

Elisabeth no perdió el tiempo en presentar su solicitud formal para ver a Benjamín al siguiente día de visita, el 17 de noviembre de 1943, el día antes de Acción de Gracias. Pero Benjamín vetó la idea y no sugirió otra fecha. Elisabeth le envió otro paquete, incluyendo una Biblia, y le recordó que aún lo amaba y que oraba por él.

Recibió varias cartas de Bruce del teatro del Pacífico, especialmente cuando estuvo estacionado en Hawai. Le advertía que repentinamente podría dejar de oír sobre él, pero que no se preocupara.

—Eso es fácil para ti decirlo —escribió ella.

Le decía cuánto la extrañaba, cuánto esperaba regresar a casa y cómo él y Trudy anticipaban traer niños a la casa grande algún día. «Ella dice que parece que estás bien», escribió él.

¿Cómo podría saberlo? Se preguntó Elisabeth, pero lo dejó así. Lo último que quería era problemas entre ella y su futura nuera. La madre de Trudy invitó a Elisabeth para la cena de Acción de Gracias, pero ella se negó y fue a Kalamazoo. En todo el camino se arrepintió de su decisión. Art y Frances se habían convertido en maravillosos cristianos y en buenos padres. Desde el hospital estatal llamó y preguntó si podía visitarlos el próximo viernes.

—Nos encantaría, Eli —dijo Frances, y el nombre la horadó.

—Me llaman Elisabeth en estos días, Frances, si no te importa.

—Ah, lo lamento. De todos modos, te veremos entonces.

Elisabeth se sentó mirando a Bill.

—Otra festividad, amor —susurró—. Otro año que viene y ya casi se va. Pero tú te estás cansando de esto, ¿no? Cuando estés listo para estar con Jesús, te irás. No te preocupes por mí.

Se enjugó una lágrima y se dio cuenta de que estaba en un rincón. No podía imaginarse haber expresado ese pensamiento, haberse dado ese permiso, incluso un año antes. ¿Por qué se aferraba con tanta desesperación al cuerpo de un hombre que antes era tan vibrante y robusto? Llegaría el día en que tendría que dejarlo ir, estuviera ella lista o no, así que mejor debía hacerse que la idea ahora. Personas bien intencionadas pero insensibles, le habían dicho con frecuencia que Bill había estado muerto para ella casi desde el principio. Oraba sólo porque se le permitiera el privilegio de estar allí cuando él fuera llevado a la presencia de Cristo. Ese sería el regalo más grande que Dios le pudiera dar.

Elisabeth leyó en el periódico historias acerca de operaciones de los marines. Los informes por lo general llegaban varios días después del hecho. Con frecuencia familias en duelo sufrían de nuevo cuando un relato aparecía en su umbral con detalles de la batalla que ya había resultado en la temida estrella dorada en la ventana.

En la casa de los Childs el siguiente viernes, Elisabeth se enteró que Art leía el periódico de la misma manera en que lo hacía ella.

—Las otras cosas no me interesan —dijo él—. Pero me gusta intentar descubrir dónde podría estar Bruce. ¿Has visto el de hoy?

Elisabeth sacudió la cabeza y él se lo alcanzó, mostrando una historia en primera plana con su pulgar.

—¿Quién sabe? —dijo él.

El artículo hablaba de la ofensiva del Pacífico Central, una operación de EE. UU. que había comenzado en las islas Gilbert. A principios de ese mes, no más tarde de que Elisabeth hubiera dejado de tener noticias de Bruce, las fuerzas de tareas de Estados Unidos atacaron Tarawa y las islas Makin. Makin fue tomada en sólo días, pero el servicio de cable informó que quinientos luchadores experimentados de la jungla de Japón estaban preparados para luchar hasta morir en Tarawa. Elisabeth contuvo el aliento cuando leyó que el 20 de noviembre, llegó el mismo número de marines. Miró a Art y leyó:

—La lucha fue feroz y las bajas muy elevadas.

Él asintió.

—Pero habrías oído algo hasta ahora. Falta de noticias son buenas noticias, ¿no?

—Ya escuché eso antes —dijo—. Ojalá siempre fuera verdad.

Trudy llegó a la casa aproximadamente tres horas más tarde con dos amigas, saludó a Elisabeth y desapareció. Elisabeth no podía imaginarse cómo podía tener actividades sociales y seguir como de costumbre con su prometido en la guerra.

El sábado siguiente Elisabeth leyó que el problema en Tarawa era que el apoyo aéreo no había sido adecuadamente coordinado. Sin embargo, el 26 de noviembre Estados Unidos había tomado la isla.

Justo antes de irse para el trabajo el lunes por la mañana, el 6 de diciembre, sonó el teléfono de Elisabeth. Quien llamaba, que hablaba con un fuerte acento sureño, se identificó como el Sargento Howard de los Marines de Estados Unidos.

—Ah, no, —dijo ella.

—Señora, no es una llamada para darle malas noticias.

—Ah, gracias a Dios.

Ella había oído que las malas noticias venían por escrito o en persona, para evitar bromas crueles.

—Tampoco son todas buenas, me temo, pero su hijo regresa a casa. ¿Puede confirmar que estoy hablando con la madre de Bruce James Bishop, DOB seis uno veinticinco, en Three Rivers, Michigan?

—Ese es él. ¿cuán mala es la situación?

—No fue herido físicamente, señora, hasta donde yo sé. Se le ha diagnosticado fatiga de batalla y ha sufrido, estoy leyendo aquí «posible daño sensorial que será evaluado mejor cuando vuelva la función oral».

—¿Perdió la voz?

—Así lo interpreto yo, señora. Eso no es generalmente físico sino psicológico, y no es poco común en la fatiga de batalla. El problema es que, hasta que pueda hablar, es difícil diagnosticar el alcance de alguna pérdida de la audición o de la vista.

—¿Está en shock?

—En cierta forma, señora. Aparentemente participó en un combate pesado y se traumatizó. No es una condición menor. Hay chances de una recuperación total, pero no hay garantías.

—¿Cuándo puedo verlo?

—Ha sido transportado a Honolulu donde está siendo estabilizado. De allí, cuando esté en condiciones, volará a San Diego. Podría ser trasladado de allí a Quantico, Virginia, Washington, D.C. o directamente a su hogar, dependiendo de dónde podamos encontrar una rehabilitación adecuada en su área. Debo advertirle que transportar a estos muchachos del Pacífico siempre es tedioso, y tal vez no sepa exactamente cuándo regresará a su casa hasta que llegue allí.

Elisabeth llamó a los Childs. La noticia se difundió por la Iglesia de Cristo, y comenzó una vigilia de oración para que Bruce regresara a casa lo más pronto posible. Después de diez de los días más ansiosos de su vida, Elisabeth recibió una llamada del Sargento Howard.

—Sra. Bishop —dijo—. Bruce James llegará mañana a las 1900 horas al hospital estatal de Kalamazoo. ¿Sabe dónde queda?

Ella sonrió.

—Estoy segura de que podré encontrarlo.

Por supuesto, Bruce llegó tarde. La última parte de su viaje fue desde Chicago y no desde Detroit como había sido planeado, y cuando llegó, fue sedado y dormido. Elisabeth y Trudy lo abrazaron y se sentaron con él a pasar la noche.

—Hablará tan pronto como se despierte y me vea —dijo Trudy.

—No creo que debamos abrumarlo —dijo Elisabeth—. Tú lo saludas primero y yo esperaré.

Trudy caminó por los pasillos, luego se extendió finalmente en una silla y se quedó dormida. Elisabeth siguió observando en caso de que él se despertara antes. Pero Bruce no lo hizo. Ella alzó su mano y la sostuvo entre las suyas. Era la mano grande, cálida de un hombre. ¿Cuándo había sucedido esto? Cómo ansiaba que abriera los ojos y supiera que ella estaba allí, que supiera que estaba en casa y a salvo. Lucía tal como las fotografías que había enviado desde Hawai, tal vez un poco más tostado y angular, con el cabello un poco raleado.

Elisabeth oró mientras sostenía su mano, agradeciendo a Dios por cuidar a Bruce.

—Pensé que *yo* iba a despertarlo —dijo Trudy y Elisabeth saltó.

—Él no está despierto, querida. Sólo estoy orando por él.

—Bueno, ¿y si eso lo despierta?

—Está totalmente dormido, Trudy. Tu rostro será el primero que vea, te lo prometo.

Trudy no parecía tan segura, pero pronto se durmió de nuevo.

Un médico entró a las seis de la mañana y verificó los signos vitales de Bruce.

—Deberá despertarse aproximadamente en una hora —susurró—. Su pulso y su respiración han aumentado, las pulsaciones están bien. Comenzará a moverse, pero no intenten hacerlo hablar. Él puede intentarlo, pero dejen que suceda espontáneamente. Le harán más mal que bien si lo apuran. Le traerán algo para desayunar a las ocho, y lo volveré a revisar después de eso.

Elisabeth no se hubiera perdido ver los ojos abiertos de Bruce. Cuando el reloj dio las siete, miró su rostro. Sus dedos se movieron. Hizo girar sus tobillos. Su cabeza se alejó de la almohada y luego volvió a su posición anterior. La luz del sol empezó a pasar por las cortinas venecianas y cruzaron su rostro. Se dio vuelta, con los párpados moviéndose.

Finalmente giró hacia el sol y dejó que éste bañara su rostro. Abrió los ojos y parpadeó lentamente. Elisabeth despertó a Trudy. La muchacha se sentó, se rascó la cabeza con ambas manos, dejó suelto el pelo y se inclinó hacia el pie de la cama.

—¡Hola, mi amor! —dijo un poco demasiado fuerte.

Él la miró directamente.

Trudy se dirigió al costado de la cama. Intentó tomar su mano, y si bien él no la retiró, permaneció quieta. Aún miraba y Elisabeth se quedó donde estaba, a treinta centímetros de su campo visual.

—¡Soy yo, Bru! ¡Soy Trudy! ¡Bienvenido a casa, soldado!

Ella apretó los labios y suspiró. Elisabeth comenzó a protestar cuando Trudy tomó el rostro de Bruce entre sus manos e intentó que la mirara.

—Despierta, bello durmiente —dijo ella.

Él estaba recostado con la cabeza en la almohada y miraba de frente.

—Olvida esto —dijo Trudy—. Dile que nos avisen cuando esté conciente.

—Está conciente, cariño. Simplemente no hay que apurarlo.

Bruce siguió la voz de Elisabeth y sus ojos se abrieron más cuando la vio. Ella dudó, no queriendo hacer a un lado a Trudy ni confundir a Bruce. Sus ojos hicieron contacto con los de Elisabeth. Ella sonrió.

—Esa es tu mamá, Bru. ¿Puedes verla? Dile hola a tu mamá.

Elisabeth sacudió la cabeza, intentando recordarle a Trudy que no debían empujarlo a hablar.

—Bien —dijo Trudy.

Elisabeth se deslizó al lado de la cama y él giró para mantener la vista puesta en ella. ¿Cuántos miles de veces había soñado ella con que Bill la siguiera con los ojos?

—Estoy aquí, Bruce —susurró.

Los labios de Bruce se movieron como si estuviera por decir algo pero no podía formar las palabras. Su boca se arrugó con el esfuerzo y parecía que iba a llorar. Eso le partió el corazón. Él respiró profundo, levantó la barbilla y pareció querer abrir la boca. Exhaló a través de la nariz y sacudió la cabeza.

—Shh —dijo ella, tomando su mano entre las suyas. Acarició el dorso de su mano—. Hay mucho tiempo, Bruce.

Trudy se alejó y miraba desde el marco de la puerta.

—¿Cuánto tiempo te vas a quedar? —preguntó.

—Probablemente hasta media mañana.

Trudy miró su reloj.

—¿Tanto tiempo?

—¿Tienes que ir a alguna parte?

—Más o menos. Para el mediodía, tengo que volver a Three Rivers.

—Te puedo llevar para ese momento.

Elisabeth se quedó al lado de Bruce hasta que llegó el desayuno. Una voluntaria pelirroja cuya placa decía «Joyce», lo trajo. Ella leyó de la historia clínica:

—Hay que alimentarlo. ¿Alguna de ustedes quiere hacerlo?

Elisabeth quería hacerlo pero pensó que se lo delegaría a Trudy. Asintió hacia ella.

Trudy dudó.

—Pensé que estaba bien.

—Le estoy diciendo lo que dice la historia clínica —dijo Joyce—. Si nosotros no lo alimentamos, él no come.

Trudy sacudió la cabeza.

—Yo le daré de comer —dijo Elisabeth, y Trudy se fue.

Alimentarlo como a un bebé le sugirió como si los años se hubieran derretido. Elisabeth puso una mano debajo de su barbilla y le dio la comida con cuchara en la boca, y con la otra, limpiándolo con cada bocado. Bruce finalmente podría alimentarse solo, y cuanto antes, mejor. Pero para Elisabeth esto era un privilegio.

—Parece que tiene experiencia —dijo Joyce cuando salía.

—Años —dijo Elisabeth—. No la he visto antes por aquí. ¿Es nueva?

—En rehabilitación, sí —dijo sonriendo.

Tarde en la mañana, mientras Bruce dormía, Elisabeth y Trudy se dirigieron al automóvil.

—Conozco a Joyce —dijo Trudy—. Es del cuarto barrio.

—¿Realmente? No la saludaste.

—Le dije, cuarto barrio. Creo que hasta vive en un campamento.

Elisabeth no podía siquiera imaginarse la importancia de esa tontería.

—¿Te molestaría conducir, Trudy? —dijo ella—. Ya que por lo menos tienes un ojo abierto.

—¿Usted no durmió?

—Estaba demasiado emocionada.

—Nunca conduje uno de estos automóviles grandes, antiguos. ¿Qué tal si me aseguro de que permanezca despierta?

Trudy permaneció en silencio todo el camino de regreso. Cuando Elisabeth estacionó en frente de la casa de los Childs, Trudy se dispuso a salir, luego dudó.

—Sabe qué Sra. Bishop. No creo que sea capaz de manejar esto.

—Por cierto que podrás. Él volverá a estar como siempre. No sé dónde estuvo o qué vio, pero Dios lo ayudará a atravesar esto y mejorará, verás.

Trudy sacudió la cabeza, con lágrimas en los ojos.

—Me siento terrible, pero simplemente, simplemente no puedo...

—Trudy, cariño, debemos ser fuertes para ayudarlo.

Trudy tuvo un ataque de sollozos. Elisabeth le palmeó la espalda a la jovencita.

—Odio admitir esto, Sra. Bishop, pero no puedo evitar pensar que Bruce es un cobarde.

—¿Un cobarde?

—¡No está herido!, —dijo Trudy—. ¡Está asustado! Los muchachos son heridos y mueren allí, y él vuelve porque no le gustó lo que vio.

—¡Por el amor de Dios, niña! Él no fue acusado de deserción. Me dicen que es una enfermedad común y muy real.

Trudy la miró.

—¿Volver a casa antes sin estar herido?

—Si conocieras a Bruce —dijo Elisabeth— sabrías que está profundamente herido.

—No sé si lo conozco o no —dijo Trudy.

Trató de alcanzar la manija de la puerta.

—¿Quieres que te lleve mañana?

Trudy dudó.

—Yo la llamo.

Elisabeth condujo a casa preguntándose qué le diría a su hijo si Trudy no llamaba. Elisabeth desconfiaba de Trudy, y esta desconfianza había sido exacerbada durante las últimas veinticuatro horas. Pero no podía imaginarse a Trudy como una de esas prometidas que desaparecen cuando las cosas se ponen feas.

Las siguientes semanas fueron agotadoras para Elisabeth, pero por lo menos tenía que hacer un solo viaje al mismo lugar cada noche. Pasaba la mayor parte del tiempo con Bruce pero siempre se detenía varios minutos a visitar a Bill también.

—Si sólo supieras quién está en la otra sala —le decía—. Si sólo pudiera hacerte comprender.

Para poner su propia mente a descansar y, además, para darse una ventaja cuando Bruce comenzara a hablar, Elisabeth investigó qué le había pasado. Llamó al sargento Howard y le preguntó si Bruce había estado en la batalla en Tarawa.

—¿Eso le dijo él?

—Todavía no habla.

—¿Cómo supo entonces?

—Leo, señor. Quiero saber de primera mano si tiene motivos legítimos para estar en casa o si todavía debería estar cumpliendo su deber.

El tono del sargento Howard cambió y su ritmo se endenteció.

—Comprendo a dónde va con esto —dijo él—. Déjeme averiguar y yo la llamo. Debe estar segura de que le diré la verdad, cualquiera que esta sea.

Dos días más tarde la llamó.

—No sólo no hubo señales de cobardía o de imposibilidad de desempeñarse, sino que el soldado Bishop registró varias muertes de enemigos y se le acreditó heroísmo a la luz del peligro mortal.

—¿Muertes?

—Cómo evitó lastimarse mientras exterminaba por lo menos a seis soldados enemigos es un misterio. Pero por lo menos dos compatriotas le acreditan el fuego de cobertura que les permitió escapar vivos, y con todos sus miembros.

—No es un misterio para mí, sargento. Fue un milagro de Dios.

—No voy a discutir eso, señora. Su hijo fue el único que no salió herido en ese sector. Once muertos y dieciséis críticamente heridos, todo a la vista de su hijo.

—¿Cuán cerca de él?

—Es difícil recrear estas cosas, pero no extendería los límites de la credulidad decir que esos hombres podrían haber caído a un metro de cada uno de ellos.

—Con razón está traumatizado.

—Señora, usted no querría saber lo que él puede haber visto y oído. No hay nada más lastimoso que un adolescente que sabe que se está muriendo, y no hay sentimientos más desvalidos que saber que uno no puede hacer nada por él. Me imagino que una de las cosas que su hijo va a tener que hacer es tratar con la culpa de sobrevivir.

—Suena como si hablara por experiencia, sargento.

—Le estoy hablando desde una silla de ruedas, señora, mi compañía constante. Digamos que soy la mitad del hombre que solía ser.

A no ser que Elisabeth le leyera las Escrituras o le cantara himnos, Bruce luchaba por hablar. Su rostro se contorsionaba en una máscara de horror y pena, y sus labios temblaban como si constantemente estuviera al borde de las lágrimas.

—Qué es lo que él es —le dijo el médico—. Si alguna vez intentó hablar mientras lloraba y no pudo formar las palabras, eso es lo que él siente a cada segundo. Quiere decir algo, explicar, que tenga sentido. Quiere que usted sepa qué le ocurre de malo. Hemos aprendido de los hombres que han atravesado esto que cuanto más tratan de hablar y más les cuesta, más frustrados y con pánico se sienten. Llegan a pensar que nunca van a poder hablar de nuevo, y eso los asusta terriblemente.

—¿Qué puedo hacer?

—Hablarle es algo bueno. Hable suavemente, dígale que hay mucho tiempo para sanar y recuperarse y crecer, y que no debe empujar las cosas. Recuérdele que le va a llevar tiempo, y recuerde, cuando lo está entreteniendo —leyendo o cantando o lo que sea— le está quitando la presión de que está obligado a hablar.

A partir de entonces, cada vez que Bruce luchaba por comunicarse con ella, ella se sentaba pacientemente, tocándolo. Cuando se agitaba, ella le decía

—Esperemos. Hay tiempo. Hablaremos mañana. Déjame que te lea.

Ella leía Salmos y le cantaba himnos de memoria. El día que pensó en traer la Biblia, los ojos de Bruce se iluminaron. Abrió el Salmo veintitrés y lo colocó frente a él. Luego, cuando intentó quitárselo, él oprimió su mano contra el libro para que ella no se lo sacara. Ese fue también el día en que le dijo a Joyce que dejara su cena porque quería ver si comía solo.

Joyce la dejó y Bruce esperó y miró a su madre, como esperando que ella lo alimentara.

—Voy a cantarte —dijo ella—. Debes alimentarte solo hoy.

Mientras ella cantaba él lentamente levantó la cuchara y comenzó por su postre.

—Ese es mi Bruce, —dijo ella.

Joyce vino a ver cómo les estaba yendo y sonrió cuando lo vio comer. Ella y Elisabeth lo habían estado levantando y haciéndolo caminar al baño cada noche.

—Espera un momento, Joyce —dijo Elisabeth—. Quiero intentar algo después de esta canción.

Ella cantó:

Abre mis ojos para que pueda ver trozos de verdad que tú tienes para mí;
Coloca en mis manos la maravillosa llave que abrirá y me liberará.
Abre mis oídos, para que pueda oír voces de verdad que tú envías claras;
Y mientras las notas caen en mis oídos, todo lo demás desaparecerá.
Abre mi boca, y déjame llevar alegremente la cálida verdad a todas partes;
Abre mi corazón, y permíteme preparar amor para compartir con tus hijos.
Silenciosamente ahora te espero, preparada, mi Dios.
Para ver tu voluntad;
Abre mis ojos, ilumíname, ¡divino Espíritu!

Cuando Bruce terminó de comer, lo ayudaron a salir de la cama, cada una sosteniéndole un brazo.

—Déjalo, Joyce —dijo Elisabeth—. Yo lo tengo.

Joyce estaba renuente pero lentamente lo dejó libre.

—Ahora, Bruce, quiero que te mantengas de pie por tu propia cuenta —dijo Elisabeth.

—Se caerá —dijo Joyce.

—Obtén tu equilibrio, hijo.

Cuando Elisabeth lo dejó, él la buscó y trastabilló, con temor en los ojos.

—Estoy aquí —dijo ella—. Tú puedes hacerlo.

Él tembló e hizo lo posible por mantener el equilibrio, como si se cayera a cada segundo. Elisabeth dio un paso atrás, y allí se quedó parado. Debía pasar un tiempo hasta que pudiera caminar por sus propios medios, pero por ahora estaba de pie sin ayuda. Y eso era un avance.

Capítulo Dieciocho

Elisabeth temía el día en que Bruce preguntara por Trudy. Aparentemente la muchacha no estaba preparada para la vida adulta. Mientras tanto, Elisabeth se encargó de averiguar en todas partes quién podía ocuparse del cuidado de Bruce. Estaba especialmente interesada en alguien que le leyera las Escrituras cuando ella no estuviera allí.

Susurrando al lado de la cama de Bruce una noche, Joyce Adams le dijo:

—Voy a pasar por la mañana. Tengo un trabajo de mesera durante las noches.

—¿Pero sigues siendo voluntaria aquí?

—Me gusta ayudar a la gente.

—Podrías ayudar tanto a Bruce como a mí si me hicieras un favor.

—Lo haré si puedo.

—Si te dejara una lista de versículos, ¿se los leerías a Bruce cuando tuvieras tiempo?

—¿Versículos?, ¿poemas, quiere decir?

—Versículos bíblicos.

Joyce dudó:

—Supongo que sí.

—Y a Bruce le gusta ir y sentarse en la capilla cuando el capellán habla los jueves por la mañana.

—Yo me ocuparé de que esté allí.

La semana siguiente, Joyce le dejó una nota a Elisabeth. «Bruce me ayudó a encontrar un versículo hoy. No sabía dónde estaba Efesios, así que estaba buscando en la parte delantera de la Biblia. Él la alcanzó y me lo buscó. Veamos si lo vuelve a hacer».

Bruce había dejado de luchar para hablar, y Elisabeth se preocupaba de que se hubiera dado por vencido.

—Puedes asentir o sacudir la cabeza, ¿no es cierto Bruce? ¿Puedes hablarme de ese modo?

Bruce miró para otro lado.

—Si estás preparado, sólo sacude la cabeza.

Ella vio la sombra de una sonrisa. Él la había atrapado.

—Eso no tenía ningún sentido, ¿no? —dijo ella—. ¡Sacude la cabeza si no estás preparado para sacudir la cabeza! Mamá esta loca, ¿no?

Él se encogió de hombros y ella vio otra vez los labios apretados.

—Ese es un avance, Bruce. Cuando estés preparado, yo estaré aquí.

Eso le dio una idea. Ella lo había hecho ponerse de pie alejándose de él. Lo había hecho comer por sí solo ocupándose con otra cosa e implicando que si tenía hambre, él tenía que alimentarse solo.

—Voy a ver a tu padre unos minutos antes de irme. Volveré a despedirme, pero sólo si tú lo quieres.

Él la miró.

—¿Lo quieres?

Él mantuvo la mirada.

—Supongo que no. Bueno, entonces, te veo mañana.

Él levantó la barbilla y luchó. ¿Lo había hecho tener una regresión?

—Todo lo que tienes que hacer es asentir. Si no, te veo mañana.

Él luchaba.

—No tienes que hablar todavía, Bruce. Todo lo que necesito es que asientas.

Él asintió. Aunque estaba emocionada, no hizo mucho barullo al respecto.

—Muy bien, regresaré en unos minutos. —Él asintió de nuevo.

Al regresar, le dijo:

—Tengo que leer algo esta noche. Puedo hacerlo aquí mientras tú duermes, o puedo hacerlo en casa. Creo que debería irme, ¿no?

Él sacudió la cabeza. Ella sabía que no tardaría mucho en hablar.

¿Cuánto había pasado desde que se había sentido tan necesitada? Leyó durante un rato. Cuando ya era hora de que Bruce durmiera, se acercó a la cama.

—Estoy orando por Joyce, ¿sabes quién es?

Él asintió.

El médico estaba complacido con el avance de Bruce durante las siguientes dos semanas. Todavía no hablaba y luchaba con fuerzas cuando lo intentaba. Pero se levantaba y volvía a la cama por sus propios medios, se alimentaba solo, se vestía y se bañaba, y hasta leía.

—Si puedes leer —dijo ella, mientras estaban sentados en la sala de día—, puedes escribir. Intentemos algo sencillo. Escribe tu nombre. O el mío. Aquí. Inténtalo.

Él se sentó mirándola, luego escribió:

—¿Dónde está Tru?

—¿Realmente quieres saber? —dijo ella.

Él asintió.

—No son buenas noticias.

Él se encogió de hombros.

—Dime una vez más que quieres saber.

Él asintió de nuevo.

—No pudo manejarlo.

Él señaló el anillo de su dedo.

—Me enteré que ella no lo está usando.

Su cara se frunció como si quisiera llorar, y se acomodó en el sillón.

—Dios sabe —dijo Elisabeth.

Bruce se dio vuelta.

Ella quería decirle que sabía por experiencia, que Dios a veces protege a sus hijos de las malas elecciones. Pero Elisabeth se sentía terrible.

—No tendría que haberte dicho nada.

Él se sentó y escribió:

—Yo te pregunté.

—Eso es cierto. No podía mentirte, ¿no?

Él asintió y sonrió.

—Ese es mi Bruce.

Escribió:

—La volveré a recobrar.

Elisabeth dudó.

—Ese es el espíritu —dijo ella.

—Dile que quiero verla, —escribió él.

Ella sacudió la cabeza.

—No es mi tarea hacer de conmutador entre ustedes dos. Tú le dices. Si no estás preparado para hablar, escríbelo.

Bruce le escribió a Trudy tres notas durante la siguiente semana, y Elisabeth las mandó por correo. Trudy las ignoró todas.

En una nota a su madre él escribió:

—Quiero hablar contigo.

—Cuando estés listo —dijo ella.

Una tarde de un mes después, rogándole en silencio a Dios que suelte la lengua de Bruce, Elisabeth lo encontró durmiendo en un sillón en la sala. Una larga nota para ella estaba en su regazo. Decía:

«Querida mamá: tengo tantas ganas de hablar que explotaría. Incluso quiero hablar de lo que hice, pero parece inexpresable. El médico quiere que intente con algo simple, pero acercarme a una palabra normal me da ganas de llorar. Él sugirió que intente susurrar. Tal vez lo intentaré cuando esté solo.

«Pero no hay nada más importante de qué hablar que de lo que pasé. Es como si pisoteara las memorias de los héroes si hablara de cualquier otra cosa. Me encanta oírte hablar. Me encanta oír hablar a Joyce Adams, incluso con ese acento que tiene y esas oraciones entrecortadas (no permitas que vea esta nota).

«Estuviste muy bien al decirle que buscara esa lista de mis versículos favoritos. Sí, son mis favoritos, pero ¿no fue interesante que estuvieran dispuestos así? Romanos 3:23, Romanos 6:23, Efesios 2:8, 9, etc. Tú los dispusiste, ¿no? Todos hemos pecado, el pecado conduce a la muerte, no podemos salvarnos a nosotros mismos. Muy claro. Ella me hace todo tipo de preguntas, y yo escribo respuestas y le señalo nuevos versículos. El otro día cuando me llevó caminando a la capilla, nadie más estaba ahí salvo el capellán. Casi no iba a dar su devocional, pero le di una nota, diciéndole que realmente lo necesitaba. Ella escuchó y tomó notas. Está cerca, mamá.

«Me dijo que quería probar a Dios y ver si él me devolvía el habla. Le escribí que no está bien probar a Dios, pero ella dijo que iba a orar porque si él era real, se lo demostraría. No veo cómo él puede ignorar una oración así.

«El capellán se jubila. Espero que encuentren a alguien pronto. Quiero salir de aquí, pero mientras no lo haga, quiero seguir yendo a la capilla.

«Cada vez dedico más tiempo a dar vueltas, a estar recostado, a sentarme. Estoy aburrido, pero estoy tan cansado a veces que casi no puedo moverme. Dicen que es parte de mi "problema". Me siento tan desvalido. Quiero mejorarme pronto, pero se supone que no me apure. Sigo queriendo ir a Moody y servir a Dios, pero no tiene sentido estudiar para predicar antes de que pueda pronunciar dos palabras.

«Estoy escribiendo esto con el sol en mi espalda. Eso significa que vendrás aquí pronto. Ojalá me cantes esa canción que dijiste que era nueva cuando tú eras una adolescente. ¿La recuerdas? Ese mismo tipo que escribió «Cuando reconocí la cruz prodigiosa», siempre me hacía llorar. Quiero llorar casi tanto como quiero hablar, pero temo que una vez que empiece, nunca pararé y terminaré muerto por deshidratación.

«Mamá, quiero que sepas que no perdí mi fe allí. Pero lo que estábamos haciendo nunca podía haber sido lo que Dios tenía en mente para nadie.

«Ahora mismo estoy luchando para mantener abiertos los ojos, porque estoy cansado de dormir durante el día y no poder dormir durante la noche. Quiero regresar a casa, y sé que el médico también lo quiere, pero tengo miedo. La gente vendrá a visitarme y se sentirá incómoda e intentarán hacerme hablar. Yo lo trataré por mi cuenta, y luego tal vez en algún momento cuando estés aquí, nosotros...

Aparentemente se había quedado dormido a esas alturas.

Elisabeth se sentó frente a él y comenzó a entonar la melodía de "Entregué mi vida por ti". Luego cantó suavemente:

Entregué mi vida por ti, derramé Mi preciosa sangre,
Para que pudieras salvarte y despertar de entre los muertos;
Entregué, entregué Mi vida por ti, ¿qué me has dado tú a mí?
La casa de luz de mi padre, mi trono rodeado de gloria
Lo dejé por la noche terrenal, por vagabundear triste y solo;
Lo dejé, lo dejé todo por ti, ¿has dejado tú algo por mí?
Sufrí mucho por ti, más de lo que tu lengua puede decir,
Ah, amarga agonía. Rescatarte del infierno;
He soportado, lo he soportado todo por ti, ¿qué has soportado tú por mí?

Bruce abrió los ojos y se sentó, tomando las manos de su madre mientras ella cantaba. Movía los labios, como cantando con ella. Era todo lo que ella podía hacer para continuar cuando se formaban lágrimas en los ojos de él, las primeras desde su regreso. Cantó el último verso mientras él comenzó a sollozar en voz alta.

Y te he traído a ti, desde mi casa de arriba
Salvación plena y libre, Mi perdón y Mi amor;
Te traigo, te traigo ricos regalos, ¿qué me has traído tú a mí?

Elisabeth atrajo a Bruce hacia ella y lo envolvió con sus brazos rodeándole la cabeza, anidándolo como cuando era un niño pequeño. De pronto se quebró en un llanto tan grande que imitaba los clamores de dolor de un niño fornido, no usada voz de un joven. Elisabeth lo balanceó mientras sus hombros se caían y cada inspiración daba poder a sus gritos.

Ella lo ocultó de los ojos curiosos, y sintió que este era un acto de purificación que, si no le quitaba los horrores que había experimentado, por lo menos era un paso adelante en su salvación.

Cuando finalmente pasó lo peor, ella lo ayudó a ponerse de pie y lo acompañó a su habitación. Sin embargo, se resistía a que lo llevaran a la cama y se sentó frente a ella en una silla. Ella volvió a tomar sus manos y la agonía apareció en su rostro mientras intentaba hablar.

—Yo —comenzó—. Yo, yo, yo...

Ella tenía la sensación de que si podía expresar algunas pocas palabras, seguiría un torrente. —Yo m..., m..., m....

Ella asintió y se mordió el labio. Cuando miró hacia otro lado él le apretó las manos y se inclinó cerca de ella de modo tal que no tuvo más remedio que mirarlo a la cara. Cuando sus palabras laríngeas y trémulas finalmente vinieron, la asustaron, como si estuviera oyendo una voz del infierno.

—Yo maté japoneses —susurró desesperadamente—. Disparé a algunos en la cara a sólo un metro de distancia. Mis amigos explotaron en pedazos, sus entrañas me salpicaron. ¡Ah, el olor, el calor! Y siguen viniendo, y gritando, y disparando. Sabía que me iban a disparar. Hombres de ambos lados lloraban y gritaban como niños llamando a sus madres. Me cubría la sangre y la carne. Cuando los japoneses murieron, giré a ver a mis amigos. Vi la herida en el pecho de uno de ellos y mi mano se deslizó dentro de sus costillas y sentí cuando su corazón dejó de latir. ¡Me miró como si yo lo hubiera hecho!

Elisabeth quería calmar a su hijo. Mientras él contaba la horrible historia, emitía lloriqueos y gemidos como los que ella nunca había oído, y quería decirle que todo estaba bien y que no necesitaba continuar.

Pero ella sabía que él lo haría. Del rincón del ojo detectó al guardián, Charles, mirando desde la puerta. Él corrió a buscar al médico, ella esperaba. No sabía si Bruce necesitaría ser sedado, si contar estos detalles le haría más mal que bien.

—Mamá, estuve entre y debajo de mis compañeros, y la única respiración que oí era la mía. Esperaba morir. Esperaba ver a Jesús. Realmente lo esperaba. Mamá, ¿sabías tú que la mayoría de los hombres que mueren de esa manera no cierran los ojos? Te miran y te preguntas cómo es que sobreviviste.

—Luego oí a los transportadores, aviones EVAC. Volaban bajo como buscando señales de vida. Finalmente uno aterrizó en un claro a mi izquierda y alguien gritó: «¡Más japoneses! ¡Último llamado!».

—Abrí mi camino a través del lío, corrí y llegué a bordo. Tres marines saltaron detrás de mí. Dijeron: «Salvaste tu vida, Bishop». Pero ellos no sabían el precio. Me agradecieron, pero no podía hablar. El transporte se elevó del suelo y esos tipos miraron para abajo e insultaron. Yo no me podía mover.

«Mire, Bishop», seguían diciendo. Pero yo no podía. Estaba adormecido. Tenía miedo de estar paralizado. Uno de ellos me tomó y me señaló la abertura. Allí, a la vista, había otros doscientos enemigos. Fuimos los únicos cuatro en salir, y en un minuto más hubiéramos estado muertos. Cuando el tipo me soltó, me caí y no me pude parar. No me moví hasta que llegué a San Diego.

Bruce sudaba e hiperventilaba. Elisabeth sintió que sus manos eran débiles.

—Métete en la cama —le dijo, pero él era un peso muerto y sólo se quedaba sentado sacudiendo la cabeza.

Charles y el médico ingresaron y pronto lo llevaron a la cama. El horror en su rostro había dado lugar a una tristeza que le partió el corazón a Elisabeth. Quería decirle que no tuvo opción, que era un héroe que estaba cumpliendo con su deber y que podía estar orgulloso. Llegaría el día en que las potencias aliadas ganarían esta horrible guerra y los Estados Unidos serían altamente responsables. Pero Elisabeth sabía que eso no era nada al lado de lo que él había vivido. Decir algo para intentar mejorarlo hubiera sido tan fútil como las tonterías que ella había oído cuando murió su padre. Sólo el pastor Hill y otra persona permanecieron en silencio y sufrieron con ella. Will.

Elisabeth pasó la noche sentada al lado de la cama de Bruce y se tomó el día siguiente libre. Él susurraba y cantó cuando salió el sol. Entro lo que se había liberado había liberado también su lengua, pero Elisabeth nunca más sacaría el tema de su pesadilla viviente, y dudaba de que él lo hiciera.

Joyce trataba a Bruce como a una muñeca de porcelana cuando se enteró de que finalmente había hablado. Él comenzó a escribirle una nota, pero ella le quitó la mano.

—Ya no más de eso —dijo ella—. Si hablas, puedes hablar conmigo.

—Sólo quería decirte que luces muy animada esta mañana, como siempre —susurró él.

—¿Eso es lo mejor que puedes hacer? Luzco mejor que animada, y tú lo sabes. Busca otra palabra mejor, y te presentaré al nuevo capellán la semana que viene —dijo ella.

—Bonita —dijo él.

—Ahora sí que estás hablando.

Una semana después el médico comenzó a hablar de que Bruce podía irse a casa. Elisabeth no podía esperar. Se asombró cuando Joyce apareció esa tarde con su uniforme de mesera.

—Encontré a alguien que me cubriera durante una hora —le dijo Joyce a Elisabeth en la habitación de Bruce—. Tenía que contarle sobre el nuevo capellán. Es como usted. Le hago preguntas acerca de las cosas que Bruce y yo hablamos, y él me pregunta si he sido conducida alguna vez a Cristo. Yo le digo que creo que no. Él dice que va a hacerlo, que va a conducirme a Cristo. Yo le dije muy bien, adelante. Y lo hizo.

Elisabeth parpadeó:

—¿Lo hizo?

Bruce brillaba.

—¿Tú sabías acerca de esto? —le preguntó Elisabeth. Él asintió.

—Supongo que has conocido al nuevo capellán también.

Bruce volvió a asentir, y él y Joyce hicieron contacto ocular.

—¿Qué? —dijo Elisabeth.

—Dice que lo conoce —dijo Joyce—. Su nombre es Phillips.

Elisabeth se quedó sin aliento.

—¿Ben Phillips es el nuevo capellán? ¿Ben Phillips te condujo a Cristo?

Joyce sonrió.

—Tengo que irme al trabajo —dijo ella, y justo frente a su madre, besó a Bruce en los labios.

Elisabeth se había compuesto para el momento en que Joyce se fue.

—¿Has estado pretendiendo a una muchacha que no era creyente? —dijo ella.

—Era sólo una cuestión de tiempo, mamá —dijo él.

Elisabeth se sentó sacudiendo la cabeza.

—Ten misericordia —le dijo—. Ben Phillips y ahora esto.

Elisabeth sabía que Ben verificaría los registros y sabía todo acerca de Bill. Ella le envió una nota pidiéndole que la buscara en la habitación de Bill alguna tarde. A pesar de sí misma, no pudo evitar ser conciente de su ropa y de su cabello, preguntándose cada día si ese sería el que Ben elegiría para aparecer.

Estaba escribiendo una carta a un misionero cuando él apareció en el marco de la puerta.

—Ben —dijo ella, poniéndose de pie.

Él se acercó y le estrechó la mano, luego miró con compasión a Bill. Ben hizo algo que ningún visitante había hecho en años. Se inclinó para ver los ojos vacíos de Bill, puso su mano debajo de la sábana, y tomó una mano muerta.

—Bill —dijo—. Soy Ben Phillips, y estoy aquí para orar por ti.

Ben le pidió a Dios consuelo y descanso para Bill, y gracia para Elisabeth.

Ben ya estaba en sus cincuenta. Su cabello era en su mayoría blanco y usaba anteojos, pero era delgado y bien vestido. Su cojera era pronunciada, y todavía se veía la cicatriz en el cuello.

Dijo que había servido en tres iglesias desde el seminario y que había tomado la oportunidad de hacer algo diferente.

—Las iglesias están siendo muy orientadas a las juntas todo el tiempo, y tuve demasiadas frustraciones.

Elisabeth decidió no compartir sus propias historias de lo mismo en la Iglesia de Cristo.

—Ahora estoy cantando más —dijo él—, como en los viejos tiempos. Y siempre estoy buscando música especial para nuestros servicios de la capilla de aquí. Sé que tienes un don.

—Rara vez estoy aquí por la mañana —dijo ella.

—Si eso cambia, y estás dispuesta a...

—¿Cómo está tu familia? —preguntó ella.

—Mis padres ya han muerto —dijo él—. Y estoy solo. ¿Qué pasó con tu tía?

—Lo último que oí es que estaba en un asilo, pero nunca se comunicó conmigo. Es maravilloso verte, Ben.

Durante los meses siguientes, Ben la saludaba dos o tres veces por semana. Una vez le pidió que tocara el piano cuando él cantó un solo en la capilla. Ella hizo un viaje especial para ello.

—Intentaremos un dúo alguna vez —dijo él.

La recuperación de Bruce no fue tan buena como Elisabeth había esperado. Una vez en casa, ella esperaba que él mejorara rápidamente y pronto comenzara a trabajar, ahorrando dinero para asistir a Moody en el otoño de 1944. Pero estaba plagado de malos estados de ánimo, períodos de silencio, incluso pesadillas. Finalmente pudo trabajar parte del tiempo en la línea de Fairbanks-Morse, pero lo más importante de su semana era el sábado por la noche cuando Joyce venía de visita. Elisabeth arreglaba la habitación de huéspedes para ella, y Joyce con frecuencia pasaba la noche y se unía a ellos en la Iglesia de Cristo al día siguiente. Trudy Childs, de acuerdo a lo dicho por su madre, se había unido a otra iglesia. Elisabeth lamentaba su propio alejamiento de Frances y oraba porque algún día se acercaran.

Hacia agosto, Bruce parecía estar mucho mejor, y él y Joyce se comprometieron. Se casaron en Navidad y se mudaron a un departamento en el tercer barrio. Elisabeth sintió que casi estaba reconciliada por correo con su hija Betty, y sólo el mal tiempo en Nuevo México había hecho imposible que ella y Cliff vinieran en tren para la boda de Bruce.

En mayo de 1944, Bruce y Joyce anunciaron que había un bebé en camino que llegaría en enero. Bruce, que ahora trabajaba todo el tiempo en Fairbanks-Morse, seguía soñando con asistir a Moody y comenzó una rigurosa serie de sus cursos por correspondencia.

Elisabeth veía con frecuencia a Bruce y Joyce. La conducían en automóvil a Jackson donde Benji finalmente consintió verla. Él insistió en ver sólo a su madre, si bien en una nota dictada al capellán felicitó a Bruce y a Joyce por su casamiento.

Elisabeth temblaba con anticipación mientras era conducida a una habitación donde llevaron a Benjamín. Casi no lo reconoció al principio, un hombre desgastado, luciendo una década más de la edad que tenía. Elisabeth le abrió los brazos cuando él se acercó tímidamente, y si bien no le devolvió el abrazo, permitió que ella lo abrazara. Se sentaron a una mesa de hierro.

—¿Cómo has estado, Benjamín? ¿Bien?

—Para un tipo que hace su vida...

—¿Recibiste mi correspondencia?

Él asintió.

—Comencé a trabajar para el capellán.

—Eso es maravilloso, Benjamín. Debes volver al Señor.

Benjamín se encogió de hombros.

—Manténte en contacto —dijo, levantándose.

Elisabeth estaba resuelta a no llorar, aunque temía que fuera lo que acababa de decir lo que lo alejó tan rápidamente.

—Lo haré —dijo, mientras llegaban las lágrimas.

—¿Puedo venir el mes que viene?

Él se encogió de hombros.

—Te haré saber.

Elisabeth se fue algo alentada por Benji. Algo era mejor que nada. Permaneció optimista acerca de Betty también, pues sus cartas últimamente sonaban más espirituales de lo que su madre recordaba.

Elisabeth se permitió considerar que sus propias perspectivas podían haber cambiado. Se sentía satisfecha con su trabajo en la iglesia, creyendo que tal vez Dios había honrado su compromiso a la obediencia. Si bien se preocupaba porque esa era una mala teología, estaba consolada por una temporada de relativa calma.

El llamado que hizo estremecer a Elisabeth más que cualquier otro, se produjo justo antes del comienzo de la medianoche en el invierno de sus cuarenta y cinco años de edad.

Sólo los ricos tenían extensión telefónica en Three Rivers, y Elisabeth no se había encontrado entre ellos durante décadas. Sin saber cuánto tiempo habría estado sonando el teléfono, ignoró sus pantuflas y se colocó su bata, mientras corría por las escaleras con las piernas acalambradas. La madera crujía, mientras los pies se le entumecían en el piso helado. Unas pocas horas antes, el termómetro que estaba fuera de la ventana de la cocina había marcado nueve grados bajo cero.

No había nadie más a quien despertar en la casona de la calle Kelsey.

«Teléfono, sigue sonando», susurró, «a menos que traigas malas noticias».

Al final de las escaleras, Elisabeth exhaló una oración y levantó el tubo.

—Mamá Bishop, habla Joyce. Tuvimos un accidente.

Elisabeth apretaba fuerte su bata a la altura de su garganta. Su nuera aparentaba estar lo suficientemente calmada, pero...

—Dime que no perdiste al bebé.

—Estoy bien, deduzco que el bebé también lo está.

Elisabeth, apenas se atrevió a preguntar:

—¿Y Bruce?

Escuchó el latido de su propio corazón al notar la duda de Joyce.

—Bruce parece estar bien, pero está atrapado en el automóvil.

—¡Oh, no! ¿Llamaste...

—La policía está en camino.

—Gracias a Dios. ¿Dónde estás?

—No estamos lejos. En la M—60. Estábamos regresando de visitar a...

—¿A esta hora? ¡Joyce! ¿Qué obligación tenías? Estás por tener familia en un mes...

—El camino parecía estar despejado, pero en la gran curva sobre...

—Sé dónde queda.

—Había hielo. Nos deslizamos en la zanja. Bruce maniobró para que lográramos escapar del agua. Él, de alguna manera logró girar hacia el camino, pero nos volcamos.

—¡Oh, Joyce!

—Él parece estar bien, pero la llanta y el tablero de instrumentos tienen apretado su cuerpo.

—Voy para allá.

—No, por favor. La llamaré apenas lleguemos a casa. Él ni siquiera quería que usted se enterase.

—Típico de él. ¿Cómo saliste?

—Salí gateando por la ventana. No estábamos lejos de una granja. La gente es tan buena. Lamenté tener que despertarlos.

—Llama apenas sepas algo. Y hazte ver por alguien, querida.

Elisabeth se paró en la oscuridad de la sala, mirando la luz de la calle en la esquina. Qué maravilla, emite diez veces más que la luz a gas. Cuando ella era pequeña, las lámparas se encendían a mano, una a una, durante el crepúsculo. En esa época, podía transcurrir un año antes de que viera más de tres automóviles. Ahora, todos tenían uno. A veces, dos. ¡Imagínate! Un carro tirado por caballos no hubiera atrapado a Bruce.

El peso de una vida de lucha venció a Elisabeth, y ella se arrojó al piso, su rostro en sus palmas, sus manos apoyadas en la alfombra dura. «Oh, Dios», comenzó, «has protegido a Bruce de tantas cosas. Debes tener grandes propósitos en mente con él. Él es completamente tuyo. Permite que los policías sean tus representantes, y puedan rescatar allí a alguien que quiere servirte por sobre todas las cosas».

Elisabeth no podía dormir. Alternativamente caminaba y se sentaba en el sofá, en silencio.

Desde la niñez, la oración había sido para Elisabeth tan natural como respirar. Y durante ese tiempo, Dios había requerido mucho de ella, permitiéndole que fuera probada hasta llegar a descansar únicamente en él. Las muletas en las que podría llegar a apoyarse le fueron quitadas con tanta regularidad, que a menudo era tentada a entrar en una forma de vida que no ofreciera desafíos al enemigo.

Elisabeth no deseaba cambiar su pasado. Pero mientras tiritaba en las horas de espera de una mañana amarga, luchó con Dios una vez más por la vida de su hijo, como lo había hecho tantas veces. Había aceptado tanto, había sufrido tanto, había dado tanto, que seguramente Dios la recompensaría con el deseo más profundo de su corazón. ¿No haría él eso? ¿No había tanto en su vida como en la de Bruce, un propósito de que fuera un sacrificio *vivo*?

Muchas veces se había preguntado si había algún beneficio, de este lado del cielo, por una vida de compromiso a la obediencia. Ahora, luego de años de servicio, de innumerables horas frente a la Palabra y la oración, Elisabeth se halló una vez más frente a una encrucijada. Pensaba que comprendía la gracia, se había dicho a sí misma que entendía la soberanía. Pero a menos que Dios preservara a su hijo, aparentemente ileso pero atrapado en un automóvil retorcido en la M—60 en medio de una noche de invierno, temía que hubiera algo acerca de Dios que ella todavía no había llegado a comprender, y no le gustaba.

Capítulo Diecinueve

Elisabeth no podía recordar haberse sentido más sola antes. ¡Cómo necesitaba a Bill!

Años antes, cuando empezó por primera vez a visitarlo todos los días, sentía resentimiento de que él estuviera desconectado. Sabía que no era su culpa. Pero cuando intentaba solucionar los problemas, disciplinar a Benji, lograr que Betty respirara, podría haber aceptado más ayuda.

Sus amigas, las mujeres que habían crecido en la iglesia con ella, también se alejaron. La enfermedad mental —y no había otra forma de describir el mal de Bill— era simplemente algo de lo que no se hablaba. Elisabeth había sido ingenua al pensar que cualquiera de sus amigas o de los amigos de Bill irían a visitarlo. Todos encontraban excusas. Frances Childs decía que se sentía tan desgraciada por no haber podido tener hijos que simplemente no podía manejar el «estrés» de ver a Bill tan enfermo. Pero hubiera sido de ayuda y consuelo para Bill el hecho de ver rostros familiares, nadie fue a verlo, salvo el pastor Hill y su esposa. El nuevo pastor nunca había tocado el tema.

Tal vez era mejor que Bill no tuviera que soportar el dolor y las dificultades que sufrió Elisabeth. Pero qué maravilloso sería en una noche como esa ser abrazada, consolada, tener con quien orar, tener con quien compartir la carga.

«Te he pedido durante años que fueras mi porción», oró. «Y realmente nunca supe qué significaba eso. Si significa que tú eres todo lo que tengo y todo lo que necesito, entonces necesito que seas mi padre, mi esposo y mi amigo ahora mismo. ¿Cuánto tiempo lleva sacar a alguien de un automóvil? Perdóname por preocuparme. Ayúdame a descansar en ti. Sé que eres soberano, y creo que me amas, y te ruego por la seguridad de mi hijo».

Elisabeth ya no podía esperar. Marcó el número de Bruce y Joyce. Nadie respondió.

Llamó al departamento de policía.

—Policía de Three Rivers, oficial Fox.

Elisabeth explicó lo que le había dicho Joyce acerca del accidente.

—Así que esperaba tener alguna noticia a estas horas.

—Sí, señora. Le voy a tener que pedir que llame al hospital.

—¿Qué sucedió?

—No estoy en libertad de...

—¿Bruce está herido?

—Señora, lo lamento, pero se me indicó que...

—¿Cuán malherido está?

—Estaba por llamarla, Sra. Bishop. ¿Necesita que la lleven a...

—Yo conduciré, —dijo Elisabeth—. Pero quiero saber qué esperar.

—No me han dado todos los detalles.

—¿Mi hijo está muerto?

—No me han dicho eso, señora, no.

—Pero está herido.

—Eso es lo que entiendo.

—¿Y mi nuera? Ella iba a llamarme.

—La solicitud de que la llamáramos vino de ella, Sra. Bishop.

—¿*Ella* está bien?

—Por lo que sé, sí.

—¿Por qué no me llamó *ella*?

—No quiero alarmarla, pero me pidieron que le avisara que fuera rápido.

Elisabeth se puso el pesado abrigo sobre su bata, se calzó las botas, y rápidamente bajó las escaleras del fondo al garaje. Las personas entenderían.

El viejo Ford hizo ruidos hasta que finalmente se encendió. Las piernas desnudas de Elisabeth estaban tan frías, dejó abierta la puerta levadiza del garaje por primera vez en su vida. Sus oraciones eran incoherentes. Citaba versículos que conocía desde la niñez: «Así mismo, en nuestra debilidad el Espíritu acude a ayudarnos. No sabemos qué pedir, pero el Espíritu mismo intercede por nosotros con gemidos que no pueden expresarse con palabras. Y Dios, que examina los corazones, sabe cuál es la intención del Espíritu, porque el Espíritu intercede por los creyentes conforme a la voluntad de Dios. Ahora bien, sabemos que Dios dispone todas las cosas para el bien de quienes lo aman, los que han sido llamados de acuerdo con su propósito».

¿Cuántas veces ese último versículo le había sido citado en un intento por persuadirla de que la enfermedad de Bill, que los delitos de Benji, que el asma de Betty eran de alguna manera ideas de Dios? Elisabeth no tenía ninguna duda de que las Escrituras eran ciertas. Pero se había convencido de que no había sido llamada de acuerdo al propósito de Dios o bien las cosas obran juntas para el bien sólo una vez que los santos llegan al cielo.

¿Y esta noche? No tenía sentido. «Dios, permite que esté vivo».

Elisabeth estacionó frente a la entrada de la sala de emergencias y corrió dentro. Cuatro policías uniformados lucían austeros y le echaron varias miradas.

—¿Sra. Bishop? —le dijo una enfermera de detrás de un escritorio.

—¿Mi hijo está vivo?

—Está en el quirófano ahora, señora.

—¿De qué lo operan?

—No conozco todos los detalles todavía...

—¡Por supuesto que los conoce! ¿Por qué nadie quiere decirme nada?

—El médico se encontrará con usted apenas salga de cirugía.

—¿Dónde está mi nuera?

—En la sala de espera. La está esperando.

—¿Qué pasó? Me dijeron... —Elisabeth giró para mirar a los policías—. ¿Quién estuvo allí?

Un policía estaba sentado con la cabeza entre sus manos, un yeso en su muñeca derecha y un zapato especial en su pie derecho, protegiendo dedos vendados. Al dirigirse hacia él, otro la interceptó.

—Señora, este oficial no está preparado todavía para hablar de lo que sucedió. Perdió a su compañero, y él conducía.

—Perdió a su... usted quiere decir... allí.

—Fue una fatalidad, sí, señora. Y su hijo está grave, así que le sugiero que...

—Pero ¿qué pasó?

—Yo no estaba allí, pero no le permitiré que le pregunte a este oficial ahora.

Elisabeth encontró a Joyce al final de la sala, con una mueca, sus manos acariciando suavemente su abdomen. Sus pies y piernas estaban envueltos en una gran cobija, sus zapatos y medias mojados cerca de un calentador.

—¿Estás bien, querida? —preguntó Elisabeth, sentándose a su lado.

Joyce asintió.

—Sólo algo incómoda.

—¿Qué fue lo que...?

—¡La patrulla de policía chocó nuestro automóvil!

—¿Qué? ¿Esa fue la respuesta de Dios a su oración de que la policía llegara rápidamente?

—Creo que el policía no se dio cuenta de cuán rápido iba o de cuán helado estaba —dijo Joyce.

—Lo más loco de todo, es que lo conozco. Guy Hiestand. Solía correr en carreras de automóviles con mi papá.

—Así que debe saber cómo conducir rápido.

—Eso pensaría uno.

—¿Chocó con el automóvil de ustedes yendo a qué velocidad?

Joyce se encogió de hombros.

—Sonó horrible. Empujó nuestro coche a la zanja y terminó de su lado en el agua. —Comenzó a llorar—. ¡Bruce no se merece esto! Después de todo lo que pasó, estar atrapado en el automóvil con el agua subiendo...

—¿Estaba bajo el agua?

—Luchaba por mantener su nariz por arriba de la superficie. Yo corrí ahí y traté de balancear el auto, pero...

—¡Joyce! ¡Con un bebé que va a nacer el mes que viene!

—¿Se suponía que tenía que dejar que se ahogara? Guy estaba herido y estaba con su compañero, que parecía inconsciente.

—¿Cómo sacaste a Bruce?

—El granjero me siguió y me ayudó a inclinarme contra el techo del automóvil y permitir suficiente lugar para que Bruce respirara. Finalmente lo sacaron los bomberos.

—¿Cuán grave está?

Joyce sacudió la cabeza.

—Lo estabilizaron en la camilla, le vendaron la cabeza. Le sangraban los oídos. El médico de la sala de emergencias dijo algo acerca de heridas internas. Me dijeron que el cirujano iba a hablar conmigo tan pronto como pudiera. Le pedí a alguien que la llamara.

Elisabeth tomó las manos de Joyce entre las suyas.

—Padre —comenzó—. He dejado de comprender tus maneras. Dale a los médicos sabiduría y utiliza sus habilidades...

Elisabeth estaba sobrepasada con el hecho de haberse dado cuenta de que la última vez que oró que los profesionales fueran utilizados por Dios, la policía empeoró las cosas. Temía que si seguía orando diría cosas que un nuevo cristiano no debería oír.

— Joyce, ¿continuarías tú?

Silencio. Elisabeth miró a Joyce.

—Madre, no estoy feliz con Dios ahora.

Tampoco lo estaba Elisabeth, pero no podía admitirlo.

—Cuidado, cariño —dijo.

—¡Lo digo en serio! Bruce me dice que usted es una guerrera de la oración, que confía en Dios para todo.

—Lo intento.

—¿Por qué? No he tenido ni una pista de que él esté todavía obrando.

—Pero tu propia salvación...

Joyce se levantó con dificultad. —¿Cuándo fue la última vez que le fue respondida una oración?

—Cuando Bruce recobró la voz, cuando tú te convertiste en cristiana, cuando él regresó a casa. Dios está obrando, Joyce. Sus maneras no son las nuestras.

—¡Por cierto no lo son! ¿No ha pasado ya Bruce por lo suficiente? ¿Tiene que aprender algo más?

—Tal vez *yo* debo hacerlo.

—¡Usted aprendió lecciones para toda una vida!

—Por favor, siéntate —dijo Elisabeth, yéndola a buscar—. Protege ese bebé.

Joyce se sentó y Elisabeth la ayudó a enderezar su cobija y su abrigo. Suspiró:

—Tal vez puse a Bruce en un pedestal muy alto —dijo ella—. Tal vez lo convertí en el centro de mi vida en lugar del Señor. ¿Entonces *Bruce* sufre por ello? Me preguntaba si usted lo abandonaría después de que nos casamos. Pero usted ha sido maravillosa. Se lo digo, no me gusta esto. Si algo le pasa a Bruce, no voy a perdonar a Dios.

—Ah, Joyce, no digas esas cosas.

Joyce no respondió, y Elisabeth detestó que la acusación del Señor estuviera en la habitación. ¿Pero podía discutir? Si Bruce moría de una manera tan sin sentido, aleatoria, caprichosa, ¿qué diría eso sobre Dios? ¿Acaso la fe, la oración, el compromiso, la obediencia contaban para algo?

Era agradable que su nuera se sintiera libre de abrirle su mente, pero Elisabeth no iba a expresar sus propias dudas ante una cristiana tan nueva.

—Joyce, no importa qué suceda, vamos a confiar en Dios y creer que nos ama.

Joyce subió los hombros y levantó el cuello de su abrigo más arriba. Miró a Elisabeth:

—¿No importa qué suceda?

Elisabeth asintió, deseando sentirse tan segura como sonaba.

—Totalmente. *Dios, maneja esto bien.*

Joyce sacudió la cabeza, sus manos bien metidas en los bolsillos.

—Me está diciendo que si Bruce no sale de esta, seguirá diciendo que Dios sabía lo que hacía.

—No va a ser fácil.

Elisabeth sintió debilidad.

Joyce miró para otro lado.

—Es mejor que Dios me devuelva a Bruce sano y salvo —dijo—. Todo lo que Bruce habla es acerca de servirlo. Él cree que ha sido expuesto a todo tipo de tragedias sólo para convertirlo en un mejor pastor.

—Por eso Dios lo salvó.

Joyce la enfrentó de nuevo.

—¿Y qué pasa si ahora no lo hace?

Elisabeth sintió que estaba nadando contra una corriente fuerte.

—No te pongas mal —dijo—. Piensa en el bebé.

Joyce arrojó la cobija y se puso nuevamente de pie. Caminaba de un lado para otro.

—¡*Lo hago*! ¡Este bebé necesita un padre!

—Tenemos que orar.

—¡Ya he orado lo suficiente! —dijo Joyce—. ¿Cuántas cosas tiene que atravesar Bruce? ¡Ha entregado toda su vida a Dios!

Una enfermera apareció.

—Disculpen. El médico ha dicho desde el quirófano que tal vez quieran llamar a alguien. Su pastor o...

—¿Por qué? —exigió Joyce—. ¿Bruce se va a morir?

—Siguen trabajando en él, Sra. Bishop. ¿Hay alguien que quisieran que las acompañara?

—El Pastor Clarkson no está esta semana —dijo Elisabeth.

—De todos modos yo preferiría al capellán Phillips —dijo Joyce.

La enfermera fue a llamarlo.

Elisabeth dijo:

—Realmente deberíamos seguir orando.

—Yo ya me cansé de orar —dijo Joyce—. Dios va a hacer lo que él crea necesario. Si Bruce sale de esto, usted le agradecerá a Dios. Si no lo hace, usted dirá que las maneras de Dios no son nuestras maneras. ¿Cuál es la diferencia?

—Ah, Joyce...

Pero Joyce se había sumido en un silencio. Colocó sus pies en una silla y se recostó, apoyándose en los codos.

Media hora después, Elisabeth decidió que, como de costumbre, la falta de noticias eran buenas noticias.

—Deben estar avanzando.

Joyce la miró con desagrado.

—¿Es usted incurablemente alegre? Probablemente estén luchando para mantenerlo vivo.

—Tenemos que pensar positivamente.

Joyce sacudió la cabeza.

—Tal vez nuestro automóvil no fue totalmente destrozado. Tal vez esta noche fue *buena* para nuestro bebé. Mírelo de este modo, nos dio a usted y a mí algún tiempo juntas.

Elisabeth no pudo ocultar que estaba herida.

—Lo lamento, madre. No quiero ser así.

—Te entiendo, querida, pero no culpes a Dios. —Cómo quería Elisabeth seguir su propio consejo.

Al volver del baño unos minutos después, Elisabeth reconoció la voz de Ben. Estaba hablando con el cirujano cerca del ascensor a la vuelta de la esquina.

—Hable primero con la madre de Bruce. Ella es fuerte y puede ayudar a la esposa.

—Sí —dijo el médico—. La viuda la va a necesitar.

Las rodillas de Elisabeth golpearon fuerte sobre el piso antes de saber que había caído. Gritó:

—¡No, no, Dios, por favor, no!

Ben y el médico la ayudaron a llegar a la sala de espera donde Joyce se paró de pronto.

—¿Qué? ¡Dígame!

—Por favor, siéntese —dijo el médico.

—¡Simplemente dígame!

Ben guió a Joyce a sentarse de nuevo.

—Sra. Bishop —comenzó el médico—. Lamento decirle que su esposo ha muerto debido a un severo trauma cerebral. Hicimos todo lo humanamente posible.

Las rodillas de Elisabeth se debilitaron y se le cerró la garganta.

—Quiero verlo —dijo Joyce.

El médico se dirigió a Elisabeth:

—¿Usted también, señora?

Elisabeth no podía encontrar su voz. Ni podía imaginarse ver a su hijo muerto. Sacudió la cabeza, temiendo caerse de nuevo.

—Venga conmigo, madre —dijo Joyce.

Ben se quedó afuera del quirófano mientras el médico las conducía.

—Tuvimos que rasurarle la cabeza—, dijo el médico, quitando la sábana de la cara de Bruce y yéndose silenciosamente. La incisión ya había sido cosida.

Su rostro era suave y pálido, los ojos cerrados, los labios ligeramente apartados.

—Bruce —susurró Joyce, temblando. Elisabeth le puso un brazo alrededor de la cintura.

—Bruce —dijo otra vez.

Elisabeth luchó contra su impulso de abrazarlo, de besarlo, de volverlo a la vida. Esta era una pesadilla a la que le temía cada minuto cuando estaba en el extranjero. Y ahora esto. No podía quitarle los ojos de encima, sabiendo que la próxima vez que lo vería sería en una funeraria, rodeado de amigos que tratarían de encontrarle el sentido.

Joyce se dio vuelta abruptamente y salió, dejando a Elisabeth sola con él. Fue transportada a su nacimiento, que parecía tan reciente. Bruce había tenido una piel suave y todavía la tenía. Elisabeth no pudo controlar que sus manos dejaran de temblar, y los músculos de su espalda y su cuello se enroscaron. Sus emociones la asustaron. Quería gritar, llorar, ir en contra de Dios. Quería tomar el hermoso cuerpo de Bruce en la flor de su juventud y quitarlo de esa mesa para mantenerlo fuera de ese lugar con ella para siempre. No confiaba en sí misma para tomar su rostro y besar su mejilla. Si no salía de algún modo de ese lugar en ese instante, sabía que la iban a tener que levantar del piso de nuevo.

Sintió una mano fuerte, cálida en su hombro, y Ben la condujo afuera. Joyce la miró con el entrecejo fruncido, luego a Ben, como exigiendo que de alguna manera le explicaran. Ben puso su brazo alrededor de Joyce.

—No digo nada —comenzó, pero ella lo apartó.

—Está bien. ¿Por qué Dios haría esto? ¿Por qué dejaría que me enamore de la persona más maravillosa que conocí en mi vida y luego dejar que le ocurra esto?

—No es nuestro lugar para...

—No tengo permiso de cuestionar a Dios Todopoderoso cuando se lleva a mi esposo antes de que nuestro hijo...

—Dios no se llevó...

—¿Quién entonces? ¿Cuál es el punto de la fe o de cualquier cosa?

Los hombros de Elisabeth cayeron. Sabía que se iba a preocupar por salvar a Joyce, siendo su nueva fe tan frágil. Pero su enojo resonaba con el de Joyce. Temía qué sucedería con ese niño sin nacer, pero estaba tan sumida en el dolor y la pérdida que casi no podía funcionar.

—Joyce —dijo Ben—. Dios quisiera que fueras honesta con él.

—No quiero hablar con él.

—Pero él quiere saber de ti. ¿Crees que no sabe cómo te sientes?

—Dios tuvo algo que ver con esto —dijo Joyce—, hubiera protegido a Bruce.

Elisabeth no podía estar más de acuerdo.

Ben insistió en llevarlas a ambas a la casa de Elisabeth en el automóvil de ella, seguido por una patrulla que lo llevaría de regreso a su propio vehículo. Ben instó a Joyce a quedarse con su suegra hasta que naciera el bebé, para el bien de ambas. Si bien Joyce no respondió, Elisabeth percibió resignación. Joyce permitió que Ben la ayudara a subir las escaleras.

Elisabeth se quedó de pie en el pasillo de la entrada, todavía con el abrigo puesto, como insegura de qué hacer después. Ben bajó y dijo:

—Me imagino que ninguna de las dos van a dormir.

Ella sacudió la cabeza.

—Yo estoy pasando también por un momento difícil con esto —agregó él.

Elisabeth entrecruzó sus manos y dejó caer su cabeza. El vacío de su propia voz la asustó.

—Sólo tengo esperanzas de que sea un sueño y despertarme ayer.

—Veré a Bill todos los días por ti, y...

—Yo estaré allí—, dijo ella.

—Ah, bueno entonces.

Él miró hacia el piso.

—Me preocupa Joyce. Tal vez si trabajamos juntos en...

—Yo estoy preocupada por mi propia reacción, Ben.

—Eso es natural.

—No por mí. Yo ya estoy en la recta final.

Él bajó la cabeza y suspiró.

—Aprendí hace mucho tiempo que las palabras no tienen sentido en estos casos —dijo él—. Sólo permíteme hacerte jurar que no tomarás ninguna decisión hasta que puedas descansar. Mientras tanto, si necesitas el abrazo de un viejo amigo, estoy dispuesto. Tú me conoces lo suficientemente bien como para saber que lo último que haría sería ser inadecuado contigo.

—Lo sé, Ben.

—¿Puedo, entonces?

—No, pero gracias.

—¿Puedo orar por ti?

Ella sacudió la cabeza.

—¿Necesitas que te ayude a subir las escaleras?

Ella volvió a sacudir la cabeza.

—Estaré pensando en ti —dijo él, dirigiéndose a la fría noche.

Elisabeth dejó el abrigo mientras subió trabajosamente las escaleras con una mano en la baranda, dolida todo el tiempo por el abrazo de aliento de Ben Phillips.

Se sentó pesadamente en el borde de su cama, pateó los zapatos y se recostó sobre la espalda, con los pies en el suelo. No se movió hasta el amanecer. Tampoco durmió. Ni oró.

Capítulo Veinte

Elisabeth podría haber sospechado algo a la mañana siguiente, si no hubiera estado tan debilitada por el dolor y su tenue sentimiento hacia Dios. Pareció lógico cuando Joyce le pidió que la condujera al departamento que compartía con Bruce para buscar algunas cosas.

Elisabeth le ofreció ayudarle, pero Joyce le pidió estar sola durante un rato.

—Seguro. ¿Te paso a buscar de regreso de Kalamazoo?

—Yo la llamo, —dijo Joyce.

Elisabeth quería dejarle algún comentario alentador, pero se sentía vacía. Sus propias oraciones estaban entretejidas con tanto resentimiento y enojo que se sentía como los consejeros de Job y temía maldecir a Dios. ¿Qué significaba todo esto? ¿Eran mentiras las promesas de las Escrituras? ¿Había vida abundante, el gozo de conocer a Dios, cosas obrando para bien?

Intentó orar por Joyce, pero eso la frustraba más aún. Joyce era una de las razones por las que Bruce debería estar vivo. ¿Qué sucedería con su fe?

Elisabeth sintió un oscuro presentimiento al ingresar al hospital estatal. Varias personas que iban con regularidad se sorprendieron al verla y ofrecieron sus condolencias. Ella no podía hablar. Simplemente asentía y seguía su camino hacia la habitación de Bill. ¿Las noticias viajaban tan rápido?

Los guardianes habían aprendido a dejar la habitación de Bill tal como había estado la noche anterior. Sabían que a Elisabeth le gustaba abrir las cortinas y las persianas por sí misma, para refrescar el cuarto de Bill. Él no se había movido durante años y nunca reconocía a nadie. Varias veces durante el día alguien entraba para girarlo, darle vuelta, ayudar a evitar úlceras. Sin embargo, la rutina de Elisabeth era hablarle y sostener su mano y acariciarlo.

Sus rodillas todavía temblaban mientras se movía lentamente por el corredor. La oscuridad del cuarto encajaba con su estado de ánimo y no se movió para abrir las cortinas. Dejó las luces apagadas y fue directamente a la paz de debajo de las cobijas. Elisabeth ya estaba acostumbrada a la apariencia de Bill, pero de alguna manera parecía más pequeño esa mañana. De costado, con sus huesudas caderas marcando la única superficie elevada de la cama, yacía en posición fetal. Como lo había hecho durante años, ella buscó debajo de la cubierta su puño en forma de bola, lo abrió y dejó que se cerrara alrededor de su mano.

Ella se recostó cerca, incapaz de decir en la oscuridad si sus ojos estaban abiertos. Su respiración era profunda y regular.

—Bill —susurró—. perdimos a nuestro bebé. Me alegro de que no lo entiendas. Yo casi no puedo entenderlo. Cómo me gustaría estar inconsciente. Pero ojalá hubieras podido hablar conmigo. Explicarme el Salmo 37 y esos versículos que he amado desde hace tanto tiempo. No puedo orar. No puedo dormir. No puedo comer. Estoy enojada con Dios. No lo entiendo. No puedo imaginarme que haya otra cosa que necesitara aprender a través de la tragedia.

Débil por la fatiga y el dolor, Elisabeth soltó la mano de Bill, levantó las cobijas hasta su cuello y se sentó en una silla reclinable cerca de la pared. Todavía enrollada por el frío, mantuvo una vigilia sobre los restos casi vivos de su esposo. Su cuerpo le dolía, su espíritu estaba adormecido. El sueño sería un alivio tan dulce. ¿Habría alguna forma de escape a esta desesperación? ¿Cómo ansiaría tener su nieto, que nacería el mes siguiente? ¿Era posible sobrevivir a esta angustia monstruosa para de algún modo ella y Joyce pudieran criar a ese niño en la casa de la niñez de Bruce?

Ella asentía, casi dormitando, cuando Ben Phillips entró de puntillas y acercó una silla a la de ella. Elisabeth casi no lo reconoció. Él tomó su mano entre las suyas, y ella fue transportada a la primera vez que había sentido su piel. Tan cálida, tan firme, tan compasiva.

—¿Podemos platicar un minuto? —dijo él.

Ella se encogió de hombros.

—Joyce me pidió que manejara el funeral en la Iglesia de Cristo. Hablé con el pastor Clarkson, que comprende.

Elisabeth asintió. Estaba sorprendida de hallarse realmente agradecida de que esta horrible responsabilidad fuera ahora de Joyce y no de ella. Esperaba que alguien le dijera cuándo debía ir.

—¿Estás bien, Elisabeth?

Ella giró lentamente para mirarlo, incrédula.

—Quiero decir, fuera de lo evidente.

Ella no era del tipo suicida, si eso era lo que él quería decir. Sin embargo los detalles del funeral de su hijo no le interesaban más que el dulce alivio del dolor que un momento de sueño podría traerle. Todo lo que podía hacer era sacudir la cabeza, y sin embargo no había derramado una lágrima. Era como si su pena estuviera taponada por una ira inexpresable.

—Tengo una noticia difícil, Elisabeth.

Ella estaba tan agotada que cerró los ojos y casi no pudo abrirlos nuevamente.

—Ben, no puedo soportar nada más. Por favor.

—No es una tragedia, pero es algo que debes saber.

Él esperó una respuesta, pero ella no podía comunicarse.

—Joyce se va de su departamento.

Elisabeth se obligó a mirarlo.

—Eso está bien. Puede vivir conmigo todo el tiempo que quiera.

Ben le soltó la mano y se inclinó hacia delante, con los codos en las rodillas.

—Me pidió si podía hablar contigo. Tampoco va a vivir contigo.

Elisabeth tuvo que esforzarse para no caerse.

—Pero seguramente por lo menos hasta que llegue el bebé...

—Sabe que tu corazón está puesto en eso, pero ya se ha mudado nuevamente al campamento.

Elisabeth miró de soslayo, tratando de entender.

—¿Por qué?

—Aparentemente su prima vive con un novio...

—Ese no es un ambiente...

—Traté de exhortarla a quedarse contigo por lo menos un tiempo, pero está enojada y muerta de...

—¿Enojada conmigo?

Elisabeth sintió una calidez repentina, y luego comenzó a colocarse su abrigo. Ben la ayudó.

—Tú representas a Dios para ella —dijo él—. Y ella está furiosa con él.

—*Yo también,* —pensó Elisabeth—. Tengo que hablar con ella —dijo.

—Elisabeth, ella no quiere hablar contigo.

Elisabeth se sentía disgustada hasta el borde de las lágrimas por el aguijón de ese insulto, cuando ella no podía llorar por la pérdida de su precioso hijo.

—¿No puede pensar en el bebé? —dijo ella—. Quedarse conmigo por ahora es ideal.

Ben abrió las manos.

—Yo le rogué. Está cerrada a eso. Estoy seguro de que tu casa le recuerda su pérdida y ella...

—A mí también, Ben, pero *yo* no me voy.

Él se puso de pie y le preguntó si podía abrir las cortinas y las persianas. Cuando ella no protestó, él inundó el cuarto con fuerte luz del sol, y ella se tapó los ojos.

—Joyce es adulta, Elisabeth. Libre de tomar sus propias decisiones.

Elisabeth sacudió la cabeza, se puso de pie y se estiró. Eso la hizo sentirse mareada y Ben la ayudó a equilibrarse. Se volvió a sentar.

—El pensamiento de estar sola en esa casa ahora...

—Vas a poder tolerarlo, tú lo sabes.

Sus ojos se adaptaron a la luz.

—No estoy segura —dijo ella—. Mi vaso está vacío, Ben. ¿A dónde acudo cuando ya no confío donde acudía antes?

—Habla el dolor —dijo Ben—, y la fatiga.

—Lo cierto es que es una vida de desilusiones. ¿Puede algo de lo que Dios hace tener sentido?

Ben se dirigió a la puerta y le dio la espalda a Elisabeth.

—No sé si quieres respuesta o compasión. Nunca sostuve conocer la mente de Dios.

Ella suspiró fuerte, casi al borde del colapso. Él volvió y se sentó con ella. Elisabeth quería sentir su abrazo, llorar en su pecho, ser sostenida y balanceada. No porque este hombre había sido el amor de su juventud, sino porque él la conocía, la quería y —ella esperaba— la entendía.

—Deléitate en el Señor, —comenzó ella en un susurro— y él te concederá los deseos de tu corazón. Compromete tu camino al Señor, confía también en él y él hará que todo pase.

Él sonrió.

—Preciosas promesas.

—¡No son ciertas, Ben! Me he deleitado en el Señor toda mi vida. ¿Tú crees que era el deseo de mi corazón no conocer nunca a mi madre? ¿Ser echada de mi propia casa? ¿Perder a mis tres hijos? Mi esposo yace allí con sólo cuarenta y seis años y podría estarlo durante más tiempo. Dios me da el hijo con el que cualquier madre soñaría, lo protege una y otra vez dramáticamente y luego lo deja morir?

Ella levantó el volumen de su voz y no podía evitarlo, y con sus gritos finalmente llegaron las lágrimas.

—¡No quiero comprender los misterios del cielo! ¡Sólo quiero que Dios haga algo con sentido una vez!

Ben se puso de pie.

—Camina conmigo.

—Ben, estoy exhausta. Me duelen las rodillas.

—Sólo hasta la sala de día —dijo él.

Elisabeth lo siguió allí y se sentó en un sillón enfrentando las ventanas del este por donde entraba el sol. Ben se sentó en una mesa, bloqueando la luz, su estructura formando una silueta en la ventana.

—Luché con Dios por este mismo tema. Es claro que él no nos da todo lo que deseamos, así que o no nos deleitamos en él...

—Yo he buscado, Ben.

—...o malinterpretamos la frase «darte los deseos de tu corazón».

—¿Qué es malinterpretado? —dijo ella.

—¿Te ha dado los deseos de tu corazón?

—¡No!

—Entonces, ¿qué está mal?

—Yo te pregunto a ti, Ben. No tengo ningún otro lugar a dónde acudir.

—Considera una posibilidad: que la frase «y él te concederá los deseos de tu corazón» significa que él te *dirá* cuáles debieran ser los deseos de tu corazón.

Elisabeth estaba sentada mirándolo, parpadeando.

Ben continuó:

—En otras palabras, deléitate en él y él te dirá qué desear. Ese mismo pasaje dice: «Hará que

tu justicia resplandezca como el alba; tu justa causa, como el sol de mediodía. Guarda silencio ante el Señor, y espera en él con paciencia».

—¿Cómo podré, Ben? ¡Estoy tan enojada!

—El pasaje se torna más personal: «Refrena tu enojo, abandona la ira; no te irrites, pues esto conduce al mal».

Elisabeth casi no podía moverse. Dejó que su barbilla cayera contra su pecho y lloró.

Ben apoyó una mano en la de ella.

—En aproximadamente diez minutos espero a una de las viudas de mi última iglesia que venga a tocar el piano y a cantar. Cualquier otro día que no sea hoy Dellarae Chockadance podría entretenerte.

Elisabeth lo miró.

—¿Ese es su nombre?

—No te equivoques, ella es una persona maravillosa. Pero está un poco excedida de peso, sus mejillas son apenas rosadas y es poco entusiasta en el teclado y como vocalista. Ven a la capilla, y luego déjame llevarte de regreso a Three Rivers.

—Pero mi automóvil...

—No debes conducir sin dormir. Regresaré a buscarte mañana y tú podrás conducir después de eso.

—Está fuera de tu camino.

—No quiero que te preocupes por ti en el camino.

—Lo aprecio más de lo que lo puedo expresar, Ben. Ojalá pudiera dormir.

—Vas a dormir. Te buscaré en la capilla.

Elisabeth caminó medio dormida a la habitación de Bill para recoger sus cosas, tocó su flaco hombro y se encaminó al pasillo. Era de las primeras en estar en la capilla y se sentó al fondo. Dellarae ya estaba en el piano tocando demasiado fuerte. Vestía un vestido muy pequeño para ella, un sombrero con una pluma y una gran sonrisa. Tocaba con floreos, terminando cada frase con una nota alta.

Pronto se llenó la pequeña capilla. Dellarae parecía disfrutar. Se acompañó en un solo, y ella y Ben cantaron un dúo antes de que él hablara. Con su pluma llevando el compás, transportó a Elisabeth a la niñez cuando no podía contener la risa con el invitado solista en las reuniones extendidas.

Ben habló durante veinte minutos. Cuando la señora. Chockadance comenzó la última canción, Elisabeth salió y lo esperó. Finalmente él salió también y le presentó a la mujer.

—He oído mucho sobre usted —dijo Dellarae—. Y lamento su pérdida. Mi esposo murió hace aproximadamente diez años y yo tenía su edad. Gracias a Dios pasamos veinticinco años juntos.

Elisabeth trató de sonreír pero no pudo. Perder un esposo después de veinticinco años no sonaba tan mal. Ella había dejado pasar sus bodas de platas sin advertirlo el último mes de enero.

Elisabeth enfrentó a Joyce en el funeral

—Por favor —le dijo—, no nos convirtamos en extrañas. Quiero ayudarte con el bebé.

Con los ojos ocultos tras los anteojos de sol, Joyce asintió y no dijo nada. Un contingente de sus antiguas amigas y posiblemente la familia —ninguno le fue presentado a Elisabeth— ocuparon la primera fila. Olían a tabaco y a sudor y estaban de pie fumando en grupo mientras esperaban ir al cementerio.

A pesar del mensaje cálido de Ben, el dolor de Elisabeth era insondable. Temía que nunca encontraría la salida del agujero negro en que se sentía atrapada. Recibir a los amigos era una tarea tan difícil como no podía recordar otra, y se sintió agradecida de finalmente llegar a casa.

Se puso el camisón y la bata en medio de la tarde y se recostó sobre las mantas de la cama. El sueño la eludía, sin embargo el agotamiento la abrumaba. El sólo hecho de pensar en volver a trabajar y conducir a Kalamazoo todas las tardes la deprimió aún más.

En Navidad y Año Nuevo oró para tener alivio, dejando salir su enojo hacia Dios. La gente de la iglesia, del trabajo y del hospital eran agradables pero no eran de ayuda. Ben era compasivo y nunca fallaba en tratar de animarla. Se tomó un receso de su clase de la escuela dominical y también dejó la tarea de las cartas a los misioneros, sintiéndose hipócrita y sin querer difundir su resentimiento.

Tarde por la noche del 23 de enero de 1946, se sorprendió al oír la áspera voz de un hombre sin educación en el teléfono.

—¿Es la Sra. Bishop?

—¿Quién habla?

—Ah, sí, eh...un amigo de Joyce Adambs, este...Bishop.

—Soy Elisabeth Bishop.

—Joyce quería que le dijera que tiene una nieta.

Algo se quebró en Elisabeth mientras corría hasta el hospital en medio de la noche. Por primera vez en semanas, podía agradecerle a Dios por algo.

—¡Restáurame! —rogó—. Conviérteme en quien tengo que ser para esta niña.

¿Cuánto tiempo había pasado desde que había oído de Dios? Él parecía imprimir de nuevo algo que había conocido toda su vida. Lo que él deseaba, el deseo que él quería sembrar en su corazón, era traer más personas a la familia. Esa voz callada, pequeña, le recordó: «No queriendo que ninguno perezca, sino que todos procedan al arrepentimiento».

Su nieta necesitaba a Cristo. Su nuera necesitaba regresar a él. Elisabeth misma, al igual que Joyce y la bebé, podían ser usadas para alcanzar el reino. Todavía no comprendía, no estaba de acuerdo en que Bruce debía morir, aún quería respuestas. Mientras tanto, estaba desesperada por el alejamiento. Extrañaba a Dios, lo necesitaba, lo quería.

De pronto, desde lo profundo de su memoria aparecieron versículos que había memorizado de niña. Mientras conducía, con los ojos parpadeando por las lágrimas, recitó del Salmo 51:9—13: «Aparta tu rostro de mis pecados y borra toda mi maldad. Crea en mí, oh Dios, un corazón limpio, y renueva la firmeza de mi espíritu. No me alejes de tu presencia ni me quites tu santo Espíritu. Devuélveme la alegría de tu salvación; que un espíritu obediente me sostenga. Así enseñaré a los transgresores tus caminos, y los pecadores se volverán a ti».

Elisabeth metió la mano en su bolso buscando un pañuelo y se secó la cara. El gozo la inundaba y ella agradeció a Dios por no abandonarla.

—¡Sé mi amigo! —gritó—. Sé mi guía y mi compañero. Toda la confianza está depositada en ti. Si bien no te comprendo, te amo. Tú eres mi roca, mi fortaleza. En ti me oculto. No tengo ningún otro lugar a dónde acudir.

En el mismo edificio donde había perdido a su hijo, le presentaron a una bebé que lloraba, y que pesaba tres kilos.

—Voy a llamarla Lisa— dijo Joyce, sonriendo tristemente.

—Bruce y yo acordamos ponerle ese nombre por usted. Elisabeth Grace Bishop.

—No podría estar más conmovida.

—Ya no creo más en la gracia. Usted fue una gran madre, pero no le hubiera dado ese segundo nombre, salvo si Bruce hubiera queridohacerlo.

—Debes ver que ella se críe en la educación y exhortación...

—Esa será su tarea —dijo Joyce—. No volverá a encontrarme en la iglesia.

—Ah, Joyce.

—No comience. Dios me perdió cuando se llevó a Bruce.

Elisabeth quería discutir, advertir a Joyce en contra de convertirse en una vieja resentida como había sido la tía Ágatha. Pero Elisabeth misma había casi perdido su fe. Joyce le entregó a la bebé y Elisabeth lloró. Sostener esa preciosa vida nueva y mirar sus ojos oscuros, curiosos... decidió encontrar a la tía Ágatha y dejar que viera a su sobrina nieta.

—Estaré feliz de llevarme a Lisa en cualquier momento.

—No se preocupe —dijo Joyce—. Yo tengo que trabajar, así que necesitaré mucha ayuda.

—Me encantaría alardearme con ella en la iglesia. ¿Vendrás?

—No, le digo ahora. Puede llevar a Lisa, pero no espere que vaya yo y no vuelva a pedírmelo.

Elisabeth pasó los siguientes meses orando porque si Dios no podía aclarar algún propósito en la muerte de Bruce, de alguna manera le diera a su corazón deseos que lo complacieran. Repasó su compromiso a la obediencia y resolvió recuperar sus disciplinas y servicio espirituales. Hasta le dijo a Ben que intentaría hacer un dueto con él en la capilla del hospital estatal.

Elisabeth redujo a la mitad sus horas de trabajo, resuelta a sacrificarse si fuera necesario para poder cuidar a Lisa con frecuencia, pasar más tiempo en Kalamazoo y contar con la ayuda de Ben para localizar a su tía. A través de sus contactos con otras instalaciones de salud del estado, él finalmente encontró a Ágatha Erastus en la casa para ancianos de Battle Creek. Tenía setenta y cinco años, estaba en silla de ruedas y casi ciega a causa de la diabetes.

Advirtiendo cuán cerca quedaba Battle Creek de la penitenciaría en Jackson, Elisabeth informó al capellán de la prisión que iba a llevar a la primera sobrina de Benjamín Bishop para que la conociera.

—Si quiere darle una sorpresa, hágalo. Ni siquiera le dé la opción de que nos rechace.

Ella y Ben acordaron cantar «Cuando reconocí la cruz prodigiosa» para su dúo en la capilla del hospital estatal, y la infatigable Sra. Chockadance vino temprano para ensayar.

—Está cantando mi canción favorita —dijo, y lloró a viva voz durante la práctica, que fue lo único que evitó que Elisabeth hiciera lo mismo. Tenía que concentrarse en combinar su voz con la hermosa voz de barítono de Ben. Mientras estaba sentada esperando cantar frente al público, dejó que la letra reposara en su mente. «Mi ganancia más rica la cuento como pérdida, y vierto enojo en todo mi orgullo».

Luego del dúo, durante el cual Dellarae pudo llorar en silencio su torrente de lágrimas, ella le dijo a Elisabeth:

—Es raro. Ustedes dos suenan como si hubieran nacido para cantar juntos. Es casi como si tuvieran una relación, la combinación es tan perfecta.

Elisabeth se detuvo a ver a Bill en su camino de regreso, sintiéndose culpable por cómo disfrutó de estar cerca de Ben. Ben fue lo suficientemente cuidadoso como para no tocarla, recordándole cuán perfectamente apropiado había sido Bill antes de vivir en la misma casa que ella, amándola en secreto, pero honrando su compromiso con Ben.

Al irse, Ben la encontró en el pasillo.

—Tendremos que repetir lo de hoy algún día, —dijo él—. Eso por cierto derritió algunos años.

—Me gustaría hacerlo, —dijo ella.

—¡Yo tocaré para ustedes dos en cualquier momento! —gritó Dellarae desde el fondo de la sala, y Ben y Elisabeth se sonrieron.

Elisabeth llegó a casa y encontró una carta del capellán de Jackson. «Sugiero que acelere sus planes de ver a su hijo. Está mostrando signos de confusión y olvido. Toda luz que usted pueda arrojar sobre esto sería valorada, historia familiar, etc.».

Elisabeth se arrojó en el sillón, con la carta en la mano. Elevó los ojos al cielo raso.

—Dios —oró—, no me hagas esto.

Transportar a una niña por sí sola le recordó a Elisabeth que ya no era tan joven como antes. Se dio aliento imaginando los rostros de la tía Ágatha y de Benji cuando vieran a esta hermosa pequeña.

Un guardia condujo a la tía Ágatha a la gran sala de la casa para ancianos de Battle Creek. Los frenos de su silla se cerraron cerca de un sillón al lado de la ventana, y el guardia se inclinó para hablarle fuerte al oído.

—Tiene visitas, Sra. Erastus.

La pequeña anciana, su cabello ahora blanco como la nieve, frunció el entrecejo y lo miró: —¿Yo qué?

—¡Tiene visitas!

—Ah, no tan mal, ¿y usted?

—Mire señora, por ahí. Esa es su sobrina, la Sra. Bishop, y la nieta de ella.

—No conozco a ningún Bishop —dijo ella.

Elisabeth se acercó.

—Dígale que es Elisabeth LeRoy, la hija de su hermano.

Ágatha se puso rígida. Mientras otros pacientes se aproximaban a la bebé y le hacían gracias, Ágatha dijo:

—¿Elisabeth está aquí? ¿Vino a verme?

—Quería que vieras a mi nieta, tía Ágatha —dijo Elisabeth, sosteniendo a la bebé frente a ella.

—Ah, Dios mío —dijo la mujer, pareciendo temerosa de tocar a la bebé.

—¡James! Traiga a Elisabeth y venga a ver la hermosa bebé.

Elisabeth se sentó frente a Ágatha con Lisa en su regazo.

—¿Te acuerdas de mí, tía Ágatha? ¡Soy Elisabeth!

Ágatha la miró con el rabillo del ojo.

—Estoy ciega —dijo—. Pero me acuerdo de ti. Tú me odias.

—¡No es así! ¡Nunca lo fue! Te he extrañado y he querido verte desde hace mucho tiempo. ¡Estoy feliz de haberte encontrado!

—¿Y este es tu bebé?

—¡Mi nieta! ¿Puedes creerlo?

—¿Te casaste con el soldado entonces? Un joven tan agradable.

—Me casé con Bill Bishop.

—Su padre estaba loco. Se murió en el hospital estatal.

Después de media hora de un intercambio extraño, Elisabeth le preguntó a la tía Ágatha si podía leerle algo de la Biblia. La cabeza de la anciana se irguió y Elisabeth imaginó una respuesta negativa, como había oído tantas veces de niña.

—Léeme el Salmo 23, —dijo Ágatha.

Elisabeth estaba impactada.

—¿Salmo 23?

—En mi cuarto.

El guardia la llevó allí y la ayudó a acostarse. Parecía

profundamente dormida. Elisabeth hacía equilibrio con Lisa en una rodilla y encontró el Salmo 23 con la otra mano. Convencida de que su tía estaba dormida, dudó.

—Bueno, ¿vas a leer o no? —dijo Ágatha.

Los ojos de Elisabeth recayeron en Salmo 22.

—Tía Ágatha —dijo con suavidad—, antes de leer el Salmo 23, déjame leerte el capítulo anterior. Este salmo utilizó el mismo lenguaje que Jesús usaría en la cruz.

—¡Simplemente léelo, —dijo Ágatha, con los ojos todavía cerrados.

«Dios mío, Dios mío, ¿por qué me has abandonado? Lejos estás para salvarme, lejos de mis palabras de lamento. Dios mío, clamo de día y no me respondes; clamo de noche y no hallo reposo. Pero tú... »

—¿Qué? —gritó Ágatha—. Comienza de nuevo.

«Dios mío, Dios mío, ¿por qué me has abandonado? Lejos estás para... »

—Él no me ha abandonado —gritó Ágatha—. ¡Yo lo he abandonado a él!. Se apoyó en los codos, todavía con los ojos cerrados.

—¡Es demasiado tarde! ¡Demasiado tarde!

—Nunca es demasiado tarde, tiíta —dijo Elisabeth, y la bebé empezó a llorar.

—Ah, Elisabeth, ¿mantendrás a esa pequeña cerca de Dios?

—Lo intentaré.

—Es demasiado tarde para mí.

—No, no lo es.

—Me he descarriado mucho, he sido testaruda demasiado tiempo.

—Nunca es demasiado tarde.

—Vete y déjame dormir.

—Muy bien, pero...

—¡Ve!

—Oraré por ti.

—No te gastes.

—Jesús perdonó al ladrón en la cruz. Él fue un creyente durante sólo unos minutos, sin embargo Jesús le dijo: «Hoy estarás conmigo en el Paraíso».

Ágatha rodó hacia el costado y lloró. Elisabeth dejó la Biblia a un lado y fue a consolarla, pero Ágatha la echó:

—¡Vete!

Capítulo Veintiuno

En el camino de Battle Creek a Jackson, la bebé Lisa dormía y Elisabeth oraba por Ágatha. Detestaba tener que irse, pero no quería agitar a su tía cuando parecía estar cerca del arrepentimiento como nunca antes la había visto Elisabeth.

Eso hizo que distrajera su mente de Benji, por lo menos para permitirle ganar compostura. No quería quebrarse frente a él, independientemente de cuál fuera su estado. Sólo esperaba que su demencia, si de eso se trataba, estuviera en una etapa lo suficientemente temprana como para poder todavía comunicarse con él.

La penitenciaría era ruidosa y fría. Lisa estaba profundamente dormida, a pesar del ruido y del hecho de que una guardia debía buscarla.

—Una dulzura —dijo la mujer.

—Sí —dijo Elisabeth—. Y demasiado inexperta como para querer escaparse.

Fue dirigida a una mesa en el rincón de una sala grande, ruidosa, donde las familias se reunían con los prisioneros. Elisabeth tomó dos mantas de su bolso e hizo una cama gruesa, suave en medio de la mesa. Cuando ubicó a Lisa allí y la cubrió, la bebé sólo se movió para alejar su rostro de la fuerte luz. Eso haría que sus hermosos rasgos apuntaran hacia donde se sentaría Benji.

Ahí llegó él. Elisabeth se impactó por su apariencia. Algo que a Benji le importaba mucho era vestirse de una manera determinada. La última vez su cabello había estado peinado así. Su vestimenta era muy prolija y tenía su paquete de cigarrillos colocados en sus mangas enrolladas. Sus zapatos habían sido lustrados. Esta vez sus zapatos estaban sucios y no estaban atados. Vestía una sola media. Su vestimenta estaba sucia, se había olvidado de colocarse la hebilla del cinturón, la cremallera y el botón estaban sueltos, y su camisa estaba abotonada en los orificios equivocados y tenía media camisa afuera del pantalón. Su cabello lucía como si no lo hubiera tocado desde que se despertó. Y tampoco se le veía demasiado feliz.

Ella se levantó para abrazarlo. Él no le devolvió el abrazo.

—No sabía que eras tú, sino me hubiera negado —dijo él.

—Yo hubiera venido de todos modos. Tú eres mi hijo y te amo, y comprendo que estás teniendo algunos problemas con tu memoria.

Benjamín se alejó de ella y respondió de mal modo.

—No me acuerdo.

Claramente no vio el humor en su propio comentario.

—Siéntate y conoce a tu sobrina —dijo Elisabeth—. Déjame hablar contigo.

Benji se sentó y respiró profundamente mientras se inclinó cerca del rostro de Lisa. Elisabeth estaba preocupada porque su aliento a tabaco la molestara, pero la bebé no se movió.

—¿Puedo tocarla?

—Si tienes las manos limpias, puedes tocar el dorso de su mano.

Él acercó sus manos a la bebé, como lo hacía cuando era un niño pequeño en su camino al baño desde la mesa del comedor. Elisabeth estaba horadada. Sus manos no estaban limpias, pero pensó que si su dedo tocaba la mano de Lisa no le haría daño. Podía lavar las manos de la bebé antes de irse.

—Siente su piel aterciopelada justo aquí, Benji —dijo Elisabeth, dándose cuenta de inmediato de cómo lo había llamado, el nombre que a él no le había gustado durante años. Él tocaba a la bebé como si fuera tan frágil como cáscara de huevo, y nuevamente respiró profundamente.

—¿Su nombre es Lisa? —susurró.

Elisabeth asintió.

—¿Y es mi hermana?

—Es tu sobrina, cariño. Es la hija de tu hermano Bruce.

Él asintió.

—Bruce es un marine.

—Te escribí acerca de Bruce —dijo ella—. ¿Te acuerdas?

Él afirmó con un movimiento de su cabeza, con los ojos puestos todavía en la niña.

—No me dejaron ir al funeral. A Bruce lo mataron en la guerra.

—Fue un accidente de automóvil, Benji.

—Su esposa está bien, va a tener un bebé.

—Este es el bebé.

Benji asintió como si finalmente lo hubiera comprendido todo. Colocó las manos en su regazo y sus ojos se dispararon.

—Día de visita —dijo—. Aquí estoy para siempre.

—Benji, ¿te asusta que tengas problemas para recordar las cosas?

—Papá perdió su memoria. Murió.

—Tu papá todavía está vivo, Benji.

—Bill ¿Va a venir?

—No.

Él asintió.

—No quiero volverme loco.

—Dame tus manos —dijo ella, y él dejó que las tomara—. Lo más importante es que no pierdas tu alma.

—Tengo a Jesús en mi corazón, mamá.

Elisabeth comenzó. Él sonaba bastante coherente, tan seguro.

—¿Lo tienes?

Él pareció regañarla.

—Tú oraste conmigo. ¿No te acuerdas?

—Sí, lo recuerdo Benji, pero no puedes vivir como quieres y decir que has recibido a Jesús. En Mateo 7:16, Jesús dice: «Por sus frutos los conocerán».

—He sido malo —dijo él.

—Sí, lo has sido. Pero Jesús te ama.

—Lo sé. Jesús me ama, eso lo sé. El capellán ora conmigo. Soy cristiano.

—¿Cómo lo sabes?

Él parecía calmado y la miró directamente a los ojos.

—Romanos 8:16 —dijo él—. Romanos 8:16.

—¿Qué dice?

Él sacudió la cabeza.

—Solía saberlo. Pero es cierto.

—Déjame buscarlo —dijo ella.

Sacó su Biblia. Sus ojos se llenaron de lágrimas mientras leía: «El Espíritu mismo le asegura a nuestro espíritu que somos hijos de Dios». Elisabeth buscó nuevamente las manos de su hijo.

—¿Sabes qué significa?

Él se encogió de hombros.

—Solía saberlo. El capellán me lo explicó. Quiero ir al cielo.

—Yo también quiero que vayas, Benji. Quiero que nos reunamos todos allí algún día. Mi papá está allí. Tu hermano está allí. Tu padre estará allí. Algún día tu hermana y yo estaremos también allí.

—No soy lo suficientemente bueno —dijo él—. Pero voy a ir de todos modos.

—Entonces *sí* entiendes —dijo ella—. Ninguno de nosotros es suficientemente bueno.

—Yo soy el peor.

—El apóstol Pablo dijo que *él* era el jefe de los pecadores, pero fue un gran evangelista.

—Yo lo conozco.

—¿Lo conoces?

Benji asintió, luego parecía perplejo.

—Viene a nuestras reuniones. De ninguna manera, no va. Leemos acerca de él. Leemos lo que escribe.

Elisabeth guardó su Biblia y se sentó mirando a Benji, quien lucía conciente de sí mismo.

—¿Te das cuenta de que probablemente tengas la misma enfermedad que tiene tu padre?

Él asintió.

—No quiero volverme loco.

—Lo sé.

—¿Ya te vas? ¿Te llevas a la bebé?

—Pronto.

—Adiós, mamá. Adiós, bebé.

Lisa se agitó a la salida y Elisabeth se sentó a darle de comer en el estacionamiento. ¿Cómo era posible que la tía Ágatha y Benji de alguna manera hayan crecido espiritualmente luego de que ella virtualmente cejó en este asunto? Dios los quería para su reino más de lo que los quería ella, se dio cuenta. ¿Había algo en esta bebé que cambiaba la perspectiva de todos acerca del futuro?

Elisabeth agonizaba por Joyce, que se estaba descarriando. Quería a Joyce para la iglesia, no para la Iglesia de Cristo, sino para el Cristo de la Iglesia. Creía que la conversión de Joyce había sido real y que de alguna manera ella regresaría.

Mientras Elisabeth conducía a Lisa de regreso a Three Rivers en la oscuridad, oró toda la lista. Bill, Benji, Betty, Joyce, Lisa y Ben. Sí, Ben. Él parecía estar tan solo, y sin embargo mantenía su pasión por el ministerio. Ella sabía que él la quería, probablemente hasta mantenía esperanzas de revivir algún día su romance. Ella lo amaba. Siempre lo había amado. Pero su esposo seguía vivo.

Elisabeth debía devolver a Lisa a su mamá al mediodía siguiente. En su casa, finalmente puso a dormir a la bebé durante toda la noche y cayó exhausta en su propia cama. Agotada como estaba, le agradecía a Dios por los dos encuentros de ese día. Se volvió sobre su estómago y levantó las rodillas hasta que estaba arrodillada en la cama, con la cara contra la almohada.

—Señor —dijo ella—. No sé qué más orar para agradecerte por el don de esta pequeñita. Todavía estoy herida, confundida, enojada por mi pérdida. Pero el deseo que tú me has dado es el de ver llegar a la gente a tu reino. Si hay dolor en el camino, trataré de aceptarlo. Y si no hay recompensa de este lado del cielo, ayúdame a aceptar eso también.

Elisabeth tarareó «Confía y obedece» y cantó: «Cuando caminamos con el Señor, a la luz de su Palabra, vaya gloria que él derrama sobre nuestro camino. Mientras hacemos su buena voluntad, él todavía mora en nosotros, y con todos los que confían y obedecen. Confiar y obedecer, porque no hay otro camino, ser feliz en Jesús, pero confía y obedece».

Feliz en Jesús, pensó mientras se quedaba dormida. *Eso sólo valdría la pena por todo.*

A la tarde siguiente, Elisabeth estaba de pie en el patio sucio, si se lo podía llamar así, del trailer que Joyce compartía con una prima y el novio de la prima. Había un corralito cerca de una muchacha que estaba sentada fumando en una silla plástica.

—Sólo póngala allí —dijo la muchacha—. Soy la prima de Joyce.

—Me gustaría hablar primero con Joyce, si no te importa.

—Está durmiendo.

—Yo la despertaré.

—No le va a gustar eso.

Elisabeth entró al trailer, donde se encontró con un hombre descalzo, con el pecho descubierto, que era el hombre de la casa. Estaba en pantalones vaqueros y llevaba una taza de café humeante.

—Buen día, señora, —le dijo.

—Ya no es casi mañana —dijo ella—. ¿Dónde está Joyce?

—Es mi día —dijo riendo con todas las ganas hasta desintegrarse en una áspera tos.

—¡Joyce! —dijo—. ¡Levántate! Es tu mamá, o tu suegra o algo así.

Elisabeth oyó un movimiento en la habitación del fondo, y Joyce insultó. Se apuró y encontró a Joyce sentada en la cama, cubierta por una manta, cerrando los ojos al sol.

—Vaya —dijo ella—. Hola. ¿Qué hora es?

—Casi la una. Pensé que estarías preocupada.

—Nunca me preocupo cuando está con usted— dijo Joyce.

—Ojalá pudiera decir lo mismo de cuando ella está aquí.

—No se preocupe por ella. Todo el mundo la quiere aquí. Mi prima la va a cuidar esta tarde. Hizo un pl...

—Mejor me quedo con ella, si no te importa.

—Sí me importa. Quiero verla cuando salga de trabajar.

—Tendría que estar en su cama para ese entonces.

—Yo puedo criar a mi propia hija.

—Ojalá eso fuera cierto, Joyce, mírate. Mira este lugar. Este no es lugar para criar a una bebé.

Joyce se paró y arrojó la manta en la cama. Se puso una blusa y pantalones, se calzó un par de sandalias y fue a buscar a Lisa. Elisabeth se alejó.

—Si quiere verla de nuevo —dijo Joyce— ¡me la va a dar a mí! Así fui criada yo, ¡y fue lo suficientemente bueno para su hijo!

—Lo lamento, Joyce. No quise insultarte, yo...

—Hizo un buen trabajo para que yo lo entendiera así. Yo dije que la podía llevar a la iglesia el domingo, así que puede venir a buscarla el sábado a la noche. Mientras tanto, es mi hija y se queda conmigo y yo la crío. Si no le gusta, dele un beso de buenas noches ahora mismo.

Elisabeth le entregó a Lisa con renuencia.

—Piensa en dejarla vivir conmigo un tiempo, ¿lo harás?

Joyce la miró.

—¿Darle a Lisa a usted?

—Sólo estoy diciendo que llegará un momento en que verás que está mejor quedándose conmigo en el pueblo por un tiempo. No me mires de ese modo.

—En el primer barrio, quiere decir usted.

—Eso no tiene nada que ver.

—Simplemente venga el sábado por la noche —dijo Joyce—. Y la quiero de vuelta el domingo por la noche.

Elisabeth estuvo varias horas trabajando en la planta de Fairbanks, luego condujo a Kalamazoo. Oró por Lisa cada vez que pensó en ella, aparentemente a cada segundo.

—¡Hola Ben! —dijo ella cuando ingresó al cuarto de Bill.

—¿A qué debo el...

—El Dr. Fitzgerald quería que supieras cuando llegaras —dijo Ben, levantándose.

—Lo voy a buscar.

—¿Fitzgerald de Three Rivers? No lo he visto durante años. ¿Qué sucede?

—Algo con Bill, por supuesto, pero no lo comprendo, Elisabeth. Déjame ir a buscarlo.

Al Dr. Fitzgerald le habían enviado la historia clínica de Bill semanalmente durante años pero le había aclarado a Elisabeth que el cuidado diario proporcionado en el hospital estatal virtualmente lo sacaba del caso, salvo como el médico de cabecera.

—Qué bueno verla de nuevo —dijo él cuando entró.

Ben había desaparecido.

Ella sonrió cautelosa.

—¿Debo estar feliz de verlo, doctor?

Él movió la cabeza.

—Eso depende. Comprendo que lo ha visitado mucho. Por favor siéntese.

Elisabeth ya había dejado de lado las gentilezas.

—¿Así que el fin está acercándose?

—Me temo que sí. Pronto habrá que darle algún tipo de soporte vital, y...

—No, si él tuviera la opción, se hubiera despedido hace mucho tiempo. No quiero que sufra, eso es todo.

La voz de Elisabeth sonaba vacía y plana. Sabía que este día vendría, pero eso no le quitaba el dolor de su finalidad.

El médico miró a Bill.

—Señora, él no ha sentido nada durante años. Continuaríamos alimentándolo y dándole oxígeno para que pueda respirar por su cuenta.

—¿Y cómo va a morir?

—Su corazón se va a parar.

—¿Él no va a luchar?

—Nada de lo que tuviera que estar conciente. Me gustaría trasladarlo al hospital de Three Rivers. Eso le facilitaría las cosas a usted.

Elisabeth asintió, adormecida. La respiración de Bill era trabajosa. Ella podía oír cada sonido en su garganta.

—¿Cuánto tiempo supone?

El Dr. Fitzgerald dio vuelta a las hojas de la historia clínica.

—Hay lesión cardiaca y renal ahora. Unas pocas semanas. Un mes a lo sumo.

Elisabeth suspiró.

—La gente me ha dicho durante años cuánto alivio sentiría. Y supongo que será un alivio. Él ha estado muerto para mí, pero aún así lo extrañaré. Me gustaría estar con él cuando parta.

—Voy a verificar con la empresa de ambulancias.

—Me refiero a cuando parta al cielo —dijo ella.

Cuando el Dr. Fitzgerald se fue, Elisabeth tomó la mano de Bill.

—Cuando estés listo, amor —dijo ella—. Cuando estés listo. Yo llegaré después con nuestros tres hijos. Podemos ser felices por ello.

Oyó pasos fuera de la habitación y se quedó en silencio.

—El médico pensó que necesitarías platicar con alguien —dijo Ben desde la sala.

—En un instante —dijo ella.

Elisabeth envidiaba a Bill. Ella estaba sentada, triste pero aliviada.

—Entra, Ben.

Él se sentó frente a ella, con sólo una lámpara de noche cerca de la cama iluminándolos.

—¿Estás bien? —dijo Ben.

Ella asintió, con lágrimas.

—Lo voy a extrañar tanto.

—Has sido una esposa maravillosa, Elisabeth. Un hombre no podría pedir más.

Ella sintió como si sus palabras provinieran de Dios para alentarla.

—Gracias, Ben.

Él asintió.

—Me gustaría que cantaras en el funeral.

—Estaré honrado de hacerlo.

—Me encanta «He decidido seguir a Cristo». El predicador la cantó la noche que Bill y yo dedicamos nuestras vidas.

—Es la historia de tu vida, Elisabeth.

—Cómo me gustaría que eso fuera cierto.

Ben se inclinó hacia delante.

—¿Puedo orar por ti, Elisabeth? —ella asintió—. ¿Y puedo tomarte de la mano?. Ella asintió nuevamente, valorando que él preguntara. Él le agradeció a Dios por la vida de Bill y por el amor que compartieron Bill y Elisabeth, que ha sido un ejemplo para mí y para muchos otros de verdadero compromiso.

Al terminar, Elisabeth sintió presión en los nudillos. Cuando él la soltó y abrieron los ojos, vio el brillo del metal.

—Ben —dijo ella—, ¿Estás usando un anillo?

Él asintió.

Elisabeth se preguntó si podía seguir respirando. Luchó para ganar compostura.

—¿Un anillo de bodas?

—Te lo iba a decir.

—¿Decirme? —dijo ella, simulando que la ofensa había sido meramente el hecho de no saberlo

—¿Invitarme, quieres decir?

—No invitamos a nadie. Uno de mis profesores del seminario ofició, y él y su esposa fueron los testigos.

Elisabeth detestó que sus noticias la devastaran tanto como las de Bill. Esperaba estar en algún lado donde pudiera gritar, golpear sus puños contra la pared, algo. Se obligó a actuar con normalidad. ¿Pero qué era normal ahora?

—Entonces, ¿alguien que conozco?

Ben lucía sorprendido.

—Dellarae.

Elisabeth se quedó sin habla.

Ben la acompañó a la sala.

—¿Cómo te parece mi tipo?

Elisabeth se encogió de hombros, no confiando en lo que podía decir.

—Necesito un poco de resplandor, ¿no te parece?

Elisabeth susurró.

—Estás bien tal como estás.

—Ella es una mujer de Dios, Elisabeth. Transparente. Lo que ves es lo que obtienes. A ella le gustas mucho.

Elisabeth quería decir:

—A mí también, —pero no podía responder. Estaba luchando contra la ira, incluso el odio hacia Dellarae. ¿Odio?

—Ella espera que todos seamos amigos —dijo Ben.

Elisabeth estaba a punto de realmente preguntarle a Ben si él hubiera elegido a la Sra. Chockadance de haber sabido la perspectiva de Bill. Sus horribles noticias trajeron claridad a lo que no se había admitido ni siquiera a sí misma, que su única esperanza, sueño y consuelo era que Ben algún día la esperara al final de su viaje largo y doloroso. Ella, había supuesto que él, había sido obsesiva acerca de permanecer en una situación apropiada hasta que ella fuera libre. Pero, ¿acaso ambos no albergaban esperanzas de que llegaría el día en que libremente revelarían sus sentimientos mutuos? ¿Había solamente supuesto que él compartía su ansia?

Tal vez él simplemente se había cansado de esperar. Quizás había jugado su parte tan bien que Ben había perdido las esperanzas de que alguna vez volviera a él. Afortunadamente, debió suponer que fueron las noticias de Bill las que la hicieron poco comunicativa. Él la acompañó hasta el automóvil y aceptó su seguridad de que estaba bien. Elisabeth se compuso, pero en lugar de dirigirse al sur a la Oakland Drive, dobló a la izquierda y condujo hacia el norte al estacionamiento desierto de la escuela secundaria.

Allí se quebró y dejó que fluyeran las lágrimas, apoyándose en el volante y soltando su ira en la oscuridad por toda la injusticia. Agotada e incapaz de orar, Elisabeth pensó en su futuro. Ben naturalmente querría que su esposa lo acompañara en su solo en el funeral de Bill. Elisabeth tendría que estar sentada allí, de duelo por su esposo, de duelo por su primogénito y su demencia heredada, de duelo por los kilómetros que la separaban a ella y a su hija, de duelo por la memoria de su hijo más chico y de duelo por la muerte de cualquier futuro que había soñado con Ben. Todo el tiempo, ella podía ver su opción de una compañera de vida, en toda su gloria, tocando el piano.

Cuando finalmente Elisabeth se compuso y se dirigió hacia Three Rivers, sintió que Dios estaba verificando su espíritu mientras ella pormenorizaba sus sacrificios. Cada vez que pensaba en Bruce, algo le escatimaba el cerebro. Algo que nunca había considerado. ¿Era posible que Bruce fuera liberado para morir joven?

¿No tendría él una tendencia hacia la misma aflicción que afectó a su abuelo paterno, a su padre y a su hermano mayor? De verdad había poco consuelo en que Bruce hubiera evitado un triste final sufriendo lo que parecía algo prematuro. Sin embargo era algo que ella tenía que considerar.

Esa noche en la cama trató de orar. «Entonces, ¿esto es sólo entre tú y yo el resto del camino?», comenzó. «¿Ningún esposo que pueda verme, hablar conmigo, orar conmigo, tocarme, abrazarme, besarme, dormir conmigo? No entiendo tus tiempos, y me pregunto si Ben los entiende. Llévate a Bill pacíficamente, eso es todo lo que te pido».

Si esto era una prueba, Elisabeth quería pasarla. Si Dios quería saber si tenía su atención, todo su corazón, alma y mente por el deseo que él le había dado de incrementar su reino, ella quería asegurarle que lo tenía. Si bien nunca había sido fácil y aparentemente nunca lo sería, ella quería dejarle su situación, sus circunstancias, a él. Ella serviría y obedecería, no resignadamente ni sólo porque no conocía otro camino. En cambio, ella cumpliría su compromiso con un Dios que creía que valía la pena, incluso cuando él no parecía serlo.

Durante las tres semanas siguientes visitó a Bill todos los días en el hospital Three Rivers y cuidó a Lisa durante los fines de semana. Ahora que Bill se estaba muriendo, en lugar de vegetar como un paciente mental, varios amigos de la Iglesia de Cristo también lo visitaron. Incluso vino el pastor Clarkson, y Elisabeth tuvo que darle crédito. Él no temía mirar a Bill y tocarlo e incluso dirigirse a él. La mayor parte de los demás hablaban con ella como si Bill no estuviera allí.

Elisabeth mantenía correspondencia con Betty, pidiéndole que de alguna manera llegara para el funeral. Betty quería hacerlo pero no hizo ninguna promesa.

Aproximadamente a las tres de la mañana, el viernes 4 de octubre de 1946, Elisabeth soñaba con el fin de semana con Lisa, que ahora casi tenía diez meses de vida. El teléfono la despertó. Elisabeth no se apuró. Sabía de qué se trataba este mensaje.

Bajando las escaleras, oró sólo porque Bill aguantara por lo menos otra hora. Para el momento en que se vistió, condujo al hospital y llegó a su habitación, la respiración de Bill había decrecido a nueve respiraciones por minuto.

—No parece estar luchando —dijo el Dr. Fitzgerald—. Su respiración debe disminuir el ritmo hasta que se detenga. Lo dejaré con él. Si detecta alguna incomodidad, podemos medicarlo.

Elisabeth percibió que estaba en la presencia de Dios desde el momento en que estuvo a solas con Bill. Él estaba recostado de lado, con la cara contra la pared. Ella trajo una silla y le abrió la mano, colocando la suya dentro. Sus ojos estaban cerrados y respiraba profundamente. Ella contaba. Sólo casi nueve por minuto. Un par de minutos más tarde, bajó a ocho, luego a siete.

Lenta, lentamente, su respiración se volvió menos profunda. Cuando respiraba sólo cuatro veces por minuto, ella se preguntaba si cada respiración sería la última. Le habló con suavidad:

—Estás por ver a Jesús —dijo ella—. Te envidio. Saluda a nuestros papás, ¿lo harás? ¿Y a Bruce? ¿Y le dirás a Dios que tengo mucho qué pedirle?

Él respiró una vez profundamente y exhaló, y luego no oyó nada más durante veinte segundos.

—Vete tranquilo, cariño. Te amo con todo mi corazón, y siempre lo haré. Te amaré con todo lo que está dentro de mí hasta que nos volvamos a ver.

Bill volvió a inhalar profundamente. Elisabeth se puso de pie y le quitó la mano inclinándose para abrazar su estructura huesuda. Presionó su rostro contra su cuello, una mano en la espalda, la otra en su raleado cabello.

—Adiós, Bill, —dijo—. Adiós, mi amor.

Él exhaló y murió.

La noche antes del funeral, Elisabeth dedicó más de una hora a estar con el pastor Clarkson. Él parecía profundamente impresionado con su relato de la vida de Bill y su historia de amor. Planearon una ceremonia simple para la una de la tarde, una bienvenida, un obituario, el solo de Ben, el mensaje del Pastor y el entierro.

—¿Querría tener una visión por adelantado del servicio? —dijo el Pastor.

Ella sacudió la cabeza.

—Me compondré. No quiero que la gente me vea así.

Eligió colocar arriba del féretro su fotografía de ejecutivo de Fairbanks—Morse justo antes de ser hospitalizado.

El día siguiente fue demasiado cálido para la época del año. Elisabeth se puso un piloto delgado y esperó fuera de su puerta del frente. Se conmovió por la oferta de Frances Childs de que ella y Art la llevarían las pocas cuadras que la separaban de la Iglesia de Cristo.

—Nos sentaremos contigo, si quieres, —dijo Frances.

Pero Elisabeth dijo que no. A Benji no le dieron permiso para asistir y Betty estaba con mal tiempo en Nuevo México, así que Elisabeth decidió sentarse sola con sus pensamientos en la primera fila. Si hubiera sabido qué lindo estaba el tiempo afuera, también hubiera dicho que no la llevaran.

Art y Frances estaban claramente incómodos, él negándose a hablar y ella parloteando. Elisabeth no tenía humor para ella.

Esperaba que algún día ella y Frances volvieran a ser amigas como lo habían sido antes, las que se contaban todo.

El féretro cerrado de Bill estaba debajo del púlpito, y los que estaban en duelo pasaban para verlo, sonriendo ante la fotografía, algunos tocándolo suavemente, la mayoría deteniéndose para saludar a Elisabeth.

Se había sentido tan sola durante tanto tiempo en su vigilia por Bill que se sorprendió de cuánta gente vino. El pequeño santuario pronto se llenó con gente de la farmacia Snyder, de Fairbanks—Morse, del hospital estatal (incluyendo al personal y hasta familiares de otros enfermos), el hospital de Three Rivers, la iglesia y el vecindario. Elisabeth estaba agradecida de que Ben y Dellarae silenciosamente le estrecharan la mano. Un sentimiento de dolor le recordó que había perdido a ambos hombres de su vida otra vez.

Las siete niñas de la clase de la escuela dominical de Elisabeth fueron las últimas en llegar. Su maestra suplente condujo el camino con una mirada seria y un dedo en sus labios, evidentemente habiendo asustado a las niñas si no estaban en silencio. Elisabeth de pronto se sintió animada, emocionada de verlas. Saludó a cada una de ellas por el nombre y les agradeció por venir. La última le entregó un sobre grueso, del tipo comercial, con un «Sra. Bishop» escrito a mano.

—Es de todas nosotras —susurró Irene—. Su maestra la hizo callar, pero Elisabeth le guiñó un ojo y le agradeció.

Elisabeth trabajó lentamente para abrir el sobre. Dentro había una hoja grande de papel de escribir que Elisabeth no pudo desdoblar de todas formas, haciéndolo visible para todos. De lo que pudo descifrar, cada niña había escrito un breve párrafo y había firmado con su nombre.

Una había escrito: «Sra. Bishop, lamento que su esposo haya muerto, incluso si estuvo en el hospital estatal. De usted aprendí a orar y a perdonar a la gente».

Elisabeth no podía esperar para ver el resto, pero rápidamente guardó la hoja cuando Joyce fue llevada al lado de ella, mientras cargaba a Lisa que dormía.

—Ah, —dijo Elisabeth, y llegaron las lágrimas—. Pensé que no ibas a...

—Lo sé —dijo Joyce—. Sólo pensé que debía estar en el funeral de su abuelo.

—Estoy tan agradecida —dijo Elisabeth. Lisa se despertó cuando Elisabeth la tomó en sus brazos, pero no se movió durante la ceremonia.

El pastor Clarkson comenzó con un obituario recitando las fechas de nacimiento y muerte de Bill Bishop, su registro de empleo y de servicios comunitarios, los nombres de su difunto hijo y los sobrevivientes, y una letanía sobre su vida espiritual.

Luego del solo de Ben, el pastor Clarkson contó la historia inusual de Bill y Elisabeth.

—Este era un hombre —concluyó—. Al que me hubiera encantado conocer.

Elisabeth oprimió los labios. *Y a mí me hubiera encantado haberlo conocido aún más.*

Joyce tomó a Lisa y se fue inmediatamente después del servicio, así que Elisabeth estuvo sola en el entierro. Tuvo que endurecerse mientras veía bajar el féretro en el cementerio. Pero eso no fue tan difícil como soportar de nuevo las condolencias de casi todos los presentes. Elisabeth sabía que todos tenían buenas intenciones. Simplemente quería irse a casa con sus recuerdos y su dolor demasiado fresco.

La educación mantuvo a Elisabeth allí hasta que se fue la última persona. Le agradeció a Frances por la oferta de llevarla de vuelta a su casa pero le dijo que prefería caminar. Finalmente emprendió el regreso a su casa cuando el sol comenzó a flirtear con la copa de los árboles. A las dos cuadras, Elisabeth se detuvo y giró para ver la silueta de la Iglesia de Cristo recortada contra la luz.

—Gracias, Señor —dijo agradecida—, por una iglesia a la que acudí no sólo varias veces por semana, sino durante cada crisis de mi vida.

Cuando siguió su marcha hacia la casa, vio la figura de una niña colocando un palo en un charco de lodo en la siguiente esquina. Usaba botas demasiado grandes de goma color negra y un piloto rojo. Cuando Elisabeth se acercó más, el cabello rubio le dijo que era Irene.

—¿Sabe tu madre que todavía estás en la calle, querida?

—Mmmm —dijo Irene, mirando el agua—. Papá también.

—¿Tu papá está en casa?

Irene asintió.

—No lo vi en...

—No quiso ir. Dijo que su esposo en realidad murió hace mucho tiempo.

—De alguna manera, así fue.

—Lo sé, Sra. Bishop. Usted nos contó. Ya cambié mi lista de oración.

—¿Lo hiciste?

Irene arrojó el palo a la calle y se volteó a mirar a Elisabeth.

—Lo saqué a él de la lista y la puse a usted. Eso está bien, ¿no? Quiero decir, él está muerto ahora.

—¿Tú me pusiste en el primer lugar?

—Estaba en el segundo ya, así que ahora está de primera.

—Estoy tan feliz de que todavía tengas tu lista de oración, Irene.

Irene se quitó el guante y sacó una piedra del lodo.

—Todas la tenemos. Todas sus niñas.

—Eso significa mucho para mí.

—Necesita mucha oración.

Elisabeth debió sonreír a pesar de todo.

—¿La necesito?

—¡Por supuesto! Tiene un hijo en prisión, una hija enferma que no ha visto por años, un esposo muerto, un hijo muerto, una nuera que no viene a la iglesia y una nueva nieta. La veo el domingo. Adiós.

Irene corrió antes de que Elisabeth pudiera responder. La pequeña corrió alrededor del fondo de su casa, y se cerró una puerta. Elisabeth finalmente llegó a su casa y atravesó la madera pintada del porche que conducía a la puerta que había sobrevivido al fuego y que había estado en esa casa desde el día en que Bill la compró. Ella ingresó al oscuro bienestar de la familiaridad.

Arriba, Elisabeth se sentó en su cama y puso su gastada Biblia en su regazo. Dejó escapar algo así como una sonrisa. Había que decir algo por la franqueza rústica de una niña.

—Sí necesito mucha oración, ¿no es cierto?, —oró en silencio—. Y tengo mucho por hacer.

Parte Cuatro

Capítulo Veintidós

A las ocho cuarenta y dos de la mañana del primero de enero de 1965, el sol se hacía paso a través de las pesadas cortinas de la habitación del frente de Elisabeth. Los párpados de la anciana se movían mientras ella miraba de soslayo desde su silla. Sus pies permanecían dormidos, dándoles enojosos pinchazos de los capullos de lana. Una bata pesada cubría su camisón de franela, las mangas largas cubriendo los puños cerrados, las palmas transpirando.

Como de costumbre, Elisabeth había bajado trabajosamente las escaleras en medio de la noche, incapaz de dormir. Incluso con una bombilla de tres direcciones a todo poder, leer no había sido la respuesta. Había apagado la luz, arrollado sus pies debajo de ella, ocultando sus manos heladas de la corriente y subiendo sus rodillas, esperando, orando, esperando la caridad del sueño.

Habían pasado años desde que Elisabeth dormía toda la noche. Cuando se encontró por primera vez mirando al cielo raso en las horas de la noche, se lo atribuyó a la preocupación, preocupación que intentó diluir con la oración. Oraba por Joyce, por Betty, por Lisa, por Benji. Betty y Benji, habían finalmente, misericordiosamente, muerto a unos meses uno del otro hacía ya más de seis años. Elisabeth no había visto a su hija durante más de quince años salvo en fotografías, y verla en reposo, su lloroso Cliff haciendo guardia, fue más de lo que podía soportar.

¿Por qué la muerte de Betty la había llevado a reunir finalmente los fondos para dirigirse al oeste? Sin embargo, el funeral de alguna manera le dio calidez a Elisabeth, que se enteró de la vibrante fe de Betty y de sus muchos amigos. Incluso vio indicios de lo que su hija había visto en su esposo, un hombre gigantesco, de corazón bueno. Elisabeth había regresado con un poco de paz y ya no más ansiedad por su hija, imaginando que se reunía con su padre y con su hermano en el cielo.

Elisabeth había sobrevivido a toda su familia. Las pérdidas, todas menos la de Bruce, enmudecieron a medida que pasaron los años. Pero Elisabeth con frecuencia se despertaba, los ojos bien abiertos y tan alertas como al mediodía, a la misma hora en que había recibido esa desgraciada llamada de Joyce acerca de Bruce hacía ya tanto años.

Joyce. Cómo había orado por esa preciosa niña que ahora parecía estar más allá de la esperanza. Su ex nuera no la había mantenido alejada, después de todo, tenía que reconocerlo. Había permitido que Lisa estuviera muchos fines de semana en la casa de la abuela, domingo tras domingo en la Iglesia de Cristo. Elisabeth se estiró con dolor al recordar a Lisa como una alumna en su propia clase de escuela dominical de niñas. Cómo la emocionaba y la hería a la vez ver tanto de Bruce en los ojos profundos, hermosos de su nieta.

De haber tenido Elisabeth sus posibilidades, Lisa hubiera vivido con ella todo el tiempo. ¡Vaya cosa para hacerle a una niña! Durante la semana Lisa vivía en un trailer con su resentida madre y una sucesión de amantes, esposos a corto plazo, alcohol, violencia, insultos y quién sabe qué más. El viernes por la noche la dejaban en la casa de tres pisos de la abuela en la vieja sección del primer barrio.

Elisabeth tenía que luchar a cada hora con la niña. Se ocupó de contrarrestar toda mala influencia, insistiéndole a Lisa que se bañara, que mantuviera un horario, que obedeciera, que aprendiera modales, que memorizara las Escrituras, que orara y hasta que fuera a la iglesia. Lisa al principio cumplía con todo. Al mirarla Elisabeth podía verse a ella misma cuando era niña, enamorada de la iglesia, de Dios y Jesús. Ella oró para recibir a Cristo cuando era jovencita y se metió en problemas con su madre por convertirse en demasiado crítica y «demasiado religiosa». Joyce la amenazó con alejar a Lisa de su abuela, pero las dos le rogaron con tanta insistencia que tuvo que ceder. Además, era claro que Joyce quería su libertad, especialmente los fines de semana.

Lisa había florecido hasta llegar a ser una belleza de diecinueve años con cabello y ojos oscuros. Elisabeth sintió las diferencias en su generación cada vez que la veía, y sí, se preocupaba, más por los hombres de la vida de Lisa.

—No me molestes con mis citas, abuela —decía Lisa—. Sé lo que estoy haciendo.

Pero saber lo que estaba haciendo incluía pensar que podía ser una buena influencia en los muchachos que no tenían interés en Dios.

—No funciona de ese modo —le diría Elisabeth, y citaba Proverbios acerca de cómo el mal arrastra el bien en lugar de ser al revés. Lisa miraba para arriba y Elisabeth temía convertirse en una supervisora exigente. Ninguno de los amigos varones de Lisa eran de la Iglesia de Cristo, y casi nunca iba a la escuela dominical y a la iglesia. Nunca se había rebelado, en cuanto podía decir Elisabeth, y Lisa aún sostenía ser creyente. Pero tampoco tenían esas pláticas espirituales que Elisabeth disfrutaba tanto cuando Lisa estaba en la escuela secundaria. Ahora que se había graduado, su relación había cambiado.

Lisa estudiaba en Western Michigan y trabajaba como asistente de enfermera en el hospital Borgess. Parecía tan crecida, y, sin embargo, Elisabeth no podía quitarse de encima su imagen de recién nacida.

—Serás la enfermera perfecta —le decía Elisabeth con frecuencia—. Tan cariñosa, tan compasiva, gentil.

Lisa se ruborizaba.

—¿De dónde crees que lo saqué? —decía eso—. Por cierto no de Joyce.

—Cariño, no llames a tu madre por su nombre. Eso es una falta de respeto.

—Por eso lo hago.

—Debes amarla.

—¿*Tú* la amas, abuela? ¿*Puedes*, después de cómo te trata?

Elisabeth quería desesperadamente decir que ella amaba a Joyce, pero no podía hacerlo. No era capaz en sí de amar a lo imposible de amar.

—Dios la ama.

—Tú dejas que te trate mal.

—Ah, ella no...

—¡Por supuesto que sí! Sabe que harás cualquier cosa por ella, pero ¿alguna vez actúa como apreciándolo?

—Yo no lo hago para que lo aprecie.

—De todos modos...

—Suficiente, cariño —diría Elisabeth, y hablaban de otras cosas.

Ahora, en su silla, en un amargo Año Nuevo, Elisabeth volvió a cerrar los ojos y oró por Lisa. Y por Joyce. Lisa era lo suficientemente buena como para ir a ver a Elisabeth por lo menos una vez a la semana. Joyce casi no la veía. Frances Childs siguió siendo amiga, y no se veían más desde la muerte accidental de Art en el taller de soldadura en Fairbanks—Morse hacía dos años. Pero Elisabeth se sentía aún desesperadamente sola. Estaba más cerca de Dios que nunca, a pesar de que sus crecientes enfermedades físicas le habían hecho dejar sus proyectos de servicio de la iglesia uno por uno. Aunque el Señor permanecía siendo su refugio, como a ella le gustaba decir, había dejado de orar por su bienestar de la aplastante soledad.

Sonó el teléfono. Si bien habían pasado veinte años desde la llamada acerca de Bruce, seguía odiando ese sonido. Elisabeth apoyó sus palmas en los brazos de la silla y recordó cuando podía levantar su propio peso y colocar los pies en el suelo. Ahora era todo lo que podía hacer haciendo fuerza para levantarse. Estaba con la bata y le costaba tenerlos libres.

Elisabeth sintió cada uno de sus sesenta y cinco años mientras avanzó como pudo hasta el teléfono. Sonaba y sonaba. Sólo alguien que la amara y supiera que estaba en casa sería lo suficientemente paciente como para esperar. Era Lisa.

—¿Cómo estás, querido amor? —dijo Elisabeth—. Dime que estás camino a verme.

—¡Lo estoy!

—Ah, cariño, ¡eso va a ser muy bonito!

—Feliz cumpleaños, abuela.

—Así es —dijo Elisabeth—. Y será más feliz cuando llegues aquí.

—Voy a darte un baño.

—¿Cómo?

—¡Abuela! ¿Tienes el teléfono en el oído bueno?

—Ah, espera un minuto...Ahora. Dime.

—¡Un baño! Voy a darte un baño.

—El cielo sabe que lo necesito, pero no quiero que te compliques.

—No te has olvidado de tu almuerzo hoy, ¿no?

—¿Mi qué? Mi almuerzo...ah, ¡es cierto! Intenté de todas las maneras posibles de hablar con Frances de eso. No sé por qué insiste.

—¡Esto es un hito, abuela! Sesenta y cinco no es lo mismo que un estornudo.

—¿Entonces por qué he estado estornudando toda la semana?

—¿Estás enferma?

—Todavía estoy aquí. No puedo ver, no puedo oír, casi no tengo gusto. Me falta el aire, tengo calores, dolores y molestias en cada articulación. Pero, ¿sabes qué?

—Sí, lo sé.

—¿Lo sabes?

—Por supuesto que lo sé.

—¿Qué estoy por decir?

—Que el gozo del Señor es tu fortaleza.

—¡Amen y amen! Te amo, Lisa.

—Yo también te amo, abuela. Estaré allí en alrededor de una hora.

Elisabeth estiró el cable del teléfono para poder bajarse al banco del piano.

—Sólo déjame llamar a Frances y rogarle que lo cancele. Se supone que la temperatura va a ser bajo cero hoy, demasiado frío hasta para que nieve.

—Ahora es casi diez bajo cero —dijo Lisa— pero es probable que para el mediodía llegue a cero.

—No tengo qué ponerme. No tiene sentido que me lustre y me empolve para el viejo vestido que me pondré.

—Tómate un desayuno y estate lista para mí, porque estoy yendo. Y tal vez tenga un regalo que te haga callar.

—¡No me digas! Yo pensé que las abuelas hacían callar a los niños.

—Ahora actúa como la edad que tienes y cuídame. ¿Apalearon la nieve de tu calle?

—Ahora no me ofrezcas eso...

—¡Abuela! Sólo necesito saber si puedo estacionarme allí.

Elisabeth se inclinó hacia delante y corrió las cortinas. El sol la cegó.

— No puedo ver nada —dijo—. Pero el hijo del vecino nunca falta.

Sintiéndose que gradualmente podía volver a plantarse sobre sus pies, Elisabeth fue a hacerse un té. Pero cuando se sentó a tomarlo casi no se podía mover. Era muy lindo de parte de Lisa venir para su cumpleaños, y Elisabeth nunca dejaba de conmoverse por la forma de ser de su nieta cuando la bañaba. Lisa la ayudaba a sentarse en un banco de madera en la bañera y nunca la hizo sentirse expuesta o avergonzada. La muchacha simplemente la ayudaba con las extremidades a las que ella no podía llegar.

Esa mañana, Lisa entró apurada y colocó una gran bolsa de compras en la mesa antes de ir a la cocina.

—Abuela, debes recordar apagar la llama cuando te haces el té. No quieres perder otra pava, o algo peor.

Elisabeth, alarmada de sí misma, estaba demasiado avergonzada para responder.

—Le di dos dólares al muchacho de al lado para que saque la nieve —dijo Lisa.

—Nunca le doy más de uno con cincuenta. Lo vas a malcriar.

—Es un año nuevo. Dale un aumento.

Lisa guió a Elisabeth tomándola del codo hacia el baño.

—Esperaba que te hubieras quitado la bata y las pantuflas. ¿Estás cansada hoy?

Elisabeth asintió. ¿Qué haría ella sin Lisa? Su nieta le lavaba la espalda, los tobillos y los pies con tanta suavidad que Elisabeth casi lloraba.

—Tus pacientes deben amarte —susurró.

—Así es —dijo Lisa con una sonrisa —especialmente los hombres.

—¡Para con eso!

—Estoy bromeando, abuela. Tú sabes que salgo con alguien a quien tú aprobarías.

—Hasta ahora no me has presentado a nadie.

—Dime algo que no sepa.

Envolvió a Elisabeth en una gran toalla y la ayudó a caminar arriba, teniéndola cerca. Elisabeth se sintió transportada a su niñez. Casi inconsciente de su entorno, se acordó de su padre que la envolvía en una toalla y suavemente la secaba frotándola.

Lisa preparó la ropa interior de Elisabeth, le dijo que la ayudaría con las medias, y comentó:

—En seguida vuelvo—.

La parte inferior de la espalda de Elisabeth le dolía mientras se sentaba en el costado de la cama y se vestía con lo que podía. Lisa volvió al poco tiempo con la bolsa de compras.

—Ah, déjame ver —dijo Elisabeth, pero Lisa la hizo esperar.

La ayudó con todo lo demás, y luego dijo:

—Te mostraré tu nuevo conjunto, pero no te lo pongas hasta justo antes de que llegue Frances. Vístete con tu bata hasta entonces.

Lisa sacó de la bolsa una caja con zapatos de gamuza. Todavía eran suaves, gruesos y pesados, pero eran absolutamente zapatos de fiesta. Elisabeth sonrió.

Luego vino el bolso haciendo juego.

—¡Lisa! Yo esperaba un vestido, no todo esto.

—Paciencia, abuela—.

Sacó un vestido rojo de lana, cortado a la cintura con un cuello blanco tipo Peter Pan y botones en el frente. Elisabeth intentó alborozarse, decirle que era el conjunto más bonito que había visto en su vida, pero Lisa ya la estaba asesorando.

—Esto va con un broche grande —dijo—. ¿Qué tal el camafeo blanco? Vas a lucir tan festiva, tan de invierno. Ojalá te lo pusieras para Navidad.

Buscaron en la caja de Elisabeth el collar adecuado, aros y brazalete.

—¿Demasiadas cosas? —preguntó Elisabeth—. Nunca usé tanto.

—Tampoco nunca tuviste sesenta y cinco años.

Elisabeth sonrió y se cubrió la boca.

—¿Qué?

Sacudió la cabeza, sus hombros se movían.

—Vamos, abuela, ¡dímelo!

—¡Voy a estar demasiado bien vestida para Frances!

Y se convulsionó con la risa. Lisa se arrojó a la cama, gritando.

—¡Eres terrible!

—¿No soy de lo peor? —dijo Elisabeth—. Ahora, si encontrara una boa de plumas podría lucir como Dellarae Chockadance Phillips, que Dios la tenga en la gloria.

Lisa se sentó y se apoyó contra Elisabeth, ambas en el colchón suave.

—No había oído ese nombre hace tiempo —dijo Elisabeth.

—Tú conoces la historia.

—Por supuesto. ¿Cuánto hace que falleció?

Elisabeth se encogió de hombros.

—Solía recibir una tarjeta de Navidad, siempre firmada por ella. —Suspiró—. Con amor de Navidad, Dellarae y Ben. Nunca oí de ellos sino era por las tarjetas. Luego, hace dos Navidades la tarjeta sólo decía: «Feliz Navidad ´63. Benjamín».

—No habrá sido que lo memorizaste.

Elisabeth sintió el impulso de ponerse de pie y mirar por la ventana, como lo hacía frecuentemente cuando estaba perdida en sus recuerdos. Pero su rodilla izquierda estaba rígida y su tobillo derecho le palpitaba. Sacudió la cabeza.

—Me dolió por él. Realmente fue así. No sabía que la había perdido. Una nota de papel carbónico decía algo acerca de que era su primera Navidad sin ella y «como muchos de ustedes saben» ella había fallecido esa primavera. Bueno, yo era una de los muchos que no lo sabían.

Elisabeth sintió el abrazo de Lisa.

—Se le pasó por alto —dijo—. Estaba dolorido.

—Yo le hice saber cuando murió Betty.

—De eso hace mucho tiempo, abuela.

—Me mandó una bonita nota.

—Me acuerdo.

—Podría haberlo ayudado.

—Lo sé —dijo Lisa—. La gente que sufre es tu especialidad.

—Debí haber escrito o llamado, pero ¿qué podía decir después de tantos meses? Él no se molestó en hacérmelo saber, así que...

—Así que ni siquiera le enviaste una tarjeta ese año.

—Ni el año pasado. Ni este. Creo que finalmente captó el mensaje.

—¿No recibiste este año una tarjeta de él?

Elisabeth sacudió la cabeza.

—Nunca es demasiado tarde para enviar una.

Elisabeth estaba desesperada por cambiar de tema.

—Quédate conmigo.

—No puedo. Debo irme.

—No voy a poder abotonarme este vestido.

—Seguro que sí. Yo te abotonaré los dos primeros, y Frances te ayudará con los demás, si es necesario.

—Ven con nosotras. A Frances no le molestará...

—¡Abuela, basta! Me encantaría, pero, eh, tengo un almuerzo ya.

—¿Una cita?

—Si debes saberlo.

—¿Con quién?

—No es de tu incumbencia.

—¡Por supuesto que lo es! Ahora dime, ¿quién es?

—Bueno, no es uno solo.

—¡Lisa!

—Y no todos son hombres.

—Bueno, entonces, dime.

—Te lo contaré más tarde.

Lisa se puso de pie.

—Vendrás para entonces, ¿me lo prometes?

—Te lo prometo. Ahora bajemos y ponte lista para que todo lo que tengas que hacer es deslizarte en tu ropa.

La casa parecía más fría sin Lisa. La mayoría de los días de semana cuando no quería vestirse, Elisabeth habitualmente se quedaba en su bata. Era todo lo que podía hacer ir desde la cocina al baño y a su silla. Lisa le había traído un televisor usado en blanco y negro, pero la recepción era tan mala que casi nunca lo miraba salvo por los quince minutos de Walter Conkrite en la tarde y el programa ocasional *Esta es su vida,* con Ralph Edwards.

Lisa había colocado el periódico en la mesa cerca de la silla de Elisabeth y se lo desplegó. Todavía se sentía frío mientras ella lo trató de desarrugar con sus hinchados nudillos. Pasó por alto toda la primera página y el editorial sobre la Gran Sociedad de Lyndon Johnson y qué hacía la familia presidencial en las vacaciones. Dejó de lado cualquier artículo que tuviera a Vietnam en el título y leyó los anuncios de compromiso y los obituarios. Luego iba directo a las historietas, Blondie, Out our way y Los Berries la divertían, pero su falta de sueño estaba presente y comenzó a caérsele la cabeza.

El periódico se deslizó hasta cubrirle las piernas justo por encima de las rodillas. Se sentía tan agradable que ni siquiera intentó recuperarlo. Puso sus manos dentro de los grandes bolsillos de su bata y dejó que la barbilla cayera sobre el pecho. El cuello le dolería cuando se despertara, ella lo sabía, pero por ahora se sentía tan bien, tan acogedor, tan...

Elisabeth soñó con una mujer, una amalgama grande, fuerte, vestida de rojo de Dellarae y Frances. Frances había engordado en su madurez y su voz se había vuelto aflautada pero no menos voluble. La mujer del sueño de Elisabeth lucía y vestía como Dellarae pero se movía y sonaba como Frances.

Elisabeth y la mujer estaban jugando en el patio de la escuela, arrodillándose para saltar a la cuerda. Si bien tenían la edad de ahora, Elisabeth se movía como una niña pequeña y Frances tenía muchos bucles en la cabeza.

—¡Podría vomitar! —dijo ella.

—Regurgitar —la corrigió Elisabeth, y su compañera de juegos grande y vieja apuntó con el dedo, tiró atrás la cabeza y se rió de tal manera que Elisabeth también tuvo que reírse.

Se despertó riendo, o tal vez era la corriente de aire frío de la puerta del frente, el ruido de la bisagra, los pasos, ¿esa voz?

—Elisabeth, esperaba que estuvieras lista —gritó Frances, cerrando la puerta y avanzando con sus pies pesados hasta la sala del frente—. ¡Ni siquiera estás vestida!

—Lo lamento, Frances — dijo ella débilmente—. No tengo muchas ganas de ir.

—¡Tonterías! Aquí están tus cosas. Ahora ponte de pie, arriba. Esa es mi chica. Hay tanta gente esperando.

—¿Dónde?

—Bueno, en la cafetería, como te dije. El único lugar abierto hoy. Cena de pavo para dos noventa y cinco. Mi regalo.

—¿Cómo sabes que la gente está esperando? —dijo Elisabeth, mientras Frances la ayudaba a quitarse la bata y a colocarse el vestido. El frío emanaba del abrigo de su amiga.

—Porque los llamé, por eso.

—No me dijiste que este era un almuerzo de cumpleaños, ¿o sí?

—Bueno...

—Por favor, no.

—No van a ninguna fies...

—Ah, ¡Frances!

—Tenía que asegurarme de que entraríamos. Me aseguraron que sí, y están reservando una mesa, eso es todo.

—Pero no quiero que la gente haga un gran espectáculo...

—Ya se los dije, ¿está bien? Ahora vamos. Están reservando una mesa. Lo menos que podemos hacer es no hacerlos esperar demasiado. Elisabeth, ¡este vestido es impactante! ¡Y el resto del conjunto! ¡Vaya! Lisa debió ser la responsable.

—¿Qué se supone que eso quiera decir?

—No es que no tengas estilo y buen gusto, Elisabeth. Por supuesto que lo tienes. Pero tan pocas veces te compras algo. Lisa lo hizo, ¿no?

—Por supuesto.

—Qué muchacha tan encantadora.

Las botas y el abrigo de invierno de Elisabeth no hacían justicia a su apariencia, pero no podía aventurarse sin ellos. Cubrió sus anteojos con un parasol grande y se tomó del brazo de Frances mientras cuidadosamente bajaban la escalera.

—¿Qué dice el termómetro? — dijo Elisabeth.

—No quiero saberlo y tampoco lo quieres tú —dijo Frances, y Elisabeth sólo podía ver la enorme nube de vapor que emitía su amiga. Pero oyó algo de la puerta de al lado.

—¿Qué están haciendo? —dijo ella. ¿Van a algún lado?

—Así parece —dijo Frances, sosteniendo la puerta del automóvil—. Ahora entra.

Elisabeth sentía el hielo en sus pulmones con cada respiración. «¿A dónde irían?»

Frances se inclinó para ayudarle a subir los pies y los metió dentro del coche.

—Sinceramente, Elisabeth, eres la mujer más curiosa que he conocido.

—¿Más curiosa? —dijo Elisabeth, riéndose mientras Frances cerraba la puerta y se adelantaba al asiento del conductor.

Mientras se preparaba para conducir, Frances dijo.

—Tú sabes qué quise decir. ¿Cómo puedo yo saber a dónde van tus vecinos?

—Bueno, ¿qué tienen puesto? ¿Van a andar en trineo?

—Un trineo se congelaría en la colina hoy. Están abrigados pero algo así como bien vestidos. ¿Satisfecha?

—¿Podrías preguntarles...?

—No pienso meter mi nariz en los asuntos de tus vecinos. No me importa a dónde van ni a ti tampoco.

—Muy bien, muy bien, Frances. ¿Cuándo dejaste de hacerlo?

—¿Dejar de hacer qué? —dijo Frances mientras llegaba a la calle.

—De ocuparte de los asuntos de los vecinos.

Frances sonrió.

—No empieces conmigo, Elisabeth. Sabes que sólo me preocupo de los asuntos de mis vecinos porque los cuido.

El día era brillante y claro, los caminos estaban llenos de resbalosa nieve. Frances conducía muy lentamente, mientras los ojos de Elisabeth se adaptaban a la luz, se preguntaba por qué. Los automóviles estaban estacionados a ambos lados de la calle.

—¿La gente no puede ir a la calle? —dijo Elisabeth—. Uno podría pensar que los muchachos querrían todo el dinero de apalear la nieve. ¿No lo querrías tú? ¿Eh? Bueno, ¿qué es todo esto, Frances?

—¿Todo qué?

—¡Todos estos coches!

—Sinceramente, Elisabeth, ¡no lo sé! ¿Cómo *podría* saberlo? ¡No me importa! Sólo estoy intentando llevarte a almorzar sana y salva.

—¿Entonces por qué giras aquí?

—¿Qué?

—Giraste hacia el lado equivocado. La nueva cafetería está justo detrás de la colina al lado de la farmacia.

—¡Yo sé dónde está! Hice los arreglos.

—¿Vas a la iglesia?

—Tengo que ir a buscar algo.

—Pensé que estábamos haciendo esperar a la gente en la cafetería.

Frances estacionó en el estacionamiento de la iglesia, que estaba lleno salvo por un lugar sin nieve justo al lado de la puerta trasera.

—¿Te callarás mientras hago mi trámite?

—Eres la segunda persona que me manda a callar esta mañana. ¿Qué está pasando aquí hoy?

—¡Siéntate tranquila un minuto y trata de no pensar en ninguna pregunta más!

Frances dejó el coche encendido y se metió en la puerta trasera. El sol brillaba contra el parabrisas, así que Elisabeth se cubrió los ojos con la mano y sintió como si se fuera a dormir de nuevo. Pensó mucho acerca de qué pasaría en la Iglesia de Cristo. No se acordó de nada que hubiera aparecido en el boletín el domingo, pero eso había sido cinco días antes.

Miró por la ventana y vio a Walter Burke y Ike Slater, dos ancianos. Estaban de camisa y corbata, pero sin chaquetas.

—Se van a morir de frío —dijo ella, mientras Walter abría la puerta—. Estoy esperando a Frances Childs.

—Sí, ella pidió que ingresara en un minuto.

—Ah, no me molesta esperar.

—Está más cálido adentro — dijo Ike, ayudándola a salir.

—Bueno, bien, entonces —dijo ella, esperando poder ocultar su renuencia a ir. Si la dejaban como estaba estaría tan cómoda como ninguna mujer podría estarlo.

Los hombres casi la levantaron para entrar. La esposa de Ike Slater la saludó.

—Déjeme tomar su abrigo y sus botas —le dijo.

—Ah, no me voy a quedar, Gladys —dijo ella.

—Sólo por un minuto —dijo Gladys, inclinándose para

desabrocharle las botas. Elisabeth estaba a punto de decir que la dejaran sola, pero los hombres la llevaron apenas se quitó las botas.

—¡Qué zapatos tan hermosos! —dijo Gladys.

Elisabeth suspiró.

Entonces se quitó el abrigo y Ike y Walter la ayudaron a bajar las escaleras con sus pies casi sin tocar los escalones. Gladys los siguió, adulándola por el vestido.

—¿Dónde está Frances? —dijo Elisabeth, mientras entró en la sala de la comunión.

Los hombres la soltaron y Gladys la pasó con una sonrisa de satisfacción. Los ojos de Elisabeth se tomaron su tiempo para poder ver todo, pero a partir de lo que podía ver cientos de personas sonrientes colmaban el lugar y estaban de pie mirándola.

—Bueno, hola —dijo ella, y rompieron en un aplauso y en un coro de Feliz Cumpleaños.

¿Cómo podía haber sido ella tan torpe? ¡La engañaron! Frances, sí, e incluso Lisa. Esto era todo para ella. Trastabilló con el peso de todo esto, y Ike y Walter la enderezaron, luego la condujeron al asiento de honor. *¡Ah, no, cualquier cosa menos esto!*

Su silla acolchada estaba en una plataforma elevada decorada con cintas blancas y globos bajo un arco enrejado. Las luces iluminaban mientras sus labios temblaban —tanto de vergüenza como de emoción— y se sintió conspicua y grosera sentándose ahí mientras todos estaban de pie aplaudiendo y cantando.

Captó la mirada de Walter Burke y lo llamó. Él se inclinó hacia ella y ella le tomó la corbata hasta poner su oído en su boca. La multitud reía mientras cantaba, obviamente suponiendo que ella lo iba a retar por esta sorpresa.

—¿Está mi Lisa aquí?

—Por supuesto, señora.

—Trae una silla para ella y que venga aquí junto a mí.

—Pero este es su lugar de hon...

La canción terminó y la gente estaba contenta.

—¿Cuán bien me conoces, Walter?

—La conozco de toda la vida, señora.

—Entonces sabes que lo dije en serio. Tráela aquí arriba conmigo o me voy de mi propia fiesta.

Capítulo Veintitrés

—¿Estás bien, abuela? —preguntó Lisa mientras se subía a la plataforma—. ¿Necesitas una píldora?

—Necesito una paleta para ti —la retó Elisabeth—. Y no voy a quedarme sentada acá comiendo sola frente a toda esa gente.

—Ni siquiera te están mirando —dijo Lisa—. Mira.

—No me atrevo.

—Vamos, lo digo en serio. Mira allí.

Elisabeth no confiaba en lo que veían sus avejentados ojos, pero trató de ver a través de las luces. Lisa tenía razón. La gente no le prestaba atención.

—¿Te sientes mejor?

—Un poco. ¿Qué hay de comer?

El pastor David Clarkson, ya no más un jovencito, oró por la comida y por la «ocasión y la mujer responsable de nuestra celebración», luego envió a los hambrientos a las mesas con pilas de platos calientes, ensaladas y postres. Era una comida informal, donde cada uno se servía y Lisa fue al frente de la fila para buscar platos para ella y para la invitada de honor.

—Tú sabes qué me gusta —dijo Elisabeth cuando Lisa regresó—. Pero te olvidas que cada vez tengo menos apetito.

—Sólo estoy aquí para servir —dijo Lisa—. A mí me gusta lo que te gusta a ti, así que vaciaré ambos platos.

—No, a menos que quieras parecerte a mí antes de que te llegue el momento.

—Me encantaría parecerme a ti cuando tenga tu edad.

—Y a mí me encantaría parecerme a ti —dijo Elisabeth.

Sólo tomó una albóndiga y una cazuela de pollo, pero dos grandes tazas de té helado no saciaron su sed.

—Ojalá apagaran esas luces.

—¿Y dejarte en la oscuridad? No es probable.

—Supongo que hay algún programa. He estado en estas celebraciones antes.

—Nunca estuviste en una como esta, abuela. Espera a ver quién está aquí.

—¿Gente de afuera de la iglesia, quieres decir?

—Casi la mitad de afuera, diría. ¿No viste todo el tráfico, los automóviles estacionados arriba y en las calles?

—Sí, pero...

—Todo debido a tu cumpleaños.

—Tonterías.

—Ya verás. Mira en el fondo.

— No puedo ver tan lejos.

—No te pido que mires rostros. Mira las mesas, las sillas, la multitud.

Elisabeth miró. El lugar estaba atestado.

—¿Ha visto esto el jefe de bomberos?

—¡Ah, abuela!

—Mejor que no digas nada.

—¿Tú qué piensas?

—Pueden poner un micrófono en mi rostro, pero no tengo nada para decir.

—A no ser que quieras hacerlo.

—A no ser que quiera hacerlo.

—Tú querrás hacerlo.

—Yo que tú no apostaría.

—¿Vas a dejar pasar una oportunidad de *testificar*? Apuesto mi vida que no.

Elisabeth captó el indicio de sarcasmo, y se sintió herida. Ella se preocupaba porque necesitaría ir al baño antes de que se terminara la fiesta, y no quería que pareciera tan evidente.

—Esto es considerado, Lisa —dijo ella—, pero sabes que todo lo que me importa es la gente. ¿No puedo decirles hola a todos de una vez?

—Por supuesto. Eso viene después. La gente quiere saludarte primero en grupo.

—Ah, por favor.

—No tiene por qué gustarte. Es tanto para ellos como lo es para ti. Muchos de ellos viajaron desde muy lejos.

—No va a haber regalos, ¿no? Sabes que una anciana llega a dónde sólo puede usar una cosa bendita. Salvo un vestido de fiesta, por supuesto.

—Las invitaciones decían «sin regalo» —dijo Lisa.

—¿Enviaste invitaciones individuales?

—A todo el mundo.

—¿De dónde sacaste los nombres y las direcciones?

Lisa le sonrió mientras alguien vino a limpiar su sitio.

—Este fue un esfuerzo enorme —dijo ella—. Un comité, invitaciones, listas, lo que tú querías.

—Estoy conmovida.

Lisa apretó el hombro de su abuela.

—Espero que lo estés. Parecería que todos los que localizamos conocían a otra persona que quería estar aquí.

Sin embargo, Elisabeth estaba perpleja de quién estaría allí y de dónde.

El programa comenzó con música. Cantó un conjunto del coro. Luego dos solistas, y las niñas de la clase de la escuela dominical. Habían pasado muchos años desde que Elisabeth había enseñado a niñas de esa edad, pero el pastor Clarkson explicó que las cantantes eran un espejo de «sus clases más representativas».

—Y ahora —agregó él con suspenso— tenemos una sorpresa en particular para usted, porque, Elisabeth Grace LeRoy Bishop, ¡esta es su vida!

Al igual que Ralph Edwards, el pastor leyó de un gran libro. Se proyectaron diapositivas en la pared, mostrando fotos en blanco y negro de Elisabeth como bebé, niña, adolescente y demás.

Muchas provocaron risa al ver a otros miembros de la iglesia bien conocidos fotografiados más jóvenes, más delgados y con otro color de cabello. Los cambios de la moda también divirtieron a todos. Elisabeth estaba asombrada en silencio al recordarle tantas alumnas y compañeros de la congregación de años atrás.

Desde fuera de su campo de visión vino la voz madura de una mujer joven. —Tal vez no me recuerde —dijo— pero yo estaba en su clase de escuela dominical hace veinte años. Ahora tengo treinta, y mi cabello es más oscuro. En ese entonces usted me decía cabeza de estopa, y estuve ofendida hasta que aprendí que eso sólo quería decir que era rubia.

El pastor anunció:

—Sra. Bishop, dé la bienvenida a una de sus muchas alumnas de la década de 1940, Irene Gammil, ¡ahora Irene Hamilton!

—¿Irene? —exhaló Elisabeth, mientras la mujer se subía a la plataforma y la abrazaba.

—Todas vinimos —dijo Irene, y Elisabeth inclinó hacia atrás su cabeza en busca de algún vestigio de la niñita que ella recordaba.

—¿Todas ustedes?

—Así es —dijo el pastor Clarkson—. Las siete alumnas de primaria de su clase de 1945 están aquí.

Una a una las mujeres tomaron el micrófono y le dijeron a Elisabeth cuánto había significado para ellas, cómo les había enseñado a orar, a memorizar versículos de la Biblia, a contarles a los demás acerca de Jesús. Todas menos una estaban casadas y tenían hijos. Tenían esposos cristianos y las siete eran activas en sus iglesias locales. Tres eran maestras de escuelas dominicales.

Elisabeth quería dedicarle tiempo a cada una de ellas pero casi no pudo recobrar la compostura antes de que ingresara una anciana. La mujer, que estaba doblada, mantenía el micrófono cerca de la boca con las manos temblorosas y hablaba tan bajo que todo el mundo hizo silencio.

—No necesitas oír mi voz desde lejos del escenario, Elisabeth, porque no me reconocerías de todos modos. No te he visto por exactamente cuarenta y cuatro años. Este cabello blanco era rojo en ese entonces, cuando asistí a tu boda aquí en esta iglesia. Tengo ochenta y cuatro años ahora, pero no me hubiera perdido esto por nada del mundo.

Ella miró a Elisabeth expectante, pero todo lo que Elisabeth pudo hacer fue abrir sus manos con perplejidad.

—Me conocías como Rose —dijo la mujer— Rose Morton, trabajé para tu padre, y a decir verdad, te expliqué las cosas de la vida.

Elisabeth cubrió su rostro con vergüenza mientras la Srta. Morton absorbía la risa y el aplauso.

—Ahora si puedo hablar en serio por un momento —dijo, quiero que sepas, si alguna vez lo dudaste, que fuiste el gran amor de tu padre. Él estaba tan orgulloso de ti y te amaba con todo su corazón.

Elisabeth sintió las lágrimas corriendo y un sollozo a punto de salir, pero sólo sonrió y aplaudió, feliz de no tener que hablar. Qué extraño sería tener que saludar a la enfermera de su padre nuevamente después de tantos años.

Frances Childs tomó el micrófono, mostrando misterio y anunciando que:

—¡Eli conocería mi voz desde la otra cuadra!

Relató su amistad de toda la vida, los buenos y los malos momentos, y cómo una vez le dijeron que a Elisabeth no la llamara más Eli.

—Descubrí que era el nombre con que la llamaba su amado Bill, y alegremente se lo dejé a su memoria hasta ahora. No es ningún secreto que Elisabeth fue y es más espiritual de lo que lo soy yo. Estoy agradecida de que nunca fue condescendiente conmigo por ello. Con su esposo en el hospital durante tantos años, siguió enseñando, cantando, jugando, sirviendo y todo lo demás. No podría ser más feliz que llamándola mi amiga. Sólo espero vivir más que ella, porque me gustaría decir esto en su funeral.

Elisabeth se rió mientras saludaba con la mano a su vieja amiga, luego la abrazó, sabiendo que pronto perdería la batalla con sus lágrimas.

La hija de los misioneros a la que Elisabeth le había escrito durante décadas fue la siguiente en hablar y contó cuánto había significado su fidelidad para ellos. La hija del pastor Jack Hill, a quien Elisabeth no conocía, se había retirado del campo de la misión y habló de las cartas de sus padres llenas de brillo acerca de la joven Elisabeth.

El siguiente fue un hombre de mediana edad.

—Yo la vi sólo una vez —dijo él—. Y no esperaría que usted me recordara. Yo era un asistente en el asilo donde su tía Ágatha pasó sus últimos días. Todos los que la conocían sabían cómo ella era percibida, y aunque era de mala manera, esto probablemente fuera cierto. Pero ella la amaba, Elisabeth. Si alguna vez se preguntó qué sucedió con la lista de bendiciones que escribió cuando niña, aquí estoy para contarle. Ella me la confió a mí.

Sacó una hoja de su bolsillo y la desdobló.

—Mis bendiciones: Dios. Cristo. El Espíritu Santo. La Biblia. La iglesia. Papá. La casa. Calidez. Cerebro. Curiosidad. Libros. Lámpara. Alimentos. Cama. Ropa. Hora de capacitación. Amigos. Tía Ágatha (a veces).

La miró a ella.

—Como sabe, su tía hizo las paces con Dios antes de morir.

Él hijo de sesenta años de edad del evangelista itinerante Kendall Hasper contó cómo su padre nunca olvidó la noche en que Elisabeth se dedicó a Dios teniendo trece años. Una niña a la que Elisabeth no había visto desde el campamento siendo adolescente dijo que Elisabeth había sido un modelo «de devoción a Cristo, de cómo incluso la tarea más ínfima podría hacerse por la gloria de Dios».

La voz de una mujer llegó a través del sistema de sonido.

—Siendo cinco años menor que tú, parecía mucho hace cuarenta y cinco años, Elisabeth. Eso sucedió cuando estaba trabajando en Snyder contigo, y escapándome del asesinato porque era la sobrina de A.W. ¿Es muy tarde para decir que lo siento?

Un hombre con acento sureño habló:

—Me acuerdo de usted y de su esposo que eran muy buenos conmigo y con mi hermano, mi hermana y mis primos cuando vivíamos con todos ustedes en la casa de inquilinato. Yo soy Carl, el sobrino de Bill.

Finalmente las lágrimas surgieron de Elisabeth cuando oyó la inequívoca voz de Charles Jackson, el guardián del hospital estatal que había atendido tanto a Bill como a Bruce. Ahora tenía el cabello blanco, pero ella reconoció su voz de inmediato y lo hubiera reconocido en cualquier lado.

—Soy un creyente y lo he sido desde que me acuerdo —dijo— pero no creo que jamás veré un ejemplo de amor y fidelidad como la que vi en usted, señora, al lado de su esposo y luego de su hijo. Sentada allí cantando, leyendo su Biblia, escribiéndoles cartas, vaya, fue un ejemplo para mí, señora, y siempre diré que estoy orgulloso de haberla conocido.

Elisabeth vio lágrimas rodar por las mejillas del hombre mientras se inclinó a abrazarla, y ambos se sintieron juntos mientras lloraban.

Un hombre de alrededor de treinta años relató haber crecido en la misma calle que los Bishop y contó la historia de Bruce tratando de convencer al hombre de los dulces por cinco centavos.

—Todos sabíamos que había heredado de su madre esa capacidad de negociación —dijo.

El siguiente hombre dijo:

—No creo que haya demasiada gente en esta sala que haya permanecido en la penitenciaría de Jackson, pero fui compañero de celda de Ben Bishop durante casi dos años antes de que se muriera. Era una persona con problemas y gradualmente perdió su memoria. Pero algo que nunca lo abandonó fue los pensamientos de su mamá. Todos la conocíamos sin haberla conocido, señora, por lo que Ben nos contaba y por todas las cartas y paquetes que envió. Finalmente encontré al Señor hace un par de años y usted tuvo más que ver con eso que cualquier otra cosa.

Otra voz de lejos, pero Elisabeth supo de inmediato a quien pertenecía.

—Yo sólo la vi una vez, señora, y eso fue en el funeral de su hija. No tenía mucho para mostrar como un futuro yerno, siendo mayor que usted y teniendo un pasado como el que tenía. Pero ni una vez me hizo sentir de clase baja, y sus constantes cartas siempre nos alentaron, y a mí especialmente, en mi fe.

Cliff se hizo ver y Elisabeth se paró para abrazarlo. No podía esperar más para hablar con él.

Ella se inclinó hacia Lisa, que sostenía sus manos en las suyas.

—Tengo que ir al baño, no puedo aguantar. ¿Hay alguien que haya conocido que *no* esté aquí?

—Falta poco —susurró Lisa—. Pero todos quieren oírte a ti.

—No, yo dije...

—Sólo hazlo corto.

—Confía en mí. Si digo algo será: «En seguida vuelvo».

Elisabeth no reconoció al principio la voz de Ben. ¿Cuánto hacía que no lo veía? Hizo las cuentas. Ahora tenía setenta años, y su voz los reflejaba.

—Yo fui tu primer novio —comenzó él— Dios y la vida tenían planes diferentes para nosotros, Elisabeth, y debes saber que siempre has brillado en mi mente como el tipo de cristiana que todos podemos y debemos ser. Ya no puedes seguir diciendo Henry Varley, como le dijo a D. L. Moody: «El mundo todavía tiene que ver lo que Dios puede hacer a través de alguien totalmente dedicado a él». Moody dijo que por la gracia de Dios él sería esa persona. Tú has tomado ese compromiso en tu corazón, y todos los que estamos aquí somos testigos de lo que Dios ha hecho con tu dedicación total.

—Pedí ser el último para poder cantar una de tus canciones favoritas.

Un pianista comenzó con una suave introducción de «He decidido seguir a Cristo», pero cuando Benjamín Phillips se disponía a cantar, Elisabeth lo interrumpió.

—Perdóname —dijo ella, y Ike Slater rápidamente le pasó un micrófono, mientras el pianista dejaba de tocar—. Mantén ese pensamiento, Ben. Quiero oír esa canción, y no adivino que haya otra forma que el hecho de que yo diga algunas palabras. Pero soy una mujer anciana y necesito un receso. Mi nieta me va a acompañar, y en seguida regreso.

La multitud respondió con risas y aplausos, y muchos otros la siguieron. Elisabeth estaba pasmada al mirar de reojo a Ben mientras salía del brazo de Lisa. Estaba vestido como siempre con una chaqueta en dos tonos, pantalones café y corbata. Pero estaba muy delgado, y su cabello era blanco y raleado. Todavía tenía esos ojos brillantes y la piel oliva, pero la cicatriz de su cuello era evidente y su cojera, severa. Se le partió el corazón por él y por todo lo que había pasado. Sería bueno pasar algunos minutos a solas con él también.

En el baño, Lisa sumergió un pañuelo en agua fría y se lo pasó por el rostro a su abuela.

—Mi corazón está tan lleno —dijo Elisabeth—. No me imagino diciendo nada sin llorar a mares.

—Te va a ir bien, abuela.

Cuando volvieron a la plataforma, Ben estaba de pie esperando. Elisabeth retuvo la respiración mientras los demás regresaban a sus asientos, entonces sólo le hizo una seña al pianista y a Ben, y la música comenzó de nuevo. Él giró para mirarla en la nueva introducción de la canción, y ella sintió que los años se desvanecían. Era como si él pudiera ver dentro de su alma. ¿Podía ser este el mismo hombre joven que la había acompañado a su cuarto esa noche en el campamento hace tantos veranos?

—Escuchen las palabras —dijo él— e imaginen a nuestra amada que celebra su cumpleaños onrádolas al Señor cada día de su vida.

Se volvió para cantar en su voz de barítono débil pero todavía precisa.

He decidido seguir a Cristo
He decidido seguir a Cristo
He decidido seguir a Cristo
No vuelvo atrás, no vuelvo atrás.
La cruz delante y el mundo atrás
La cruz delante y el mundo atrás
La cruz delante y el mundo atrás
No vuelvo atrás, no vuelvo atrás.
Aunque nadie venga conmigo,
Aún seguiré
Aunque nadie venga conmigo,

Aún seguiré
Aunque nadie venga conmigo,
Aún seguiré
No vuelvo atrás, no vuelvo atrás.

—Ojalá siempre sea así, Señor —oró Elisabeth, cerrando los ojos e imaginando a Ben cantando como estudiante de la universidad, y ella ocasionalmente cantando con él. Cuando Ben salió del foco y Ike Slater le entregó a ella el otro micrófono, ella continuó silenciosamente.

—Cálmenme y déjenme decir lo que quieren oírme decir, y que estos amados oigan lo que ustedes quieren que oigan.

—¿Quieres ponerte de pie? —susurró Lisa, ayudándola.

—Supongo que debería hacerlo.

Lisa la ayudó a levantarse, y Elisabeth pronto se dio cuenta en qué se había convertido la celebración. Su garganta estaba seca, su corazón rozaba sus costillas y se sentía inestable. Sin embargo, le dio las gracias a esa preciosa gente, y Lisa tenía más razón de lo que pensaba: Elisabeth nunca iba a dejar pasar la oportunidad de hablar para Dios.

—No puedo comenzar a expresar —comenzó, su voz densa de emoción— lo que ustedes colocaron hoy en mi corazón. Todo lo que puedo decir es gracias, gracias y gracias. Por venir desde tan lejos. Por invertir su día festivo de esta manera. Por recordarme cuán viejo es mi cuerpo. No puedo esperar a saludar a cada uno de ustedes, mirarlos a los ojos, abrazarlos, celebrar nuestra hermandad en nuestro Salvador. No les tomará de sorpresa que de cualquier don espiritual que Dios me haya dado, el hablar en público no se encuentra entre ellos. Con la humildad que sentí con todo lo que se ha dicho, estaré más que emocionada cuando mi parte de esto haya terminado. Pero si se quedan conmigo, quisiera contarles una historia.

Comenzó relatando desde la historia de su nacimiento, como su padre le había relatado tantas veces. Rápidamente pasó a su conversación con el difunto pastor Jack Hill y su esposa, Margaret. Y luego la noche destinada, la primera sesión de las reuniones extensas con el Dr. Kendall Hasper en el verano de 1913.

«Mi corazón me decía que si bien era una decisión sencilla, una elección, también era profunda. El conocimiento de que Dios estaba allí y que yo le hablaba directamente me hizo arrojarme al piso y desear hundirme aún más en él. Me sentí llamada, obligada a convertir el resto de mi vida en una prueba de obediencia. Si bien me habían advertido acerca de las consecuencias, no podía imaginarme qué seguiría.

«Muchos de ustedes saben cómo ha sido mi vida, pero algunos no. Pocos saben o recuerdan que esto ocurrió la misma noche que me enteré de que mi padre estaba muriendo de cáncer. Él era mi roca, mi todo desde un punto de vista humano. Era como si Dios me estuviera diciendo: "Muy bien, Elisabeth, si realmente quieres depender de mí, tendrá que ser sólo de mí".

«Desde ese día hasta hoy, por situaciones externas mi vida ha sido caótica. Sobreviví a un incendio, rescaté a un niño de ahogarse, y vi a mi familia girar fuera de control. Sobreviví a mi esposo y a mis tres hijos. De muchas formas no le desearía mi historia a mi peor enemigo.»

Elisabeth cambió de pie para sostener su peso y tragó, liberando el nudo que tenía en la garganta que podría hacer que su exposición fuera menos clara. Su voz era temblorosa aún, pero simplemente habló con más lentitud y expresó lo más que pudo cerca del micrófono:

«Y sin embargo, aquí estoy para decir que Dios es fiel. —Fue interrumpida por *Amén*, algo que hacía mucho tiempo que no oía en la iglesia—. Él es soberano. Él es quien sabe mejor. —— Más acuerdo en la sala—. No sé o no comprendo o ni siquiera me gusta toda decisión que ha tomado por mí, pero confío en él. El gozo del Señor es mi fuerza. Él es mi roca y mi escudo, ¿a quién podría temer? —Elisabeth recibió un aplauso.

«Recuerdo algunos días —continuó— cuando o hubiera predicho que llegaría a este cumpleaños. A veces preferiría estar en el cielo con mis seres queridos. Pero ustedes me hicieron sentir feliz de haber llegado, estoy agradecida de estar aquí, de tener esta anticipación pequeña del cielo.

«Si tuviera el coraje de dejarlos con un reto, sería que colocaran toda su fe en Cristo, para hacer que la verdad de esa canción sea el tema de sus corazones, y hacer que toda sus vidas sean un experimento de obediencia. Depositarán su confianza en la fidelidad del Creador del universo. Si bien pueden observar mi vida y preguntarse si es sabio ese consejo, tómenlo de alguien que también a veces se ha preguntado, a veces se ha lamentado, a veces se ha rebelado: al final no lo lamentarán. Dios es real. Es digno de confianza. Y el que ha comenzado una buena obra en ustedes será fiel para completarla.»

Elisabeth estaba agradecida de la fuerza joven de Lisa mientras se sentó en su silla. Se preocupó de no haber hecho justicia a lo que estaba en su corazón, pero todos los que estaban en la sala se pusieron de pie, y su aplauso la llenó de calidez y de elevación. Ella creyó que estaban honrando a Dios, y no podía pedir más que eso.

El pastor se acercó a ella y tomó su micrófono, esperando que desapareciera la ovación.

—Sé que todos quieren saludar a Elisabeth antes de irse —dijo finalmente, pero fue interrumpido—.

—Disculpe, Pastor —dijo Ben—. Agradezco la oportunidad de haber cantado la canción de mi antigua amiga, pero también quisiera decir unas palabras, si me lo permite.

—Por cierto —dijo el pastor, y dio un paso atrás en las sombras.

—Yo planeo —comenzó Ben— pararme al final de la línea y tener mi turno para abrazar a Elisabeth y desearle lo mejor para su cumpleaños. Estrecharé su mano e intentaré decirle lo que significó para mí con los años, desde que éramos jóvenes y estábamos enamorados hasta que nos convertimos en adultos y amamos a otros. Pero no soltaré su mano rápidamente. Tengo otros planes. Me enorgullezco en declarar que me expondré al rechazo de una mujer que he amado toda mi vida. De alguna manera encontraré la manera de postrarme sobre mis huesudas rodillas y pedirle que considere pasar el resto del tiempo que Dios permita, conmigo como mi esposa.

La ovación comenzó de nuevo, pero Elisabeth le quitó el micrófono al pastor Clarkson, y se puso de pie, haciendo señas con la mano para pedir silencio.

—Ben Phillips, siempre he sabido que eres valiente hasta el punto de ser descarado. Si crees que declararte enfrente de todas estas personas me hará más difícil rechazarte, deberías ver hasta dónde llegaron mis hijos cuando desafiaron mi autoridad en público. Pero eres un hombre viejo, y me siento inclinada a perdonarte. Y si para el momento en que nos encontremos todavía tengo la energía de oír tu declaración de amor, tal vez me incline a aceptarla.

Joyce no había hablado y Elisabeth no se había dado cuenta de que estaba en la sala hasta que le llegó su turno en la fila una hora más tarde y se arrodilló para tomar las manos de Elisabeth entre las suyas. Elisabeth saltó por la gran frialdad de los dedos de Joyce y le dio pena la mujer que parecía tener muchos más años que su edad.

Joyce susurró:

—Si alguien podría hacerme querer volver a Dios, Elisabeth, es usted. No le prometo nada, pero simplemente sepa que la he estado observando durante todos estos años. Eso es todo lo que quiero que sepa. Eso y gracias por su influencia sobre Lisa.

Elisabeth intentó seguir tomándola de la mano y asegurar a Joyce de que Dios todavía la estaba esperando, pero ella se fue rápidamente.

Lisa, que había estado distraída y no había oído nada de eso, colocó su brazo alrededor de su abuela y la atrajo hacia sí, mientras la fila esperaba durante un momento.

—Abuela —susurró—. Quiero que sepas que te oí hoy. Estoy haciendo el mismo compromiso que hiciste tú. Quiero el resto de mi vida ser una prueba de obediencia para Dios.

Elisabeth abrazó fuertemente a Lisa y no pudo imaginar oír algo que la emocionara más en ese día especial, con la posible excepción de lo que esperaba del distinguido caballero que esperaba al final de la fila.

Nos agradaría recibir noticias suyas.
Por favor, envíe sus comentarios sobre este libro a la dirección que aparece a continuación.
Muchas gracias

ZONDERVAN

Editorial Vida
7500 NW 25 Street Suite # 239
Miami, Fl. 33122

Vidapub.sales@zondervan.com
http://www.editorialvida.com